王阳明心学

周月亮 著

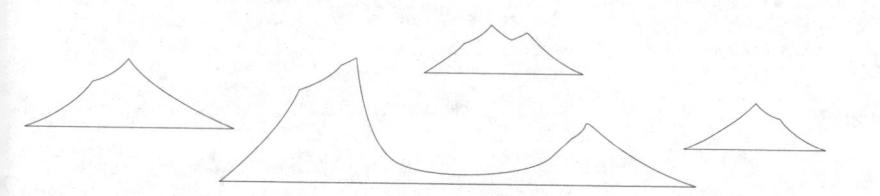

只为优质阅读

好读
Goodreads

王阳明

先生讳守仁,字伯安,姓王氏。其先出晋光禄大夫览之裔,本琅琊人,至曾孙右军将军羲之,徙居山阴;又二十三世迪功郎寿,自达溪徙余姚;今遂为余姚人。寿五世孙纲,善鉴人,有文武才。国初诚意伯刘伯温荐为兵部郎中,擢广东参议,死苗难。子彦达缀羊革裹尸归,是为先生五世祖。御史郭纯上其事于朝,庙祀增城。彦达号秘湖渔隐,生高祖,讳与准,精《礼》《易》,尝著《易微》数千言。永乐间,朝廷举遗逸,不起,号遁石翁。曾祖讳世杰,人呼为槐里子,以明经贡太学卒。祖讳天叙,号竹轩,魏尝斋瀚尝立传,叙其环堵萧然,雅歌豪吟,胸次洒落,方之陶靖节、林和靖。所著有《竹轩稿》《江湖杂稿》行于世。封翰林院修撰。自槐里子以下,两世皆赠嘉议大夫、礼部右侍郎,追赠新建伯。父讳华,字德辉,别号实庵,晚称海日翁,尝读书龙泉山中,又称为龙山公。成化辛丑,赐进士及第第一人,仕至南京吏部尚书,进封新建伯。龙山公常思山阴山水佳丽,又为先世故居,复自姚徙越城之光相坊居之。先生尝筑室阳明洞,洞距越城东南二十里,学者咸称阳明先生云。

——选自《王阳明年谱》,钱德洪辑

先生五岁不言。一日与群儿嬉,有神僧过之曰:"好个孩儿,可惜道破。"竹轩公悟,更今名,即能言。

一日诵竹轩公所尝读过书。讶问之。曰:"闻祖读时已默记矣。"

龙山公迎养竹轩翁,因携先生如京师,先生年才十一。翁过金山寺,与客酒酣,拟赋诗,未成。先生从傍赋曰:"金山一点大如拳,打破维扬水底天。醉倚妙高台上月,玉箫吹彻洞龙眠。"客大惊异,复命赋蔽月山房诗。先生随口应曰:"山近月远觉月小,便道此山大于月。若人有眼大如天,还见山小月更阔。"

一日,梦谒伏波将军庙,赋诗曰:"卷甲归来马伏波,早年兵法鬓毛皤。云埋铜柱雷轰折,六字题文尚不磨。"

（孝宗弘治）十有二年己未，先生二十八岁，在京师。举进士出身。是年春会试。举南宫第二人，赐二甲进士出身第七人，观政工部。疏陈边务。

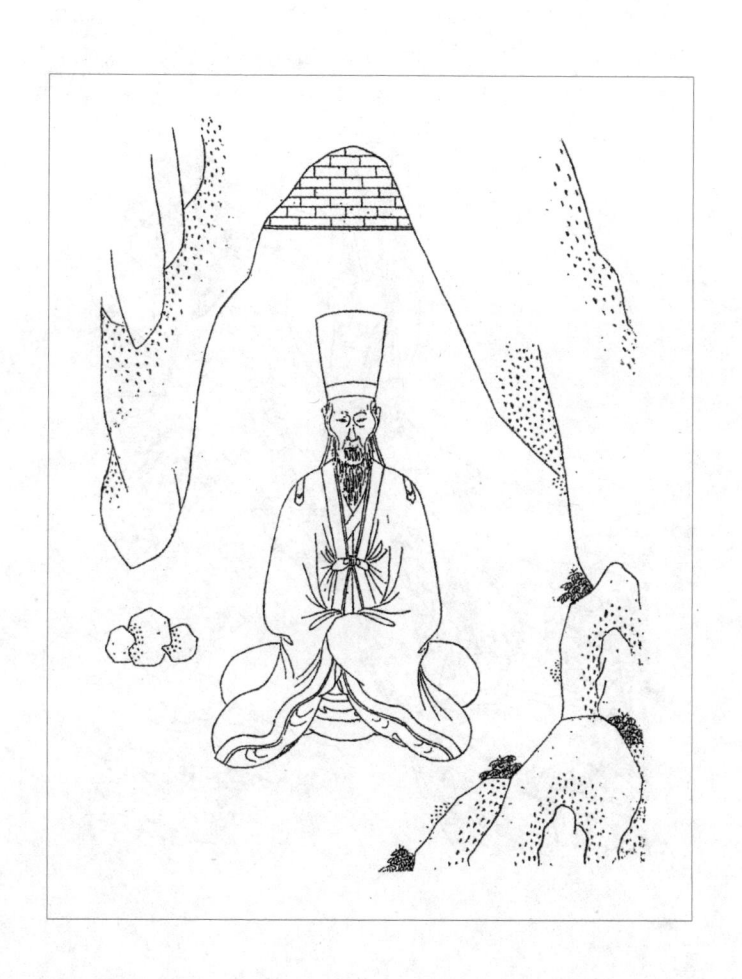

十有五年壬戌,先生三十一岁,在京师。……遂告病归越,筑室阳明洞中,行导引术。久之,遂先知。一日坐洞中,友人王思舆等四人来访,方出五云门,先生即命仆迎之,且历语其来迹。仆遇诸途,与语良合。众惊异,以为得道。久之悟曰:"此簸弄精神,非道也。"

十有七年甲子，先生三十三岁，在京师。秋，主考山东乡试。巡按山东监察御史陆偁聘主乡试，试录皆出先生手笔。其策问议国朝礼乐之制：老佛害道，由于圣学不明；纲纪不振，由于名器太滥；用人太急，求效太速；及分封、清戎、御夷、息讼，皆有成法。录出，人占先生经世之学。

十有八年乙丑，先生三十四岁，在京师。是年先生门人始进。学者溺于词章记诵，不复知有身心之学。先生首倡言之，使人先立必为圣人之志。闻者渐觉兴起，有愿执贽及门者。至是专志授徒讲学。然师友之道久废，咸目以为立异好名，惟甘泉湛先生若水时为翰林庶吉士，一见定交，共以倡明圣学为事。

武宗正德元年丙寅，先生三十五岁，在京师。二月，上封事，下诏狱，谪龙场驿驿丞。是时武宗初政，奄（阉）瑾窃柄。南京科道戴铣、薄彦徽等以谏忤旨，逮击诏狱。先生首抗疏救之，……疏入，亦下诏狱。已而廷杖四十，既绝复。寻谪贵州龙场驿驿丞。

二年丁卯，先生三十六岁，在越。夏，赴谪至钱塘。先生至钱塘，瑾遣人随侦。先生度不免，乃托言投江以脱之。因附商船游舟山，偶遇飓风大作，一日夜至闽界。

寺有异人，尝识于铁柱宫，约二十年相见海上；至是出诗，有"二十年前曾见君，今来消息我先闻"之句。与论出处，且将远遁。其人曰："汝有亲在，万一瑾怒逮尔父，诬以北走胡，南走粤，何以应之？"因为著，得"明夷"，遂决策返。

先是先生赴龙场时，随地讲授，及归过常德、辰州，见门人冀元亨、蒋信、刘观时辈俱能卓立，喜曰："谪居两年，无可与语者，归途乃幸得诸友！悔昔在贵阳举知行合一之教，纷纷异同，罔知所入。兹来乃与诸生静坐僧寺，使自悟性体，顾恍恍若有可即者。"

三年戊辰，先生三十七岁，在贵阳。春，至龙场。……而从者皆病，自析薪取水作糜饲之；又恐其怀抑郁，则与歌诗；又不悦，复调越曲，杂以诙笑，始能忘其为疾病夷狄患难也。

五年庚午，先生三十九岁，在吉。升庐陵县知县。先生三月至庐陵。……城中失火，身祷返风，以血禳火，而火即灭。因使城中辟火巷，定水次兑运，绝镇守横征，杜神会之借办，立保甲以弭盗，清驿递以延宾旅。至今数十年犹踵行之。

九年甲戌,先生四十三岁,在滁。四月,升南京鸿胪寺卿。五月,至南京。自徐爱来南都,同志日亲,黄宗明、薛侃、马明衡、陆澄、季本、许相卿、王激、诸偁、林达、张寰、唐俞贤、饶文璧、刘观时、郑骝、周积、郭庆、栾惠、刘晓、何鳌、陈杰、杨杓、白说、彭一之、朱箎辈,同聚师门,日夕渍砺不懈。

十有一年丙子，先生四十五岁，在南京。九月，升都察院左佥都御史，巡抚南、赣、汀、漳等处。……十有二年丁丑，先生四十六岁。正月，至赣。先生过万安，遇流贼数百，沿途肆劫，商舟不敢进。先生乃联商舟，结为阵势，扬旗鸣鼓，如趋战状。贼乃罗拜于岸，呼曰："饥荒流民，乞求赈济！"先生泊岸，令人谕之曰："至赣后，即差官抚插。各安生理，毋作非为，自取戮灭。"贼惧散归。以是年正月十六日开府。

十月（十有二年丁丑），平横水、桶冈诸寇。南、赣西接湖广桂阳，有桶冈、横水诸贼巢；南接广东乐昌，东接广东龙川，有浰头诸贼巢。……先生以桶冈、横水、左溪诸贼荼毒三省，其患虽同，而事势各异……于是决意先攻横水、左溪，分定哨道，指授方略，密以十月已酉进兵。

九月（十有三年戊寅），修濂溪书院。四方学者辐辏，始寓射圃，至不能容，乃修濂溪书院居之。

十四年己卯，先生至虔台，作《三箴》自儆。干戈倥偬中，日出射圃切磋歌诗习射，若事无。门人王思、李中、邹守益、郭持平、杨凤、杨鸾、梁焯及冀元亨等偕至军中。

十九日,疏上变。……先生闻变,返舟,值南风急,舟弗能前,乃焚香拜泣告天曰:"天若哀悯生灵,许我匡扶社稷,愿即反风。若无意斯民,守仁无生望矣。"须臾,风渐止,北帆尽起。濠遣内官喻才领兵追急,是夜乃与幕士萧禹、雷济等潜入鱼舟得脱。

比出师,聚柴围公署。诸夫人问故。曰:"我若兵败,即以焚汝。"夫人惊泣,以大人折之而行。

丁巳，濠方晨朝群臣，责不用命者，将引出斩之。争论未决，我兵掩至，火及濠副舟，众遂奔散。妃嫔与濠泣别，多赴水死。濠为知县王冕所执……

致仕都御史林俊闻变,夜范锡为佛狼机铳,并火药法,遣仆从间道来遗,勉以讨贼。

十有五年庚辰,先生四十九岁,在江西。正月,赴召次芜湖。寻得旨,返江西。忠、泰在南都谮先生必反,惟张永持正保全之。武宗问忠等曰:"以何验反?"对曰:"召必不至。"有诏面见,先生即行。忠等恐语相违,复拒之芜湖半月。不得已,入九华山,每日宴坐草庵中。适武宗遣人觇之,曰:"王守仁学道人也,召之即至,安得反乎?"乃有返江西之命。

六月，如赣。十四日，从章口入玉笥大秀宫。十五日，宿云储。十八日，至吉安，游青原山，和黄山谷诗，遂书碑。

通天岩,濂溪公所游,至是夏良胜、邹守益、陈九川宿岩中,肆所问,刘寅亦至。先生乘霁入,尽历,忘归忘言。各岩和诗立就,题玉虚官壁,命蔡世新绘为图。

十有六年辛巳，先生五十岁，在江西。……十月二日，封新建伯。……差行人赍白金文绮慰劳。兼下温旨存问父华于家，赐以羊酒。至日，适海日翁诞辰，亲朋咸集，先生捧觞为寿。翁蹙然曰："宁濠之变，皆以汝为死矣而不死，皆以事难平矣而卒平。谗构朋兴，祸机四发，前后二年，岌乎知不免矣。天开日月，显忠遂良，穹官高爵，滥冒封赏，父子复相见于一堂，兹非其幸欤！然盛者衰之始，福者祸之基，虽以为幸，又以为惧也。"先生洗爵而跪曰："大人之教，儿所日夜心切者也。"闻者皆叹会遇之隆，感盈盛之戒。

（嘉靖）七年戊子，先生五十七岁，在梧。二月，思、田平。……苏、受等囚首自缚，与其头目数百人赴军门请命。臣等谕以朝廷既赦尔等之罪，岂复亏失信义；但尔等拥众负固，虽由畏死，然骚动一方，上烦九重之虑，下疲三省之民，若不示罚，何以泄军民之愤？于是下苏、受于军门，各杖之一百，乃解其缚，谕于今日宥尔一死者，朝廷天地好生之仁，必杖尔示罚者，我等人臣执法之义。

十一月乙卯,先生卒于南安。……八年己丑正月,丧发南昌。……二月庚午,丧至越。四日,子弟门人莫柩中堂,遂饰丧纪,妇人哭门内,孝子正宪携弟正亿与亲族子弟哭门外,门人哭幕外,朝夕设奠如仪。每日门人来吊者百余人,有自初丧至卒葬不归者。

十一月，葬先生于洪溪。是月十一日发引，门人会葬者千余人，麻衣衰（缞）屦，扶柩而哭。四方来观者莫不交涕。

《王阳明先生图谱》

明朝嘉靖年间,阳明先生去世不久,其入室弟子邹守益为了缅怀先师,激励后学,率领一干同门编著了一本《王阳明先生图谱》,即插图本年谱。

邹守益(1491—1562),字谦之,号东廓。王阳明入室弟子,江右王学的开山与掌教。

《王阳明年谱》

最早由薛侃、欧阳德、黄弘纲、何性之、王畿、张元冲等按年分地,搜集成稿,并由邹守益作总裁,然而未及合并成谱。至嘉靖二十六年丁未,钱德洪在嘉义书院获阳明遗稿三分之二,至是才完成了自阳明出生到谪官龙场这一段年谱的编纂工作,越十年,邹守益有盛于"同志注念师谱者,今多为隔世人",因而敦请钱德洪接龙场而续其后。

钱德洪(1496—1574),字洪甫,尝读《易》于灵绪山中,人称绪山先生。王阳明入室弟子,是王阳明之后儒家心学的重要代表人物之一。

导读

怎样的日子才值得一过

渴望不朽的人认为日常生活不值得过，渴望生活的人认为追逐不朽乃是虚妄。佛教、基督教认为不朽在来生，孔子开创、王阳明弘扬的"心教"则告诉你：不朽在人格，生活在心意。孔子没有轰轰烈烈的事功，和学生拉拉家常就成为万世师表了。今天我们学习王阳明，不是因为他杀过贼王擒过反叛，而是因为他的"意术"可以指导我们通过生活来创造自己，渴望生活与渴望不朽正可一统于"致良知"。他的"意术"是一套随分用力、用自我的力量来生成自我的方法，告诉我们永远不要自懈失机。雅俗不贰、大雅大俗。阳明这个人用良心建功立业，因此诗意地栖居在大地上——读完本传，你也许能获得一种人要想活出点儿滋味来不容易也容易的道理：若找着良知这个"发窍处"，便能过上值得一过的日子；若找不着便会虚度时日，给别人活了。只有渴望生活的人才能真正不朽。梵高渴望生活符合"心教"原理：化欲为情，极致人生。雷锋平凡中的伟大更是"心教"的标高，因为他的"作品"就是他的活法。

"心教"是靠提高"意"来识进见大的感情教，是通过明心见性将圣贤与英雄一体化的希望哲学。匹夫而为百世师，当代新儒家杜维明说："五百年来，儒家的源头活水就在王阳明。"当代精神哲学大师徐梵澄说："阳明收集了古泉币，重铸出了一批新泉币，出自他自己的炉冶，流布天下，人人使用。"

心学是什么？它既是让人活得合理又滋润的心理学、教育学，又是无施不可的运用学、运筹学，是随机应变就恰到好处的意术，是儒、释、道三教之精华的一体化。

心学告诉我们：在纷繁复杂的世事、欲念中找到"虚灵不昧"的定盘星，有了定盘星就无施不可、无往不恰到好处了。

这个定盘星既不在任何貌似真理的说教中，也不在无穷无尽的对象界，只在你心中，是人人自家都有的——"良知"。但是有人自信不及，自己埋掉了；有人贪欲太重，把良知遮蔽了；有人理障太深，不见自性……所以稀里糊涂地活、乌七八糟地死。追逐什么死于什么，没有找到生的根本，就只能到处流浪，与物同荣枯。

心学大师王阳明的一生是用德去得道的心学标本——展读其历程，领悟心学的门径：在艰苦卓绝的环境中找到"自性"，从而绝处逢生；用良知指引，任风高浪险，操船得舵；既现场发挥得好，又不是权宜之计；每一举措都既操作简便又意义深远。

心学是既要立大体又要心细密的精神艺术，这门功夫内化至极又实用至极，能将所有玄远的意义感觉化。阳明对我们说：功夫愈久，愈觉不同，此难口说。心学是心教意术。

"物之不齐，物之情也"。哪有通用的？只在都有良知这一点上才人人平等。所以从小贩到国王只要有良知都可以读懂阳明心学、良知之道，也应该能读这本叙述阳明心学的"故事书"——笛卡儿说良知是人唯一不抱怨自己缺少的东西。

良知是"本知"，良能是"本能"。本能是不学而能的能，本知是不虑而知的知，就是本然之知（直知、直觉），出于性天之灵觉，绝对人人具有，就像佛说人人有佛性，佛性就是自性一样。然而，人很难成佛，因为人的习气难除，同样，人很难按良知行事，因为贪嗔痴把本知遮蔽了、扭曲了。王阳明主张返本开源致良知，就是回到自己的本知。一个叫唐枢的人还没有见到王阳明就深刻地把握了王学宗旨——"讨真心"。他这样解释"知行合一"：知是乾知大始之知，行是坤作成物之作，知行合一就是阴阳互根、乾坤演大易。当代日本人矢崎胜彦用阳明心学发展起来的"将来世代的国际财团"，就很好地体现了良知之道的现代意义：克服我执，超越经济至上主义、科学至上主义、眼前至上主义等。唤醒每一个人的内在良知及地球公民意识，呼吁以此为行动准则，建立开拓未来的新文明。

说哲学大道理往往吓跑许多人，其实人活着无非是说与做，不过有的人多言，有的人沉默。阳明告诉你：多言的病根在气浮、志轻。气浮的人志向不确定，热衷于外在炫耀，必然日见浅陋；志轻的人容易自满松心，干什么都不会有高深的造诣。而沉默包含着四种危险，如果疑而不问，蔽而不知辩，只是自己哄自己地傻闷着，这是愚蠢的沉默；如果用不说话讨好别人，就是狡猾的沉默；如果怕人家看清底细，故作高深掩盖自己的无能，那是捉弄人的沉默；如果深知内情，装糊涂，布置陷阱，默售其奸，那是"默之贼"。

　　一般人做事都想成功，而成功必须满足所有必要条件，但每一个必要条件都不是充分的，失败则每一个条件都是充分的。任何事情都是人做的，人是用心做事的，心实为成败之本。心学功夫主要是练意念，你的意念是什么决定你看到什么，成功的人看到的是成功的因素，失败的人看到的是失败的"天意"。贪则必败，怯又无功，在物各付物中找到那个恰好吧。

　　心学凭什么有这种能力？就凭它能教给你一个好态度。心学是这样一种心灵学问：要人们认识到人本身存在着独立的精神（"吾性自足"），人的义务和特权就是以自己的全部机能增进对自身的正确理解，能动地追求更高的精神境界。人生在世，苦与乐、幸与不幸，起决定作用的是人的内心态度——文化心。王阳明的良知论的要点在"着实用意"。他说"意，志也"，"心，所向也"。他的再传弟子刘宗周解释得好："意者，心之所以为心也。止言心，则心只是经过虚体耳，着个意，方见下了定盘针，有子午可指。"生命、生活的质量就在这个"意"。这不是个简单的"定生慧"的心法，更是一个做人的根本道理：诚意正心，成己成物。它还有一套可以以一统万、一以贯之的方法。全部文化大道理落实到具体的人头上，就是有个高质量的心态、意态、神态。态度是人思考世界并对之形成意识的方式。致良知的主要目的是唤醒一种澄明的意识状态，心开漏尽。各种知识是有终点的，而这种澄明的状态则只是起点，不仅超越有限又无情的教条之知，也超越蛮横的唯我主义。它只是启发你触因为上，自强不息，向上悲仰。

　　"丈夫落落掀天地，岂顾束缚如穷囚！"人，必须能成为自己的主人。妙招在于把价值标准还给人的本知。明心见性：仁人以明心，爱爱而见性。

凡人也能学圣雄吗？不但能而且应该，因为圣雄是后人的观点，当初他只是个心有圣意的俗人。当时的人多看见其俗人的一面，后人多看见其圣雄的一面。作为一个小官和老师，后来居然成了每代人的精神导师，王阳明的启示在于：凡墙都是门，圣雄事业也须从心头做。问题发窍处在于"诚意"，用良知这文化心代替人欲这种肉心，都是一个心，都是一个知觉性，但是这个知觉性可以翻转，相当于佛教说的用佛知见代替我知见，佛我是一不是二，就看能不能翻转知觉性。"只是一个真诚恻怛"，超道德而道德化，超实用而相当实用，又不是两张皮，从而真诚至极又机变至极，自然恪守道德又相当心智自由，将一生变成了自觉改造自己、自觉改造社会一体化的性命流程。每一天都不白活，闲时成圣，乱时成雄。

他强调人人皆可成圣雄，就看你肯不肯。

为什么写这部传记？为寻找人生意义、找日子值得一过的那个支撑点。现代生活，物质和主义都相对过剩：太多的钱淡化了钱，印刷垃圾将精神泡了汤，浮光掠影的各种主义的贩卖，终于制造出虚无主义的厌食症。动物世界的实用主义动摇了以往各派宗教、人本主义关于人的定义，许多人变成了肚子饱了灵魂便不饥饿的普通动物。本书意在展示王阳明也是个人，他跟你我一样吃饭睡觉发牢骚，据钱钟书说他还怕老婆，而且充分入世，人的各种需求和弱点他都有，但他就是能够即知即行，内找到了良知，外建立了功业，"学以聚之，仁以行之"，从无明到有明、启明，最后说"此心光明"。

王阳明是中华民族的代表人物之一。关于他，人们已经说了千言万语，还有万语千言要说，我只愿这本小书通过介绍他的精神经验，能使世人相信：阳明也是人，他活着成了圣雄是因为——

他把握了自己，从而这个世界就好把握了。

小引

阳明这只鞋

一生极重践履的阳明，本身就像只鞋。这只鞋上插着生命的权杖。形成心学的倒"T"形结构——不是十字架，也不是钻不出地平线的那个正"T"形。他的"致良知"功夫就是要你真诚地站在地平线上，然后脚不离地地无限地向上升华，把人拉成顶天立地的大写的人。

拔着头发离地球的是阿Q，当缩头乌龟还觉得挺体面的是假洋鬼子，爬着走而无权杖的是孔乙己，只要权杖而不愿当鞋的是不准别人姓赵的赵太爷……"未庄"不一定是绍兴，但阳明和鲁迅却同是绍兴人。未庄是俗世，他们是圣雄。

圣雄的生活方式是：生活在这里，却先行向着别处！换句话说，圣雄是只注定要走向远方的鞋。

《明史》阳明本传中只附录了一个学生的生平，既因为别的成了气候的学生都有传，大约还因为这个学生最能体现阳明学的"鞋"精神。此人叫冀元亨，因去过宁王府而被当成阳明通宁王的证据给抓起来，在锦衣卫的监狱里受尽百般折磨，但他对人依然像春风一样，

1

能感动得狱吏和狱友们垂泪，他把坐大狱当成了上学堂。所有的司法人员都以之为奇，问他夫人："你丈夫秉持什么学术？"她说："我丈夫的学问不出闺帏之间。"闻者皆惊愕不已。

中国人培养感情的场所不在教堂，而在家庭、在"闺帏之间"，养成像对待亲人一样的对待世界的态度，就能活出真诚恻怛来，这真诚恻怛就是人人能口说却难实践的良知。

先做只鞋，再插上权杖，也不是阳明学的精神。那是把鞋的"大地性"当成了手段，断断成不了圣雄，往往是个枭雄，人们还会误把他当成圣雄。

再高贵的鞋，也是踩在脚下；但路也正在脚下。路，有不得不走的路；也有"灵明之路"。许多人最大的痛苦就是找不到一只合脚的鞋，就好像合意的真理很难就是真理。

致良知，就是要你找到可以上路的合脚的鞋。致者，实现也。能否实现呢？就看你肯不肯去实现——因为，它就在你自身——"心即理"。阳明这样解释孔子说的"上智下愚不移"——不是不能移，只是不肯移。

说无路可走的人，是没有握住自家的权杖，把生命的舵送给了别人——那人哪怕是上帝也会变成魔鬼——上帝的真诚包含着上帝的欺骗。

心学或曰阳明学并不给世人提供任何现成或统一的鞋，如果有那种鞋就是枷锁和桎梏了，心学只是告诉人们：每个人都能找到自己的那双合脚的天天向上的鞋——找这双鞋的功夫与"好好学习天天向上"的功夫是同一个功夫。

路在脚下，"鞋"在心中。你的任务是找与走，走着找，找着走，边找边走，摸着心中的鞋，蹚过脚下的河……这只鞋阳明叫"良知"，大乘佛法叫"如来藏"。

这样边找边走，就能凸显出权杖的"权道"来——这个权道的"权"是秤砣以及由此衍生的权衡、权宜的那个权。对于人的智能来说，权，就是"感应之几"，"几"是那个微妙的"恰好"，像秤砣一样随被称之物的轻重而变动，找到那个应该的"恰好"。道，就是"体乎物之中以生天下之用者也"（王夫之《周易外传》卷一），就是规定运用并显现于运用中的意义。权道不是流氓的无标准。权，若无道，便成了水漂、风标。日本人中江藤树这样概括阳明的"权道"："权外无道，道外无权；权外无学，学外无权。"权道就是道权合一、学权合一、知行合一。

没有权道的权杖，就成了摆设。融合了权道，权杖才能变成如意金箍棒，草鞋才能变成船，驶向理想的彼岸。通权达变，是孔子认可的最高境界。不能通权达变就是刻舟求剑、守株待兔……

这个权的道就是践履精神与权变智慧的一体化，也是圣贤功夫与世俗智慧的一体化——绝对不是无标准的变色龙、流氓。一讲权变就滑向流氓，为杜绝流氓就割断权道，都是找不到权道、反权道的呆汉的"一刀切"。权，人心这杆秤的秤砣，阳明说就是良知，它自体不动，无善无恶，却能量出善恶是非。

所以，阳明这只鞋还带着秤砣，这砣是风铃更像驼铃。

3

目 录

1　　导　读　怎样的日子才值得一过

1　　小　引　阳明这只鞋

1　　第一章　古越阳明子

　　　夜光曲　不阴不阳　夜中正是用功时　年轮　灵地　立志学圣贤

15　　第二章　掘地觅天

　　　侠客梦　触因于心　圣人可以学而至　格物　考槃在涧

　　　文章体道　物理与吾心

30　　第三章　予外相求　无有是处

　　　纸上谈兵　道心无赖　观政即观心　刑部里的名士

　　　戴儒冠的道士　牧羊人　咽喉处着刀　师友之道

54　　第四章　不了正因　迷心求善

　　　习忍达无所伤　学道如钻火　逢烟未可休　北风送南雁

71　第五章　身心一元　知行合一

　　若转不得 虽活犹死　龙场悟道桶底脱　知行合一"心"路难

　　自行化他　以柔克刚

91　第六章　卧龙岗：心思教育

　　五经臆说　意上用功　文明书院　卧龙出岗　道德的根据

121　第七章　上岸了

　　毫厘须遣认教真　静虚动直　儒道互补　相织成妄

　　破蔽解缠的实践论

140　第八章　一与不一

　　吾心便是宇宙　圣学即心学　打通朱陆　无我之勇　说不可说

　　自得破知见

161　第九章　讨真心

　　真切为性命　深爱为根　"持志如心痛"　悔悟是祛病的药

　　大地无寸土　不动于气　不着意思　动静一机　体用一源

　　动转得势　用不加功

191　第十章　息息造命

　　事变也在人情中　胜败由人 兵贵善用　兵宜随时 变在呼吸

　　百战自知非旧学　制度滋养心中贼　破山中贼的心中贼

　　上善若水　制心一处 无事不办

216　第十一章　功成自会

　　学用一体　大学中的小　教典问世　虚虚实实 嘿嘿昧昧

　　见伏动变　江山如戏院　造诈成辞 人情似鬼　我亦爱山仍恋官

　　缚脱无二：人人有个圆圈在　昧良心　后山云彩

244　第十二章　致良知

　　良知是光源自备的明镜　良知是觉悟了的知觉性

　　本体要虚 功夫要实　良知应世：无可无不可

　　循着天理便是道　人有虚灵 方有良知　乘通入空 起死回生

270　第十三章　东看则西　南观成北

　　常快乐是真功夫　知轻傲处 便是良知　诗意地栖居

　　光不仅在烛上　物各付物 左右逢源　曲成万物　天泉证道

293　第十四章　意术

　　良知传呼爱　剑气晚横秋色净　煮沙为盐：重建伦理合理的社会

　　兵声寒带暮江雄　秋风南滇路　镜里觅头　仰高钻坚　此心光明

322　跋　自力更生

第一章

古越阳明子

夜光曲

　　对于一般人来说，要提示关于阳明时代的直接感性印象，至少得打出三种侧光。就市民生活而言，最现成的是想想《金瓶梅》、"三言"所描述的社会生活，还有唐伯虎等名士的风流生活，它们都有一股子"街死街埋，路死路埋"的不管不顾的气概。这个市民社会是当时的空气和土壤，也是后来官府压制王学，但王学照样在社会上流传的基础——明代有了社会，不是"国家即社会"那个大薄饼了。就思想领域的大气候而言是"此亦一述朱，彼亦一述朱"的"述朱期"。但是林下的岩穴之士在传递着心学的火把，陈献章、吴康斋、娄一斋等人，独自克己省察，默默地为成圣而刻苦自修着。这个谱系是"阳明学"出现的前奏，尽管是因王阳明大获成功，学究们才来梳理这个谱系。

最后一道光是政治，明代的政治比元朝、清朝好很多，但照样以剥皮始以剥皮终、流氓成性：皇帝翻脸不认人，朝廷江湖化得厉害，干绝户活儿的宦官，争斗不已的文官……

有明三百年之活剧，像任何戏文一样有它堂皇的开端、略为沉闷的发展、好戏连台的高潮和引人深长思之的结尾。整个大故事都有"夜"与"光"之两面性。朝纲整肃时，社会萧条；政治糜烂时，社会又有新芽。直到明亡，都充满着这种两面性：土崩之中有砥柱，瓦解之际有坚心，烂鱼之内有珍珠。从正德朝开始，明王朝开始衰败，也"好看"起来。漫漫长夜，人们渴望光。于是，阳明"心学"之光应运而生。这在开端发展时期是不太可能的。结尾时只能出现顾、黄、王那样的反思大师，他们要缔造新的思想之光。

现在要说的是，夜光乃并体联生的统一体，不可作两事看。同理，宦官有忠奸，文官有邪正。每一个体和一切事理都有"二象性"。包括我们要为之"树碑立传"的心学也是有阴有阳、正邪两赋的。天下没有不包含互反性的东西。洪武爷想打压宦官和文官，这两方却都反弹得空前地活跃。

洪武爷从小吃苦太多，养成反社会反政府的性格，长期的军事杀伐也助长了他残酷的品性。他活着时文官的"故事"已充满戏剧性，他死后就更别提多热闹了。他从农村的社戏中就知道了宦官祸政的教训，他当了皇帝后严禁宦官，规定宫中宦官的数量不得超过百人，不准他们读书受教育，想砍断他们干政典兵的道路。结果却造成文盲收拾文化人的怪异国情。他认为宦官中好的"百无其一"，他自信他定的规矩会永世长存，事实上却是及身而绝。自从永乐用郑和下西洋后，宦官渐起。也还因为洪武造成的内官外官的空隙，经靖难之变后越发空虚，永乐便大用燕王府的旧人。这又形成明政的又一个惯性：新登基的皇帝必用东宫旧人或藩邸旧人。几个掌握全国大权的宦官都是这么发达起来的。

如果说宦官祸政是"夜"的话,那文官活跃则确确实实是"光"。没有文官活跃这个大背景,就没有阳明用武的大舞台,心学也不会成为影响朝野的全国性大思潮。文官活跃,文化上的原因是宋代理学的教化;历史原因是经辽、金、元异族统治后,读书人都有股子主人翁的责任感;现实原因是洪武朝广开仕路,开科取士的规模空前庞大。另外,朱元璋允许任何官员直接上书言事。翻《明史》列传,时见有人因一奏疏而骤贵或倒霉到底。文官队伍驳杂、良莠不齐是必然的,但其总体上是维持明政府运转的基本力量。正德以后,皇帝不上班的居多,但全国的政事照常运转,靠的就是文官。与祸国宦官进行殊死斗争的也是文官。

王阳明与这个文官系统的关系也是"夜与光"的关系:他既是这个背景中人,又要超越他们;从他们中来,却不想回到他们中去;他想教化他们,他们却排斥他;他们视阳明为妖怪,他视他们为"心中贼"——尤难破除的冥顽钝汉。相对于阳明这样的贤哲来说,他们是"夜",他是"光"。他生活在他们当中,如处"昏夜"。他在他们当中如"荒原狼",他们则是"家兔子"。阳明的最大愿望是把他们从黑暗的隧道中引渡到光明大道上来。他之所以顶风犯忌地开门授徒,就是为了普度众生、先度同类。阁臣们因此而打击他,信服他的学生官员却不避毁誉地保护他,也是一首饶有趣味的"夜光曲"。他一生的戏剧性沉浮变化,一半是文官们导演的,一半是宦官们导演的。当然总根源是他不肯和光同尘,不想与世低昂,不愿意混吃等死白活这一场。古代中国什么都能容忍,就是不能容忍不平庸。阳明什么都能容忍,就是不能容忍自己平庸地生、平庸地死。

这首"夜光曲"不那么诗情画意，却有足够的韬光晦影的夜色和刀光剑影的光景。而阳明以心学大侠独有的身手出生入死、起起落落，正是这首"夜光曲"的旋律。

不阴不阳

刘瑾杀人打人就不用手和拳，用的是眼神和舌头，他连字都不会写几个。要问刘瑾明用国家正典、暗用厂卫杀过多少国家大臣，廷杖、贬谪、流戍过多少国家大臣，又辱弄过多少国家大臣，他本人绝对数不清，也没想着要数，因为对他来说这些均如吐痰放屁一般。《明史》上记载的只是很小一部分。

有明一代，明君良相极难找，昏君佞贼却成对地出现，此起彼伏。英宗与王振不及正德和刘瑾"厉害"，正德和刘瑾又不如天启与魏忠贤要命。刘比不过魏，正德是来历不明的大痞子，古今无双的大顽主。

刘瑾偏要在正德玩到兴头上时奏事，正德厌烦地挥挥手："我用你干什么？偏来烦我。"这正是刘的"设计效果"，他从此连形式也不用走了，成了"执行皇帝"。他的话就是圣旨。反正外廷群臣也见不到皇帝，圣旨均从大内传出，谁敢动问真假？"空筐"宰制了天下"大有"，刘瑾握住了皇权的把柄，他的意图成了大明帝国的方向。

能够大显身手的只能是不阴不阳的东西。文官们则须去其思想之势，阉然以媚老板。否则，要么回家，要么接受手术。王阳明是圣雄，所以走成了一条"进取又超越"的道路。这是心学的"阳明"功夫，还想对治不阴不阳。

阳明被刘瑾打了四十大板，发配贵州龙场驿站时，还只是个有热情侠气的文官，尚未"开眼"。

刘瑾前面有王振、汪直，后面有魏忠贤，王阳明撞上的是刘瑾，宦官祸政是明代最为抢眼的问题，所以便举刘瑾以概其余，以见王阳明政治生活的"典型环境"。

夜中正是用功时

对这布满夜色的生存环境，阳明自有与众不同的"心法"。简单地说，就是以夜治夜，获"反手而治"的大利益。

无论是古老的阴阳观念，还是浪漫诗人的敏锐感觉，抑或凡人的日常经验，夜，总是与黑暗、冥行相连，总伴随着恐惧、凄凉。人们总是讴歌光明诅咒暗夜。但有三种人渴慕黑夜的氛围：盼望一展身手的英雄或歹徒；急切去幽会的情侣（人约黄昏后）；再有就是哲人，黑格尔说他们是猫头鹰，偏在黑夜起飞。王阳明一身三任，且能再透过一层。他说："夜气，是就常人说。学者能用功，则日间有事无事，皆是此气歙聚发生处。圣人则不消说夜气。"这是漂亮的精神胜利法。但，圣人可以心中无夜气眼中无夜气；对学人来说则正是做功夫的契机。做什么功夫？做在黑夜不迷路的功夫，从而走向光明。光明的标准是什么？就是找回自己的良知，用良知来应对一切问题。

"良知在夜气发的，方是本体，以其无物欲之杂也。学者要使事物纷扰之时，常如夜气一般，就是通乎昼夜之道而知。"这个夜气是刻画"静"和"独"，没有"物欲之杂"，相当于"未发之中"。明心见性的真功夫就是找到、养育这个"未发之中"。后来，他更简练的说法是"良知就是独知"。静功是"小学功夫"，是动功的基础。在纷扰混乱中，"不动心"；每临大事有静气，不随境转，不为气乱，则是阳明建成奇功的心诀，也是人人都该进修的看家功夫。

"人一日间，古今世界都经过一番，只是人不见耳。夜气清明时，无视无听，无思无作，淡然平怀，就是羲皇世界。平旦时神清气朗，雍雍穆穆，就是尧舜世界。日中以前，礼仪交会，气象秩然，就是三代世界。日中以后，神气渐昏，往来杂扰，就是春秋战国世界。渐渐昏夜，万物寝息，景象寂寥，就是人消物尽的世界。学者信得良知过，不为气所乱，便常做个羲皇已上人。"（见《传习录》上、下）这里又用"夜"来比喻社会状况，隐括了公羊学的"三世说"，夜气清明与人消物尽的昏夜是治世与乱世的象征。（参看龚自珍的《尊隐》）阳明强调的是：人的精神境界（信得良知过）是可以独立地超越社会此状况臻达彼状况的。

正德十年（乙亥），阳明为天泽作《夜气说》，又强调夜气（静）与白天（动）的相互依存的辩证关系，他先从感性知觉说文人喜欢的"夜晚现象"：师友相聚，谈玄论道，静谧的夜晚赋予了文人超越的情思。这犹如外国的美学家们说夜晚现象最适宜灵魂进行创造性活动。但他转而告诫天泽，不能太迷恋夜晚这种孤寂的状态，太离群索居必意怠志丧，这就失去了阳气的滋养。

阳明一生曾反复说过："若上好静，遇事便乱，终无长进。""好静只是放溺"，沉空守寂只会学成一个痴呆汉。他主张必须在事上磨炼才是真做功夫。阳明的哲学是：万物皆备于我，化任何不利因素为有利因素，"苟得其养，无物不长；苟失其养，无物不消"。要想长，就得想办法得到全面的"养"。任何故意跑偏树敌的做法都是自作孽的傻瓜行为。阳明在强调转化时，其艺术造诣俨然老子复生：孤阳不生，孤阴不长。阳明还相信禅宗"达则遍境是，不悟永乖疏"的智量。

心学就像心一样不可把握。阳明的过人之处在于他能将距离很远的学说打并为一，将儒、墨、释、道的精华一体化为心学。细密地领会消化他这些象征性的哲思，是以后的事情，现在要说的是：若一腔子羲皇世界的心志，偏偏遭遇了"日中以后""渐渐昏夜"的年头，怎么办？——那个无拳的打那个无舌的，那个无舌的怎么说？

年轮

像人种有差别一样，一个家族的特点、徽征如树之年轮，并不能被岁月或风雨琢蚀，反而可能穿越时间的隧道和人事的浮沉而显出内在的脉络。阳明身上的过人之处几乎都有遗传的因素。

就说偏好隐逸、隐修这一点，就是他们的"传家宝"。阳明的六祖王纲，字性常，与两个弟弟在元末小有名气。他文武全才，但避世乱，往来于山水之间，时人莫知。他与刘伯温是朋友，他对刘说："老夫性在丘壑，异时（你）得志，幸勿以世缘见累，则善矣。"（他七十岁时还是被刘推荐到朝中当了兵部郎中。最后在广东征苗时死于增城。）他也好养身，朱元璋见他年七十"而齿发精神如少壮"颇为惊奇。

他的儿子王彦达年十六,用羊皮裹其父尸体背回老家。"痛父以忠死",而朝廷待之太薄,遂终生隐居,躬耕养母,读书自娱。给他的儿子与准留下先世传下来的书,说:"但勿废先业而已,不以仕进望尔也。"与准"闭门力学,尽读所遗书"。信奉儒家"遁世无闷"的信条,既不去参加科考,也逃荐举。因会打卦,知县总找他算卦,他的倔脾气发作,对着知县派来的人,把卦书烧毁,并说了难听的话:"王与准不能为术士,终日奔走豪门,谈祸福。"县令怀恨在心,王与准只好逃遁到四明山的石室中。

当时朝廷为化消极因素为积极因素,装点大一统气象,"督有司访求遗逸甚严",以消化更多的不合作者。县令"举报"了他,部使大怒,拘留与准的三个儿子,作为人质,再上山追与准。与准"益深遁,坠崖伤足。求者得之以出"。部使见与准的确伤得很重,又见他"言貌坦直无他",不像个狂悖人。与准又向部使讲了烧卦书逃遁的原因。部使放了他一家人,见他的二儿子世杰有出息,便对他说:"足下不仕,终恐及罪,宁能以子代行乎?"不得已,世杰当了领取"助学金"的秀才。他为了感谢伤了他脚的石头,遂自号"遁石翁"。

王世杰即阳明的曾祖。他勉强当了秀才后,赶上大考之年,按规定,考生要散发脱衣接受检查,以免夹带作弊的东西。世杰觉得是侮辱,未进考场而返。其气节如此,真有黄叔度之雅致,蒲松龄辈可望而不可即。后来又有两次当贡生的机会,他都让给了别人。理由先是双亲老,后来父死又以母老。但是不当官的日子是难过的,以养老母亲为名不出仕,单靠种地教书,常常"饔飧不继"。他母亲临死时曾说:"尔贫日益甚,吾死,尔必仕。勿忘吾言!"

世杰因先世在门前种了三棵槐树而号"槐里子"。平时,言行以古圣贤为法。他跟学生说:"学者能见得曾点意思,将洒然无入而不自得，爵禄之无动于中，不足言也。"这种风度传给了儿孙。这个人命不好，被举贡到南雍（南京），没当成官还客死身亡，自著的《易春秋说》《周礼考正》手稿"为其同舍生所取"，散失不知所终，仅存《槐里杂稿》数卷。

他的儿子就是一手带大阳明的王天叙，名伦，以字行，号竹轩。"性爱竹，所居轩外环植之，日啸咏其间"。槐里先生只给他留下几箱书，每开书箱，他都伤感地说："此吾先世所殖也。我后人不殖，则将落矣。""雅善鼓琴，每风清月朗，则焚香操弄数曲。弄罢，复歌以诗词，而使子弟和之。"他教育出个状元郎和新建伯来，够辉煌的了。可以说，阳明办书院、会点拨人，也是家传。己酉年（1489年），阳明十八岁时，竹轩公这位和乐又严肃能吃暗亏的可爱老人谢世。

他遗传给了阳明"细目美髯"的相貌特征，还有仁义和乐、与人交际亲切蔼然而尊严不可侵犯的个性以及敏捷练达的才智。他为文好简古而厌浮靡，作诗则援笔立就，若不经意，却合格律。他母亲性格严厉，又偏爱她娘家的孩子和他的弟弟，但他像舜一样照样孝敬母亲、爱护弟弟。这种以仁义之道处不公之境的涵养也熏陶了阳明处逆心顺的作风。

阳明的状元父亲王华，因曾读书龙泉山中，人称"龙山先生"，晚号海日翁。生而警敏，读书过目不忘，天叙口授的诗歌，经耳成诵。他六岁的时候在水边玩儿，有人丢掉一袋金子，他知道那人必来找，又怕别人拿走，就将袋子放在水中。一会儿，那个人边哭边找过来。他告诉了他，那个人取出一锭来谢他，他扭头走了。他气质淳厚，坦坦自信，不修边幅，议论风生，由衷而发，广庭之论，入对妻子无异语。常面斥人恶，因而得罪人；但人们也知道他无深意，也结不下深怨。

他有定力，组织能力强，百务纷陈，应之如流；在危疑震荡之际，能卓然屹立。阳明起兵平宁王时，家乡人慌乱，怕宁王派兵来，他应付裕如。他家的楼房失火，亲朋齐惊，他款语如常。这些也遗传给了他儿子。无非凡的素质难有非凡的功业。

他们遗传给了阳明些什么，是需要用阳明的一生来回答的。自然，没有王阳明，大概没人来搜寻重温这套家谱。

灵地

阳明为人作序记，落款常是"古越阳明子""阳明山人""余姚王阳明"，自然也有用"新建伯"之类荣誉头衔的时候。这个人对这类名号细节是极重视极有感觉的。用出生地或官衔是惯例，而说"古越"便感情系之了。他是以生为越人为荣的。越地也的确是个神奇的地方，直到民国时期越人还保留着古越遗风。

阳明成化八年（1472年）九月三十日亥时出生于余姚。余姚在明代属于绍兴府，绍兴即大禹时代的"大越"，越地越人的特色要从大禹说起。鲁迅视大禹为"中国脊梁"的原型样板，既是平实之论，亦包含着同乡的自豪之情。大禹治水，功铸九鼎；阳明治心、鲁迅改造国民性，也都功不可没。

大禹治水告成于这片三苗古地。《越绝书》载：这片泥泞积水的沼泽地，本是荒服之国，人民水行而山居，刀耕火种，还流行着断发文身的习俗。巫风颇甚。有越语（隶属吴方言系统）、越歌、"鸟虫书"（文字），古老的越文化则有河姆渡文化、良渚文化、马桥文化。

越王勾践卧薪尝胆终于报仇复国的精神最见越人气性。现在绍兴的越城区就是当年范蠡帮助勾践为"十年生聚，十年教训"而规划设计的。这也是绍兴城又被称作"蠡城"的由来。勾践灭吴的次年将国都从蠡城迁到琅琊（今山东胶南县附近）。王阳明的远祖即琅琊人。王氏族谱上的"始祖"是晋光禄大夫王览。王览的曾孙便是大名永垂的王羲之。羲之少随父王旷渡江，先安家建康（今南京），不满意，又搬到会稽。当时两城是齐名的江南大都会。但山阴道上山川自相映发，美景迭现，令人应接不暇的风光更能满足他那艺术家的心灵。羲之的二十三代孙王寿，自达溪迁到余姚。阳明的父亲王华思恋山阴山水佳丽，又搬回山阴（绍兴）。余姚遂成为阳明的"老家"，现在两地都留有遗迹。

阳明出生的余姚是个山岭丛集的古朴闭塞的城镇，多亏了一条姚江沟通了与域外的联系，更多亏王阳明创立了姚江之学，从而使之成为浙东文化重镇。

姚江，又叫舜水，全称为余姚江。余姚江源出四明山支脉太平山，蜿蜒东流经余姚，于宁波汇奉化江后成为甬江。

余姚县境内最大的山是龙泉山，为四明山的支脉，在余姚西边。南坡山腰有泉，虽微不竭，名龙泉，以泉名山。是南方惯见的那种小山。其北麓半腰处有栋小阁子楼，本属于莫家，王华还没中状元时租用为书房，并家居于此。但因生了王阳明而成了文物。

《明史》写得清灵精练，相当讲究，但依然信服神秘灵异的话头，照录了许多人物赋有奇迹色彩的出生故事。好像大人物就是天纵之圣似的，自然对阳明也不例外，也说他是神人自云中送来，因而初名"云"，也因此而五岁尚不能说话，经异人抚摸后，更名"守仁"，才会说话。因为"云"在古汉语中是说话的意思，道破了天机。阳明成了人物后，回故居，"访瑞云楼，指胎衣地，收泪久之"。不是这种气质的人，不可能创立重生命、顺人道的心学。

王守仁以"阳明"自号，是喜欢"阳明洞天"这个地方和这种仙气的名称。"阳明洞天"被当地人简称为阳明洞。这个阳明洞在会稽山，据说是大禹藏书或葬身的地方，也叫禹穴。

阳明三十一岁时告病回绍兴，筑室阳明洞侧，行导引术。后来讲学于阳明洞都是在洞侧的房屋中，即王龙溪说的"精庐"，而非在洞中。会稽山在绍兴东南十三里，阳明就近结庐是十分自然的。还有人径称会稽山为阳明山。

《嘉庆山阴县志》《绍兴府志》都强调阳明是绍兴（山阴）人，都说他"本山阴人，迁居余姚后，仍还原籍""先生世居山阴，后迁姚江"。余姚自来隶属山阴。阳明的高祖王与准为避永乐皇帝之举遗逸曾逃到余姚，王华迁回绍兴后，王家就世居于此了。余姚是阳明的出生地，绍兴是他的生长地，也是中年以后的居住地。

更有一座"王家山"，因阳明的远祖王羲之建宅于山麓，故名。它在绍兴的东北，相传山上长蕺，越王勾践为雪耻兴国曾经在此采食蕺草以自励，所以又名蕺山。蕺山后来因"蕺山书院"而名满天下，明末大儒刘宗周在此讲学，培养了一个更大的儒——黄宗羲。黄的《明儒学案》是专门讲心学的。清末于书院旧址创办山阴学堂，秋瑾的同志徐锡麟曾任堂长。

"越女天下白，鉴湖五月凉"是杜甫的名句。鉴湖在绍兴西南，它因"鉴湖女侠"秋瑾的英名而广为人知。阳明咏鉴湖的诗无甚名气，但从中可见他对家乡水的感情："鉴水终年碧，云山尽日闲。"（《故山》）"春风梅市晚，月色鉴湖秋。空有烟霞好，犹为尘世留。"（《忆鉴湖友》）

罗列这些，是为了"呈现"我们已无法确知的王阳明的"生态环境"。越山是神奇的山，越水是神奇的水，越人是既不同于齐鲁人也不同于燕赵人的。吴越素称肝胆相照的邻邦，但越人强项，吴人奢靡。民风扞格难通。浙东学风与湘湖学风相近，而去浙西较远。阳明只能从姚江走出，而不可能从秦淮河畔崛起。秦淮河出名士，不大出志士。越地出志士，即使是名士也带有孤傲倔强的志士风。

湛若水在阳明的墓志铭中深情地说："夫水土之积也厚，其生物必蕃，有以也夫。"——良有以也！

立志学圣贤

阳明十二岁那一年，向塾师提出了一个很不寻常的问题："何为第一等事？"塾师说："唯读书登第耳。"阳明的天性和个性使他直言不讳地反驳老师："登第恐未为第一等事，或读书学圣贤耳。"学圣贤就是不以登攀仕途为目的，而以成圣当伟人为目标。

早期经验是人的性格的奠基地。性格是受自我内驱力支配的追求体系。人们都在追求幸福，而幸福在某种意义上说恰是早期经验的满足。刚刚登第当了状元的父亲嘲笑儿子这种不着边际的理想："汝欲做圣贤耶！"

然而若没有他儿子，这位龙山公早已被人们归入忘川。阳明是跟着爷爷长大的，他爷爷像贾母保护宝玉一样保护了小阳明豪迈不羁的天性。阳明的成圣意欲也应该说是自小从他爷爷那儿听来的。小阳明会说话以后就会背诵爷爷曾经读过的书，大人惊奇，问他为什么会？他说："听爷爷读时已默记住了。"在纯真的童心中种下了古典情结。

学为君子，学为圣贤，是中华文化的基本主题。

戴震小时候问他的老师：朱熹怎么知道千年以前的事情？梁启超用他特有的夸张表达概括戴震这一问：这一问问出了三百年启蒙思潮。仿此，则不妨说阳明这一问一答，开辟了心学的主航道：以心学教天下，示人成圣之路。这种以伟人自期的英雄主义，是我中华大丈夫的祖传心灯。

"何为第一等事？"是人为什么活着的问题。人怎样生？路怎样行？立什么志成什么人？怎样的日子才值得一过？判断值得生存与否，就是在回答哲学的基本问题。

现在我们的"夜行船"要为"第一等事"而启航了。

但他哪里也去不了，只是跟着他中了状元的父亲到了北京，念私塾。

真正的生活是内心生活。真正的航程在心里。自古传法一线相悬，气如悬丝，以心传心，薪尽火传神不灭。

第二章

掘地觅天

侠客梦

小阳明性情活泼好动，且矫健异常，蹿奔跳跃，相当欢实。《王龙溪先生全集》卷二《滁州会语》中说，阳明生来就是个"英毅凌迈、超侠不羁"的孩子。他十二岁在京师就塾师，不肯专心诵读，每潜出与群儿戏，制大小旗居中调度，左旋右旋，略如战阵之势。龙山公（王华）出见之，怒曰："吾家世以读书显，安用是为？"先生曰："读书有何用处？"龙山公曰："读书则为大官，如汝父中状元，皆读书之力也。"先生曰："父中状元，子孙世代还是状元吗？"龙山公曰："止吾一世耳。汝若中状元，还是去勤读。"先生笑曰："只一代，虽状元不为稀罕。"父益怒扑责之。（《王阳明先生出身靖难录》卷上）王华常常担心儿子会发展成什么模样，王天叙却充满信心。他凭直觉就觉得这个孩子不是凡品,而且他更愿意相信相面先生的美妙预言:"此子他日官至极品,当立异等功名。"

后来阳明总结道:"儒者患不知兵。仲尼有文章,必有武备。区区章句之儒,平日叨窃富贵,以词章粉饰太平,临事遇变,束手无策,此通儒之所羞也。"

他十三岁在身为翰林院修撰的父亲家里,找不到畅快的感觉,因为他此时最崇拜侠客。曾经一个人溜出去游览北京北边的居庸三关。居庸关乃京城北向之咽喉。阳明骑马逶迤而上,自下关起,便两山相凑,仅有河边小道,路遇鞑靼人也骑马大大咧咧地走来。阳明好斗的天性加上当时民族间的仇恨,更有一试自己能力的好奇和证明自己侠客梦的冲动,遂拈弓搭箭,呼啸着朝鞑靼人冲过去,连喊带射。鞑靼人猝不及防,不知这个孩子身后有何仗势,再加山近有回音奏响,遂仓皇逃窜,跑出一箭路,回头一看,原来也就是一个孩子而已。

阳明为什么这么恨鞑靼人呢?除了当时汉族中心主义的民族情绪,还因为他崇拜于谦。于谦是他心目中的英雄、伟人。于谦领导的北京保卫战是小阳明心头中最大的谜。他在京城四处逡巡,想了解实战情景。他在于谦的祠堂前题下这样一联:

赤手挽银河,公自大名垂宇宙。
青山埋忠骨,我来何处吊英贤。

这次他在居庸关附近"考察"了一个多月。游览长城,拜访乡村老人,询问北方少数民族的生活习俗,了解古代征战的细节,凭吊古战场,思考御边方策。"慨然有经略四方之志"。回到家中,居然做了一个莫名其妙的梦，梦见自己去参拜伏波将军庙，写下一首诗："卷甲归来马伏波，早年兵法鬓毛皤。云埋铜柱雷轰折，六字题文尚不磨。"伏波将军叫马援，东汉初年征讨交趾（越南）。神奇的是，他临死前，居然亲身到了伏波庙，跟他现在梦见的一样。

他十五岁时，便屡屡想向朝廷献上自己的"平安策"，他那位状元老子斥责他太狂妄了：你懂什么！治安缉盗要有具体办法，不是说几句现成话就能见效的。还是先敦实你的学问，再来建功立业吧。

此前，他与几位同学在长安街上漫步，一位相面先生追着给他看相，说他这种相貌太难得一见了。他让阳明记住他说的话："当你的胡子长到衣服领子时，你就入了圣境；胡子长到心口窝时，你就结圣胎了；胡子长到肚脐时，你就圣果圆满了。"这种"圣胎"之"圣"是道教的说法，与儒家的圣贤之圣不是一个圣，圣贤的圣是相面人看不出来、无法预言的。

触因于心

十七岁这一年，他带着怎样才能成为圣贤这个深深的拷问和年轻人易有的热切与摇摆，告别了京城，回到山阴。

这里有他的"百草园"，有他的"三味书屋"，有凝聚着他顽皮淘气的种种"文化遗址"，唯独没有了他的母亲，他的母亲郑氏四年前就去世了。他在京闻噩耗自然哭得痛不欲生，但只有回到家才深切"直觉"到母亲已不在人间！没有妈妈的家越大越空荡。因父亲中了状元而大事增建的"家"，此刻对阳明成了残酷的嘲弄：外在的东西到底有什么用？

这些人工的东西与我心何干？人为什么说死就死了呢？

他直觉到生与死之间的距离不过相隔一张纸，生与死之间的过程简略得亦在呼吸之间。生命的真相和根本到底是什么？他陷入了这种情意痴迷的思考，不同于亚里士多德、培根等西哲自不待言，令人注意的是与朱熹式的理学、郑玄式的汉学均大不相同。这个切切实实的生命困惑，酝酿了阳明冲击汉学宋学的契机：支撑王学体系的根本情绪，便是这股探底求究竟的"生命意识"。

这种生命意识的浅近境界就是追求长生不死。他开始迷恋养生之道。显然，人死了就什么也不是了。所以最基本的问题是如何长生久视。因此，他终身修炼，有笔记说他吃砒霜，脸都是绿的。他后来好几次和学生说"吾亦自幼笃志二氏"，有时候修炼得有所得时还觉得"儒者为不足学"。最后说这是"错用了三十年气力"。

他这次回来是完婚的。阳明的岳父诸介庵是余姚人，官至江西布政司参议，与王华"金石相契"。在阳明还是个嬉笑无方的小孩时，诸介庵到王家串门儿，非常赏识活泼的小阳明，慨然允诺将女儿许配给他。到了今年，他已十七岁，可以完婚了，按大家族的礼数，他要亲自到南昌去迎娶夫人诸氏。

然而，新婚合卺之日，他却闲行入一个叫"铁柱宫"的道观，见一道士趺坐一榻，遂即问讯，那个道士原来懂养生之术，阳明遂有千里遇名师之感，坐下来倾听，继之，相与问答。阳明凭着"体悟"，道士凭着学问，俩人谈锋均健，甚为相得，不知天之既黑，居然忘了他的洞房花烛夜。阳明的率性，一旦倾心遂物我两忘的"痴"性，油然可见。他又与道士谈到东方既白。直到岳父派人员从这里找到他。

这一年，比修炼养生和结婚更重要的是他开始触因于心学了，表现在他练习书法大有进步，《年谱》载："官署中蓄纸数箧，先生日取学书,比归,数箧皆空,书法大进。"这只说明他下手狠,痴心力猛,书法大进的原因却在于从书法的练习中体会到了"拟形于心"的方法。有的学者因此说这一年是他心学的开始则稍显武断。因为《年谱》是追述出来的,阳明下面的话肯定不是十七岁这年说的:

先生尝示学者曰:"吾始学书,对模古帖,止得字形。后举笔不轻落纸,凝思静虑,拟形于心,久之始通其法。既后读(程)明道先生书曰:'吾作字甚敬,非是要字好,只此是学。'既非要字好,又何学也?乃知古人随时随事只在心上学,此心精明,字好亦在其中。"后与学者论格物,多举此为证。

"尝示学者"是后来的事,"既后读明道先生书"更是后来的事。他今年就能凝思静虑、拟形于心了吗?就算是有点儿体会,也还没有读明道的书,没有总结出"只在心上学"的原理吧。但是这一年毕竟书法大进,毕竟触因于"拟形于心"了。

圣人可以学而至

他现在既相信并向往于谦那样的功名、有强烈的建功立业的欲望、热心兵事,又想长生不死,从而迷恋道教,更想着他的"第一等事",想成为圣贤。此时他还不能很好地融合这三者关系,只是忽而以此为主忽而以彼为主。"不羁"的性格决定了他不是那种可以在"理窟"

19

中沉溺的拘拘小儒。

这样，十八岁这年他与名儒娄谅的会面就成了重要"事件"。他领着夫人回余姚，坐船过广信（今上饶），他特意下船专程去拜访了娄谅。娄谅是明初著名理学家吴与弼的学生，吴是以朱学为正宗的，也有点儿心学倾向，娄氏亦然。娄氏向王讲了"圣人必可学而至"的道理。这其实是儒学的通则，无论理学还是心学都笃信不疑的学而致圣的原理。只因此刻正搔着阳明的痒处，再加上会谈时的"情感场"移人性情的作用，直接听能感受到简易明晰的感性的思路，从而萌发出"遂深契之"这一人生信念：只要通过"学"能成圣，那我肯定能成功。

黄宗羲在《明儒学案》卷二中明确地说：王的姚江之学，娄发其端也。娄反对"举子学"，倡导"身心学"，议论虽主程朱居敬之旨，却深深地潜行着周濂溪、程明道之学，而濂溪、明道正是心学的一个有力的来源。娄的同门胡敬斋曾讥笑娄近似陈白沙的浪漫主义。所谓娄发姚江之端，其实是娄契合了王的"浪漫"心志，是那个"道"本身决定了他俩对跑道的选择。

即使娄谅不算王学的发端，阳明心学也不是空穴来风。康斋的另一学生谢西山就曾提出过"知行合一，学之要也"。康斋就讲究身体力行，只在走趋语默之间，出作入息，刻刻不忘，自成片段。

娄谅向阳明讲得更多的还是"宋儒的格物之学""居敬功夫"。阳明过去是个活泼诙谐、爱开玩笑的人，别过娄谅后，变得"端坐省言"起来。他的从弟、妹婿觉得奇怪，他说："吾昔日放逸，今知过矣。"

弘治三年，王华丧父回到老家余姚，监督着子弟们讲析经义，准备应举考试。阳明则白天随众学习举子业，晚上搜取"经史子集"读之，常常读到深夜。从弟、妹婿们见他文字日进，愧叹弗如，后来总结说：

"彼已游心举业外矣，吾辈不及也！"（《年谱》）这也是老子说的"外其身而身存，后其身而身先"。

阳明一生都得力于这种入乎其内出乎其外的章法。

格物

举子业，主要就是学习朱子注释的"四书"，再练习作八股文。阳明总是能把浅近的目标与深远的追求结合起来。他用朱子的"格物说"来格举业这个"物"。这是他"明睿天授""聪明性紧"的表现，更是胸有大志的缘故。他二十一岁这一年，参加浙江乡试，一举成功。

阳明对于"举子业"素来采取既不排斥也不沉溺的态度，在别人只是埋头死背词章训诂时，他却要从中探究心性的秘密，要洞彻朱学的内在机理，尽管他还弄不懂朱学这幅巨大的文化地图的脉络，更弄不懂其内在的秘密，此时他不曾像后来那样"遍求考亭（朱子的号）遗书读之"，但他却真想从朱子的现成思路中寻找成圣的门径：他和一位姓钱的朋友一起开始"格"竹子。

阳明的爷爷喜欢竹子，在"竹轩"前种有许多竹子。阳明和钱友每天从早到晚默默地面对竹子，竭心尽力地来格其中之理，因为朱子说一草一木皆含至理。到了第三天，钱友便劳神成疾，阳明还笑他不中用，到了第七天，他也因耗竭心力而病倒。

后来，他"翻"了朱子学，问心无愧地说：

众人只说格物要依晦翁，何曾把他说的去用？我着实曾用

21

来。初年与钱友同论做圣贤要格天下之物。如今安得这等大的力量?

"格"是种什么功夫?关于《大学》的"格物"之说在阳明之前就有七十二种不同的解释,所谓"七十二家知歧异",阳明当时不知道,后来他也不多读书也无心考辨。《仓颉篇》说:"格,度量也。"所谓格物就是度量,是一种提高观察力、找对观察角度的思维训练。郑康成训格为"来",强调主体的能动性:所知于善深则来善物,所知于恶深则来恶物。朱之解格物为"穷至事物之理"(朱说本之李侗,见《宋元学案》),强调的是对于经验中的事物,一一穷究其理,经验、思辨、观察总结得多了,然后豁然贯通,化约为简捷直接的把握。阳明肯下笨功夫、真切实验是他心性朴素、为人真实的地方,尽显他说了便做的个性。他能够成为心学宗师起步于这种"真实用功"的"诚恳"。他想毕其功于一役,想一通百通,想从一棵竹子身上彻悟万物之理,不妨说这是用心学态度做理学功夫,用诗人的审美观察觉悟的原理来解决哲学难题。太相信世界的象征的关系了。英雄性急,阳明是聪明性紧的"食真动物"。

他这样来格物反而被物格,"到七日亦以劳思致疾,遂相与叹圣贤是做不得的"。他又回到现成路上来。最现成的大路有两条:一是究心举业,争取当只管一世的状元去,然后与世俯仰混一碗现成饭。一是加入主流文化圈,究心辞章之道,像李梦阳、何景明一样文名满天下。格竹子失败,动摇了成圣的信心,他便沿着"文化的斜坡"下滑,"随世就辞章之学"。

吊诡而有趣的是,他专心科考却在癸丑年(1493年)举行的会试中下第了。上天像特意要"苦其心志,劳其筋骨"地锻炼考验他,偏不让他没找到自我就混入销人灵魂的官僚队伍当中。等到丙辰年（弘治九年，1496年）会试，他又落榜了。对于一般的举子来说，这是相当正常的，终身不得一第的更多。而对于想方设法要轰轰烈烈大干一场的王阳明来说，中举五年了，这漫长的等待是残酷的。然而，他毕竟豪迈英纵，不为外物所屈，同学中有因为落第而羞耻者，阳明却说："世以不得第为耻，吾以不得第动心为耻。"

考槃在涧

结诗社、办文会是历代文人都搞的活动，明代文人搞得隆重、普遍、规模大。

阳明的龙泉山诗社在明人社团史上不足挂齿。社址在龙泉寺，处龙泉山南麓，面临姚江。阳明说："我爱龙泉寺，山僧颇疏野。尽日坐井栏，有时卧松下。"

社员的主要活动无非是吟诗联句，相互品评，切磋文艺，比较书法，游山玩水中寻找好诗题，也下棋对弈，陶冶性情。基本上是名士派的生活。阳明自然是雄者，是领袖。

阳明在办诗社时期的诗文不好判断是哪些。钱德洪编为续编的作品（上海古籍出版社1992年版《王阳明全集》卷二十九）是"作于弘治初年"的，可他又说是乃师"筮仕之始"的习作。王"筮仕"之年是弘治十二年，弘治年号共用了十八年。所以，钱氏的话，极可能是指从弘治初年到十二年王中进士之始。细看续编作品的内容，这个理解大致不错。如《次韵毕方伯写怀之作》："矮屋低头真局促,且从峰顶一高吟。"正是落第举子的心声。次某公韵的作品多也是佐证。次魏五松的很多,且多不甘自壮语:"乡里正须吾辈在,湖山不负此公来。"(《雨游龙山》)"飞腾岂必皆伊吕,归去山田亦可耕。"(《松荷亭晚兴》)这些也像是未登仕版、自己哄自己的说法。

什么独秀台、严光亭这些隐逸气的景观,都不能熨平这个怀揣着成英雄成圣贤之光荣梦想的青年人的内心紧张。"孤吟动《梁甫》,何处卧龙岗?"(《春晴散步》)他真正向往的境界是"孔颜心迹皋夔业"——内心成圣外有事功,最为心仪的自然是被杜甫称赞为"万古云霄一羽毛"的孔明。从王阳明到熊十力一脉心学灯传都推崇敬仰诸葛亮。显然,圣雄兼得是他们完美的人格理想。

《赠陈宗鲁》可能略晚于诗社时期,真有了点儿"上国游"的雍容,有了当时甚嚣尘上的七子复古的话语背景,少了龙泉山之鹰的苦闷与焦灼:

> 学文须学古,脱俗去陈言。
> 譬若千丈木,勿为藤蔓缠。
> 又如昆仑派,一泻成大川。
> 人言古今异,此语皆虚传。
> 吾苟得其意,今古何异焉?
> 子才良可进,望汝成圣贤。
> 学文乃余事,聊云子所偏。

开头是前七子的复古主张,中间打通古今的取向又是心学派头了。最后回归到孔圣人的出发点上——行有余力才学文,"成圣贤"还是他心头"第一等事",而且己欲达而达人。最后纵观阳明一生的思想和行为,对他影响最大的不是孟子而是孔子。若非要分说,他的学术话语更多孟子的论式;他一生行事风格颇多孔子气象。

二十一岁中举之后,他就在京城与余姚之间两头跑。1493年,癸丑,弘治六年,应当是夏秋季返回余姚,结诗社。在老家待了两年多,为赶丙辰(1496年)会试而于1495年秋冬到北京,因为会试在春天举行。洪武定于二月初九为第一场,又三日为第二场,又三日为第三场。丙辰虽落榜,但他还是感受到都会的文化魅力,他又到了放开眼孔看世界的关头。他遂留在京城,直到三年后,即1499年,弘治十二年,己未科进士及第,释褐筮仕,走上政治舞台的边缘。

文章体道

他遇上的文学总形势是李何之前七子要取代三杨之台阁体的复古思潮。台阁体的最后遗响是李东阳,他是王阳明、李梦阳、何景明这一茬人的宰相。李东阳"为文典雅流丽,朝廷大著作多出其手"。他因一篇文章被弘治"称善",遂"入阁专典诰敕",不到三年就成了文渊阁大学士。这大概是文人从政最理想最漂亮的便宜法门,是李白、龚自珍这一路业余宰相梦寐以求的道路。"自明兴以来,宰臣以文章领袖缙绅者,杨士奇后,东阳而已。"(《明史》本传)

东阳已有点儿求变之声,论诗多附和严羽,自然还端着讲究形式的台阁大架子。梦阳讥笑他太"萎弱",梦阳以他特有的嚣张气质,位卑言高,勇于当"黑马",拉起杆子来大干。与何景明、徐祯卿、康海、王九思、边贡、朱应登、顾璘、郑善夫、陈沂等号"十才子",又与王廷相再加上十才子的前六位,号"七才子",皆卑视一世,而李为领袖。这一彪不可一世的文学好汉,除了梦阳比阳明小一岁,别人都比阳明小五岁以上。中举中进士的年头也相若,梦阳与阳明是同年举人,次年就及第了。何比阳明小十一岁,中进士只比阳明晚一科。无论是李还是何,都没有直接说过"文必秦汉,诗必盛唐"。这两句话是《明史》作者对他们文学宗旨的概括。他们显然是在以复古求解放,想从形式主义的天地中找回文学的真气,但他们陷入另一种"情寡词工"的摹拟田地。

总想与人不同出奇制胜的青年阳明,加入李、何一路,还是全力以赴。黄绾在"王氏行状"中说:"日事案牍(做好本职工作),夜归必燃灯读"五经"及先秦两汉书,为文字益工。龙山公(王华)恐过劳成疾,禁家人不许置灯书室。俟龙山公寝,复燃,必至夜分,因得呕血疾。"(这个肺病纠缠了他一生,并要了他的命。)以他英敏的才智,如此刻苦的力行,遂与李、何诸公"以才名争驰骋"。虽然还没取得天下大文名,但也有专门来找他作序记的四方之士。如高平县县令杨明甫请王为其新编的《高平县志》作序,而且是专"走京师请予序"。

现在的阳明全集中,序,算得上单文的大宗。给别人诗文集作序,还有一些送赠序记,都写得有特点、有优点,古朴灵动。公平地说,仅就文而言,他比那七子、十子都写得好。不仅词工而且义高情腴,还活泼清新,最不可及的是尤多体道慕德之语。他已被朋友视为"粹于道"者。

他当然也有足够多的文人雅趣,与朋友同志四时赏景,唱和联句,但他已经"玩"不起来了,他证道体道的情绪大大压过了自得其乐的文人习性。一次,重阳节过了十五天,官邸中的花"盛开且衰",他们的雅集几乎变成了"新亭对泣":"相与感时物之变衰,叹人事之超忽,发为歌诗,遂成联句。郁然而忧深,悄然而情隐,虽故托辞于觞咏,而沉痛惋悒,终有异乎昔之举酒花前,剧饮酣歌,陶然而乐者矣。"(《对菊联句序》)

据钱德洪说:"京中旧游俱以才名相驰骋,学古诗文。先生叹曰:'吾焉能以有限精神为无用之虚文也!'遂告病归越,筑室阳明洞中,行导引术。"这与黄绾的说法都有不尽不实之处。黄虽也是王的学生,但与王年相当官相若,后来又变革师说,此处微含贬义。钱则为神化教主,高大导师,而故作伟词。其实,阳明是心急失望,中了进士,政局不可为;入了文学圈,也不过如此。最致命的失望还是找不到成圣之路。

《传习录》(上)有这样一段话,包含着他对泛滥词章的悔意,也是修炼心意的紧要节目:

> 种树者必先培其根。种德者必先养其心。欲树之长,必于始生时删其繁枝。欲德之盛,必于始学时去夫外好。如外好诗文,则精神日渐漏泄在诗文上去。凡百好皆然。……树初生时,便抽繁枝,亦须刊落,然后枝干能大。初学时亦然。故立志贵专一。

物理与吾心

格竹子失败"自委圣贤有分",只是一时的沮丧话。好了伤疤忘了疼,他二十七岁中进士之前,又转到朱熹这座大山前。《年谱》载:

> 一日读(朱)晦翁上宋光宗疏,有曰:"居敬持志,为读书之本,循序致精,为读书之法。"乃悔前日探讨虽博,而未尝循序以致精,宜无所得。又循其序,思得渐渍洽浃,然物理吾心终判而为二也。沉郁既久,旧疾复作,益委圣贤有分。

与当年那个"自委圣贤有分"更进了一步:"益"者,更加也。第一次格竹子是打坐凝视耗气血伤神而病,那次没有好好读朱子,没有按照朱子的方法来格物。这次是"沉郁既久,旧疾复作"。其实也没有好好地读朱子,他那"不羁"之性格是不肯信服任何现成体系的,他不是个接受型的学人。他的主要心意是自创新说。朱的那番话,过去未必没读过,只是必须经了一番"沉郁"后才"认了"。他的沉郁主要是"较劲",益委圣贤有分是承认自己还拿不出根本性的东西来,不能像彗星一样升上天空。不过,发现了朱子"物理吾心终判为二"这个死穴,这也就临界到了心学的"发窍"处。遗憾的是,他此时功夫不够,像上山探宝人就差一步未到宝地,又空手而返。但是,只要还掐着理学不能将物理与吾心合二为一这个线头,王阳明就有可能"突破"。只是还要等,等到天时地利人和,等到百川汇合从一个口儿入海时,才能说出那"一句话"。

现在的阳明还得再度流浪。

如果他此时读了周濂溪、程明道的书,他也许就不会"旧疾复作"了。他也没有读到陆九渊的书,如果读了,会被陆之简易直截鼓舞起来的。事实上,他没有过早地投入心学这条现成的隧道是好事,过早地被陆九渊束缚与被朱熹束缚差不了多少。

梵高得知高更他们就在不远的地方后,曾怒责他弟弟为什么不告诉他?他弟弟说,太早地认同他们你就会失去你的风格。

阳明绕树三匝,无枝可依。现成的"枝"夥矣,只是安顿不了"我"这颗只取一瓢饮的"心"。奈何?越是壮怀激烈的人偏须寻寻觅觅。大道难求,难于上青天。

第三章 予有外相求 无是处

纸上谈兵

丙辰（1496年，弘治九年）会试失败后，他在"随世就辞章之学"的同时，再度燃起对兵学的热情。现存阳明"批评"《武经》的评语不见什么精深的学问，也谈不上什么了不起的洞见。阳明读了哪些秘籍不得而知，他评的却不是什么罕见的秘籍，只是宋代编辑的《武经七书》，所收均是公认的兵学精华：《孙子》《司马法》《尉缭子》《六韬》《吴子》《三略》《唐李问对》。南宋高宗时，曾指定《武经七书》为选拔将领考试的必读书，在社会上广为流传。阳明一旦染指就"沉浸"其间，这是性格使然之事。

即使不当军事家，单为当哲学家，也该学习中国的兵学。其中的智慧最见中国人的学中之"术"。兵、农、医学是中国古代人文博雅型教育体系中的"工程技术"层面的实学了。而且,"乱世喜谈兵"是中国读书人的"传统"。

打仗不能靠《论语》,《论语》讲的是正道。战争须用诡道。

他的批评可分两类:一是验证圣学之不误,属于理论性的总结。一是实践性技术性的领会,即徐光启所谓"实用固彰彰不诬"的"术"。但无论是学还是术,都有"心学"味儿,都是寻找切合我心的读后感。

《司马法》对他的影响是相当大的,这有他后来真领兵打仗时讲究行伍管理、军礼建置为证。但他此时(评点时)只对《司马法》体现了他认同的儒学要点处感兴趣,只对第二篇《天子之义》作了撮要式的发挥性的议论:

先之以教民,至誓师用兵之时,犹必以礼与法相表里,文与武相左右,即"赏罚且设而不用",直归之"克让克和",此真天子之义,能取法天地而观乎先圣者也。

这种评法有心学的王者气概。不是"教授"体,更无讲章气,也不是曹操、杜牧式的虽有才气但尚盘旋于原著下作发挥。而是一种政治家既吸收前人营养又后出转精层楼更上的理论总结。用"儒"释"兵",恰到好处,倘将兵者都如此行事,则生灵有幸。司马穰苴在本篇中讲了许多切合实用的规定,比《孙子》具体,但阳明只抓住这个"纲",既不违背原意,又切合己意。

王不是来做学问的。王是"拿来"为我所用的。"行"重于"知","知"为了"行",是王一以贯之的特征。

他对《李卫公问答》(即《唐李问对》)不以为意,只对下卷作了一句评论:"李靖一书,总之祖孙、吴而未尽其妙,然以当孙、吴注脚亦可。"对《尉缭子》的评价是"通卷论形势而已"。总共没有二百字，只就"将理"重审因略表感慨，就"治本"说了一句"文武二者不可缺一"。对"战术"什么的均未作评论，就"兵教"发挥了几句："巧者不过习者之门。兵之用奇，全从教习中来。若平居教习不素，一旦有急，驱之赴敌，有闻金鼓而目眩者矣，安望出死力而决胜乎？"这是典型的操作型官员的着眼点了。

他谈的最多的是《孙子》。对孙子"校之以计而索其情"很有感触，"此中校量计划，有多少神明妙用在，所谓'因利制权'，'不可先传者也'。"既要深入掌握其"几"，又要充分临场发挥。这是心学总术！也是他解读《孙子》的根本角度，如《攻谋第三》的评语，在作了贯穿性理解后，归到"'全'之一字，争胜天下。'上兵伐谋'，第（只是）校之以计而制胜之道而已"。兵道的总原则就是：误人而不误于人，致人而不致于人。靠什么？就是靠万全的谋略。还有《军争第七》的评语亦见心学受益于兵学、老子《道德经》的痕迹："善战不战，故于军争之中，寓不争之妙。'以迂为直，以患为利''悬权（秤砣）而动'；而必申之以避锐击惰；'以治''以静''无要''无击''勿向''勿逆'等语，所谓'校之以计而索其情者，审也。'"

后来的王学简言之就是：在制敌时是兵道，在克己时是儒术。阳明后来成雄靠兵道，成圣靠儒学。他自我总结是将两者合为一体时才算成功。这也是他努力要解决朱子将理与心分为二这一关键问题的肯綮之所在。此一节，既是王学的秘密之所在，也是王学的特色之所在。章太炎在《研究中国文学的途径》一文中的意见可资参考："程、朱、陆、王互相争轧，其实各有各的用处。阳明学说言而即行，适于用兵；朱子一派自然浅薄，但是当地方官做做绅士，却很有用；程明道、陈白沙于两派都不同，气象好像老、庄，于为君很适当。这三派异地皆败。

以阳明学说去行政，就成了专制；以朱子学说去用兵，就有犹豫不决的弊病；以明道、白沙两学说去做地方官和绅士，就觉得大而无当。""阳明自幼就喜欢谈兵，性情应机立断，就成了这样的学说。"

"平生无一济安策，临危一死报君王"的丹心之士多了去了，能料敌制胜还需要"意术"。阳明的纸上谈兵是纸上谈"心"，其呼呼"诚身""诚意""只一个真诚恻怛"的心学之本已经呼之欲出了。"苟利国家，生死以之"是历代志士仁人共奉的格言。

他现在虽无心学之名，却有了和后来一致的心学方法了，譬如"化约法""意会法"。这在纸上谈兵时显得简易直接，轻松漂亮，他的读法就像伯乐相马"略其斑黄，取其飘逸"。如用"揽英雄"三字概括《三略》大义。这，除了是心学之"英雄万能论"的体现，还透露出他后来广招门徒实乃"务揽英雄"的心迹。譬如为罗致王龙溪，让人去跟他赌博。龙溪问：腐儒会玩儿这个？那人说我老师天天玩这个。龙溪遂见阳明，后来果然光大了阳明学。

化约对象时是体现化约者的心理轨迹的，这大概是中国特色的阐释学原理吧。"意会法"则像诗学审美法了。他读《文韬·文师》只批了一句："看'嘿嘿昧昧'一语，而韬之大义，已自了然。"

"嘿嘿昧昧"在原文的意思是韬光养晦，暗中准备，这样才能"其光必远"。阳明把"韬略"归结为韬晦、阴谋，应该说勾出了其中"玄"意，的确一语破的。

他嘲笑《龙韬·兵征》的"'望气'之说，虽是凿凿，终属英雄欺人"。他对《龙韬·农器》很重视，详加评说："古者寓兵于农，正是此意。无事则吾兵即吾农，有事则吾农即吾兵，以逸待劳，以饱待饥，而不令敌人得窥我虚实，此所以百战百胜。"

他对《吴子》的评语只有一段，但极见阳明的心志：

> 彼孙子兵法较吴岂不深远，而实用则难言矣。想孙子特有意著书成名，而吴子第就行事言之，故其效如此。

阳明的取向是吴子式的，他决意不走"著书成名"之路，他要在"行事"上做出实际效果。所以，他强调重行，绝非说教或空谈，梁启超说王阳明在重实践上是颜李学派的先声。

儒家奉行和平主义，孟子耻言齐桓晋文之事。荀子谈兵，受后儒讥评。社会越来越复杂，单靠拒绝的态度纯是迂腐。"兵者，拨乱之神"的说法被人接收，以暴止暴，几成共识。阳明说孔子已言兵。唐甄说"兵者，国之大事，君子之急务也"（《潜书·全学》）。但单靠阴谋必成强盗世界。问题又回到了心学的命题：志者，帅也。同样一件事，有伊尹之志则可，无伊尹之志则篡。

阳明恰恰正有伊尹之志。然而，现在他只能"每遇宾宴，尝聚果核列阵为戏"（《年谱》）。知之者，知其有远志，不知者还以为他有精神病呢。

道心无赖

阳明从八岁即好神仙，结婚前后曾沉溺养生。他最终没走上隐以求仙之路，不是他不投入、不当真，而是他的英雄梦、圣人梦难以平伏；神仙之道的理论强度和现实效验无法使他心悦诚服。他的学生胡松说得好："夫道一而已，通则皆通，塞则皆塞。"阳明在谈养生喜仙道时正好"塞"着，不然，中国只会多一个名道，而少了一个影响历史的大儒。

他三十七岁在龙场时写的《答人问神仙》的信中明晰地表述了这个好而未通的历程："仆诚八岁而即好其说，而今已余三十年矣，齿渐摇动，发已有一二茎变化成白，目光仅盈尺，声闻函丈之外，又常经月不出，药量骤进，此殆其效也。"他此时固然已归心儒学，是在现身说法，证明神仙之道不足凭。

可见，他从八岁开始形成的精神倾向，一直延续了三十年，尽管时断时续，也算痴心不改了。这中间曾悟过"二氏之非"，但到龙场后，又觉得"大抵二氏之学，其妙与圣人只有毫厘之间"。这种对"二氏之学"的评价差不多是来自儒家队伍中的最高考语了。这是他已龙场大悟之后的判断，自然是做准的。再说讲良知的人没必要做此欺心语。

他因曾潜心出入二氏才见得真切，他又是个极善"化敌为友"的转化大师，从而能够万物皆备于我。他的学生都说他的圣雄全才来自其"学问全功"。如胡松说："先生之才之全，盖出于其学如此。"他的"学"是"通"学，他把儒释道变成了统一的精神哲学——心学，他的确从二氏之中汲取了不少营养。能够百川归海融会贯通的人，才能成就圣雄全功。

当然，对于成功了的，后世只会觉得他每一步都在走向那个辉煌的顶峰。

现在，二十七岁的王阳明可没有融会贯通的惬意与从容。他很痛苦，四处出击处处碰壁，找不到步入"第一等事"的门径。辞章之学是虚文，兵学虽是有用之学却无用武之地，他也并不去考什么武进士，去也考不上。再攻朱子之学，却落了个"益委圣贤有分"。到目前为止，他除了落了一身病，什么也没干成。他看不起的"只管一世"的状元，也在排斥他。他也许是用道教养生术来舔伤口吧。对环境的不断吸收是人具体的命运。他想要的东西不是太多了，而是太高了。失望成就了他的深刻。

35

观政即观心

弘治十二年,他二十八岁,春天会试,他本来入了一甲,因"徐穆争之,落第二,然益有声"(湛若水《阳明先生墓志铭》)。所谓落第二,是入了二甲,"赐二甲进士出身第七人,观政工部"。这个绍兴"性僻而野"的青年终于步入"承天之门"(即清朝"天安之门",亦即天安门)。工部在东朝房,他当时的家在长安西街,跟他父亲在一起。观政,相当于见习、实习。工部管都邑建设、治漕总河、铁厂织造、屯田铸钱、植树造林等等,对想发财的人来说是肥缺美差。历朝都属工部最富。但阳明想的是像李东阳那样一篇文章震撼朝廷,从而干一番大事业。他是个不甘庸碌争分夺秒创建功业的性急之人。明朝则是个可以靠一篇文章骤起也可因一篇文章而倒霉的朝代。

明朝的皇帝一遇大的异象,如地震、日食、水旱等等就下诏让群臣直言,提合理化建议。董仲舒吓唬皇帝的天人感应、灾异示警的学说到这时才形式上当了真。王阳明在《陈言边务疏》的开头就先对皇上"遇灾能警,临事而惧之盛心"表示感动,因为皇帝这样做是以天下为重的最有诚意的表现。当然也有把皇帝当顺毛驴来抚摸的意思。下面的内容就像一篇"假如我是宰相"的征文。就宰相文章而言,阳明已很到位。但这些与时俱灭的话头,不必详加评说。倒可以作为了解阳明的"时代背景"来细看,自然也显示了阳明的政治艺术。"边务"是最让皇帝头痛的事情,不仅显示出皇权的限度,更暴露出大帝国低能的本质。阳明就从边务不振乃内务腐败这个关系展开他的宏论:

> 臣愚以为今之大患,在于为大臣者外托慎重老成之名,而

内为固禄希宠之计。

为左右者（主要指内官），内挟交蟠蔽壅之资，而外肆招权纳贿之恶。习以成俗，互相为奸。忧世者，谓之迂狂；进言者，谓之浮躁。沮抑正大刚直之气，而养成怯懦因循之风。故其衰耗颓塌，将至于不可支持而不自觉。

这种议论可谓代代有人拼着老命都在讲，历代变法家、改革家都这样提出问题，说明这是顽症，是体制性结构性的病源性的病毒，实难革治又不得不治。

官已成了"场"，所谓"场"是说其中的各种各样的关系在结构和功能上都是同源关系。官场中也有因循误事落职的，但总体上还是因循最安全，遂成为不言之教。阳明想让皇帝把边务危机变成"改弦易辙之机"，"痛革蔽源"，是个聪明的建议。但遇上刘备是个好主意，遇上刘禅便是一篇废话。

弘治皇帝不算坏，但也不是什么有作为的主儿。皇帝有无足够的耐心和体力看或听完他这六千余字的高论，也是个实际问题。到目前为止，看到关于这篇《边务疏》效果的评论就是湛若水的《阳明先生墓志铭》中这样几个字："疏边务朝政之失，有声。"所谓"有声"，就是在同僚中树立起声誉。

自然，他白干的事情比他没白干的事情要多得多。令人佩服的是他上手就是个老油子。既非杜甫式的"高而不切"，也无李白式的华而不实，更不像唐伯虎那么赖兮兮地不着边际。当然，也没有进步到康有为、谭嗣同那样出手就与现行的行政机制不能合辙。在这点上他是个明白的现实主义者、切实的合理主义者。对政治这一经，他很"入"。既无书生之天真，更无学究之迂腐，几乎可以说他是个天生的政治家。

兵学给了他实用智慧,他最后提炼出来的心学是实用精神哲学。

在一篇与政治没什么关系的序文中,他坦陈了自己对这个世界的基本态度:既不能"丧性",也不能"失天"。尽管孔夫子罕言"性"与"天",但每一个人都背着这个"二元论"。王阳明的"心学"打通了这个二元论是以后的事情,现在他能做的是坦然走下去。他说:"夫知而弗以告,谓之不仁;告之而踬其等,谓之诬;知而不为者,谓之惑。吾不敢自陷于诬与不仁。"(《性天卷诗序》)至于知而不为之惑,每个人都须为克服它而进行不懈的努力。他后来拈出"知行合一"之旨就是针对这一难题。

观政通过观"心"而得之是一以统万。若挨个儿去积累,今日观一事明日学一样,那是"逐物"。大明帝国的衙门成千上万,若按宋朝或清朝的章法,沿着六部的门楼螺旋式往上转,诚如龚自珍所讽刺的等成了宰相已到耄耋之年,哪里还有精力和事业心?

观政工部而上边务书,是他根本就不想按部就班往上"挨"。在言官权重而活跃的明朝,以阳明现成的才具,他适合大约也希望走这条路。他的朋友以礼科都给事中擢少尹京丞,他很感慨地为之"序":"给事,谏官也。京兆,三辅之首也。以给事试京兆,是以谏官试三辅也。""声光在人,公道在天下。圣天子询事考言,方欲致股肱之良,以希唐虞之盛,耳目之司,顾独不重哉?然则公京兆之擢,固将以信其夙所言者于今日,而又须大用于他时也。"阳明的羡慕之情溢于言表,自不待言。有深意的是,他将言官与实职的关系看成"知"与"行"的关系。既然能言之在道,则应该行道有成。

刑部里的名士

他观政工部期间被委派以钦差的身份去督造威宁王的坟墓。他将前些时读的兵书运用了一番，预演了一下自己的统御之才。他切实感到御众之术关键是怎样编队，他用"什五法"来组织民工，让他们及时休息按时吃喝，一副仁将的派头。效果很好。休息时组织他们演练"八阵图"。他平生没掌过这么大的权，没管过这么多的人，现在，他能统帅这么多的人，让他们实地摆八阵图，比用果核摆那情形与感受不可同日而语。他深知权力的作用，能运用权力才可能用众，能用众才能做大事。

这个短短的监工期结束后，循惯例，他担任实职，二十九岁这年（弘治十三年）六月，授刑部云南清吏司主事。明朝各部的司前都冠以"清吏"字样，云南和另外一两个地区特别，是边民生事的多发点。他并不去云南，只是在北京的刑部分管来自云南的案件。但既然是部里的人，也有临时的差遣。

这年（庚申）十月，他被派去提督狱事，他在《重修提牢厅司狱记》里大诉其苦。所谓提牢厅是全国的总监狱，每个月都要一名主事去当值。这个月正好轮到他。这个能干也肯干的人另有其名士派的一面，差不多像袁宏道诉县令之苦一样。这时，他一点儿也不像诸葛亮。他自言是天下最笨拙的人，平居无恙，一遇纷扰，且支离厌倦，不能应付酬酢，况且来让干这种多是非的工作，真感到疲顿憔悴，麻烦透了。秋决之时，人怀疑惧，多变故不测之事。他在面对不想干的事儿时，也是个怕事的。他感到这份皇差是天下"至繁、至猥、至重"的苦差事。

按阴阳五行学说，秋主杀，所以秋天是决狱的高峰期。他被派遣当班,不必这么大呼小叫。心学家爱小题大做,往往如此。

他到刑部的第二年(辛酉)八月,被派到直隶、淮安等府,会同当地巡按御使审决重囚,他官职不高,但是中央官员,在审囚时有决议权,当他可以实现自己的意志、有权处理事情时,他就高兴,也高效了。他的学生为了凸显他的仁义心肠,说他"所录囚多所平反"(《年谱》)。

弘治十五年春,在淮北办完公事后,他上了九华山。

这是他生平三上九华山的第一次。这个平生以山水为课程的人,一到了山水之间就活了,就诗性复归了,心态也自然了,诗兴也浓厚了,说不定在政治与山水之间,他还真从感性上是个自然派。现保留下来的这次的记游诗赋有二十六七首。每到一地都留有诗句,什么无相寺、化成寺、李白祠、双峰、莲花峰、列仙锋、云门峰、芙蓉阁……

在无限的大自然当中,最能反衬出小官僚日子的无聊,反衬出官场不过是座"围城",用力博得一第,原来也不过如此。现在,他的情绪还在不稳定期,忽而九天忽而九地。上边务疏时,他刚跨进"城"兴头十足。观政时也捕捉到了许多问题,但找不到做"第一等事"的门径,徒当一办事之吏,真"猥"且无谓。

他与苏东坡神晤梦游了一番(《黄鹤夜涛赋》),决心请假回会稽山去。说完"小舟从此逝,江海寄余生"的苏东坡,睡了一觉就回来了,王回乡不到两年又重返官场这个磁性最大的"场"。

名士只能是一种风格,而不能成为职业,一成为职业就是《儒林外史》中的假名士了。

戴儒冠的道士

他刚刚中进士时，既以极大的热情关注边患、有点儿大丈夫立功异域的幻想，又清醒地看到世事难为，如他在《对菊联句序》中所感慨的："西北方多事，自夏徂秋，荒顿窘戚。"这个极想做一番大事业的人，也不得不有"吏而隐"之思了："守仁性僻而野，尝思鹿豕木石之群。"各位同道也是虽为国之"利器"，"而飘然每有烟霞林壑之想"。让最软弱的也起来反抗说明压迫得过了头同样的道理，让最有事业心功名心的人生隐退想，足见世道太难以用其志了。他"观政"的结果是不如回去。打擦边球的办法也试过了，七子的诗文运动、兵法谋略的考究，都未能找到精神家园、成圣的门径。

这也许是少年气盛视事太易也易受挫伤。他后来也说此时将就刚到"狂"的境界，退而生隐志要是走"狷"一路，养洁操，高其道，有所不为。离通行无碍的"中行"之境还有可悲的距离。

一个有牢骚气的隐者绝不是个真隐士。他这一时期的诗作表明，他之学道，基本上在平衡失意情绪失败心态。他上了九华山想的是"吾诚不能同草木而腐朽，又何避乎群喙之奴奴"（《游九华赋》）。他不大看得起只会作诗的李白，但是此时已与之心契焉："谪仙凄隐地，千载尚高风。"（《李白祠》）也有了同龄人如唐伯虎一类人的名士气："却怀刘项当年事，不及山中一着棋。"（《题四老围棋图》）就是他再度返回官场，去山东当考官时，还在牢骚："尘网苦羁縻，富贵真露草。不如骑白鹿，东游入蓬岛。"（《登泰山》）诸如此类，不必遍举。这个率真的人我手写我口，我口言我心，从不像那些机心深重的假道学真官僚口是心非曲说深藏。只要翻开他的集子，就什么都看到了。

他三十一岁这年上九华山时，专去拜访了一个善谈仙家事的道士蔡蓬头。蔡见了王只说："尚未。"过了一会儿，王避开左右，与道士到了后亭，再度请教。蔡还是两个字——"尚未"。王再三恳求，请道长指点。蔡才说："汝后堂后亭礼虽隆，终不忘官相。"说完，一笑而别。道士的意思是，他的"底子"可望成仙，但太想当官了。仙人是觉得想当官的人是聪明的傻瓜，其聪明与其傻相资相用，绝难度化，比单纯的傻瓜难度化多了。所以，一笑而别。

他还是不明白，明白须用许多痛苦才能换来。他听说地藏洞有异人，坐卧松毛，不火食，只吃天然的东西，如松子瓜果之类。王攀绝壁走险峰，好不容易才找到他，他正装着熟睡，以试验来者的道行。王也不俗，坐在他旁边，摸他的脚。道士觉得他不酸，就"醒"了。问："路险何得至此？"王说想讨教怎样修炼最上乘的功夫。道士说："周濂溪、程明道是儒家两个好秀才。"

周濂溪融化释道，开辟出宋代理学新世界。明道是大程，与弟弟伊川同受业于周濂溪。周的《太极图说》公认是从道家宇宙论模式中深化翻转而来，其《爱莲说》则融合了《华严经探玄记》的基本意思。宋儒明着交通二氏之学，多很坦然，也不以言神秘为羞。因为中国儒学虽非绝对神秘之宗教，但有超验性，借助神道是其天人合一逻辑的必然要求。

他从九华山下来后，回到京城复命。当时流行的诗文复古运动，已经安顿不了阳明，他说："使学如韩、柳，不过为文人，辞如李、杜，不过为诗人，果有志于心性之学，以颜、闵为期，非第一德业乎？"（《明儒学案·浙中王门二》）

不管怎么说，无论是对现实失望还是觉得文学不足成圣；或者是对朱学失望想退而为隐士，反正他决计要告别京师，告别政治，告别文坛,告别那些喧哗与骚动。他刚刚干了三年,就不想干了。弘治十五年八月,他上书请批准他回家养病。他不是什么离了他地球不转的人物,自然照准。

他遂回到绍兴,在会稽山的阳明洞盖上房子,摒弃诸凡冗务,专意修炼道术,静坐行导引术。导引术是制气术,如汉张良功成身退"愿弃人间事,欲从赤松子游。乃学辟谷,导引,轻身"(《史记》本传)。他的学生王龙溪追记听老师讲的经验是这样的:阳明在洞天精庐日夕勤修,练习伏藏,洞悉机要,对道教的见性抱一之旨,不但能通其义,盖已得其髓。能于静中内照形躯如水晶宫,忘己忘物、忘天忘地,与空虚为体,光耀神奇、恍惚变幻,似欲言而忘其所以言,乃真境象也。这种感受是阳明在龙场洞悟的一个基础,也是他后来总坚持先让学生静坐以收放心这种教法的一个来源。

《年谱》载,他在洞中持续修炼,"久之,遂先知。一日坐洞中,友人王思舆等四人来访,方出五云门,先生即行仆迎之,且历语其来迹。仆遇诸途,与语良合。众惊异,以为得道。久之悟曰:'此簸弄精神,非道也。'又摒去。"他摒去的是气功状态。据说,这种能感应万物的气功态是相当折磨人的,别人浑然不觉的信息,他就收发不停了,自然是相当簸弄精神的。

他自然并不总枯守古洞中,而是到处游玩,登高览胜,留诗不少。烟霞之气盎然,什么"池边一坐即三日,忽见岩头碧树红""青山暗逐回廊转,碧海真成捷径通""江鸥意到忽飞去,野老情深只自留",(《归越诗》)似乎是魂归自然了。

他在这种静养中尝到了甜头,凡干事专注的人惯性也大,他情绪化地想"离世远去",大隐息声,彻底下决心了断尘缘了。自然又犹豫不决,不忍心丢下奶奶(岑氏)和父亲,他一直还没有孩子,

43

他自幼读孔孟之书达周公之礼,知道天伦不可违,这血缘的力量把他拉住在人间。灰心绝望对自己使唤可以,却不能对亲人使用。他虽有桀骜不驯的个性,但善良温情,他做不了绝情绝意撒手天涯的事情。更主要的是他是个儒生。而且诚如道士所云"终不忘官相",他的山水诗中依然有这样的话头:"夜拥苍崖卧丹洞,山中亦自有王公。"尽管是将山中生活与王公生活相比,显然,"王公"还是在他心中占分量的。

看来,练功夫并没有彻底治好他的病。他要为亲人活下去,还得治病。第二年,即三十二岁时,他搬到钱塘西湖养病去了。

到了西湖之后他心情沁爽起来,什么"十年尘寰劳魂梦,此日重来眼倍清"(《西湖醉中……》)。又开始热爱生活了,"复思用世"(《年谱》)。在虎跑寺中,他遇见一坐关三年的老僧,不语不视,王喝问:"这和尚终日口巴巴说什么!终日眼睁睁看什么!"这一喝,足见阳明熟稔此道,他在四处寻找"真理"时不可能忽视弥漫士夫既深且久的佛学。(《与胡少参小集》中明说:"道心无赖入禅机。")

这次从绍兴到西湖一路漫游,佛门寺院是必去的,但似乎不"入",什么"最爱山僧能好事,夜堂灯火伴孤吟"是诗人的惯性;"林栖无一事,终日弄丹霞"又是道士语。(均见《化城寺六首》)在面对二氏之学时,他像个淘气的孙悟空,心猿意马不可羁,说什么"独挥谈麈拂烟雾,一笑天地真无涯"。有了这"半啃半不啃"的功夫和态度,才向老僧发出那一喝。

老僧被这内行的一喝给震得还原了,"开视"并与王"对语"。王问他家里情况。僧说:"有母在。"问:"起念否?"僧说:"不能不起。"王刚转变过来,很有热情地跟他讲了一通"爱亲本性"的理论和心得。僧可能也正思想斗争到这个坎儿上了,遂哭着谢过阳明,回家去了。这当然是个"故事",显示了儒学对老僧的教化。

阳明不但回到滚滚红尘中来,而且急忙返回了耗人的官衙。

他若深入掌握了道术,他至少不会五十出头就留下"所学才见到几分"的憾恨而骤返道山。儒学使其成圣,道术本来可以使其长寿,他偏要急着返回主航道,去圆他的宰相梦。事实上,他若晚点儿死,也许真能当宰相。

牧羊人

他回到京城,销了这不长不短的病假。仍然是刑部主事。但机会似乎来了,他被巡按山东的监察御使陆偁聘去主持山东的选拔举人的乡试。他没有去提牢厅当班的烦恼和牢骚了,以区区一刑部主事的身份到夫子之乡来典试儒学生徒,他自然感到这是"平生之大幸"。欣慰之情产生两个后果:一是暂时摆脱了逃禅学仙的心境,二是从官场中找到了可以一试身手的兴奋点。他此刻自我实现的意欲、跃马腾飞的冲动溢于言表。一直想当圣人却总也当不了圣人的人来到圣人的故乡,想的当然是要做出让圣人复出也心肯的事情。

孔门高弟,大多出于齐鲁宋卫,人杰与地灵互生共长。王阳明要在这片"灵秀奇特"的圣贤故乡实践学做圣人的夙志,也算来朝圣的一点儿"贡献"。他自然还是只有手中的这支笔,但只要拥有权力,这支笔便成了赶一大群羊的鞭子。他前日还是一只羊,今日成了牧羊人。从由他来做序录的工作看,他是干活儿的而非挂帅的。

像任何知识分子一样,他只是统治阶级中的被统治者,站在一个

"中间物"的位置上。这规定了他的两刃剑的角色：他身为官僚身，心是士子心。对于应考的生员，他是"牧羊人"，但对于那个庞大的官僚系统来说，他又是只羊。

现在从他出的题以及作的"陈文"（"标准答案"）来看，他当时心中期待的首要读者，并不是那些应试的生员而是当朝大佬们。他要再上一道《陈言边务疏》，向世人一展自己的宰相之才，但又不是要小聪明，而是一本儒学之正经。他要炸开自己也身处其中的官场这个活棺材，他把这些年"观政"发现的诸多积弊、倒错扭曲的现象，以或明或隐的方式向全国的读书人"提"出来。

咽喉处着刀

他出的各科题目都很大胆。如首场"四书文"（即决定考生命运的八股文）问的居然是："所谓大臣者，以道事君，不可则止。"这是绝对符合儒学原教旨而不对圣上心思的问题。当年孔子就因坚持这一"以道事君"的基本原则而绕树三匝无枝可依，周游列国而无可行其道之君，最后以终身不仕为代价。孟子强调得最厉害，几乎是不遗余力地狙击那些不讲道义、苟取富贵、以妾妇之道事君的无耻之徒。"不可则止"正包含着"用之则行，舍之则藏"的气节。

这个命题在大一统家产制君主专制体制中，是相当犯忌的。因为"不可则止"，包含着士子对君主"道不同不相与谋"的独立立场。朱元璋大骂孟子，先毁后删改《孟子》就因为他要打击孟子的这种"革命"倾向。若朱元璋看见王阳明这样出题非杀了他不可。就是此刻若有人盯着阳明，也是个事儿。或在明初洪武永乐"目灼灼似贼"时期，或在清兵入关生怕汉人不合作之际，王出这种哪壶不开提哪壶的题都是在找死，至少要倒一个连他老子也要折进去的大霉。

另一题目也见阳明心思："禹思天下有溺者，由己溺之也；稷思天下有饥者，由己饥之也。"这是孟子之热心肠一脉儒者信守的教义，但真普照士林、成为士风，是到了宋代。有名的如范仲淹之"先天下之忧而忧，后天下之乐而乐"的号召；张载之"民，吾同胞。物，吾与也"的信条，都是杰出的体现，如春风化雨，广泽人心。

阳明的心学就直承这一脉"仁者与万物一体"论而来。以天下为己任，事事皆关我心，"我"是"主人翁"，天下兴亡，匹夫有责。强调小我统一于大我的历史责任感，是儒学留给中国人的宝贵精神遗产。阳明则是这一"生产线"上的一个不可替代的巨大"变压器"。这又与"以道事君，不可则止"构成一种互补关系。其中的理论张力在于"天下"与"君国"不是一回事，儒家有一个同样让君主头痛的主张：天下乃天下人之天下，君主只是为民办事的"公务员"。儒家这个"大同"学说到了清末、民国时代才大放异彩。王阳明还只是讲"我"与天下一体，不可能变成一种社会改造运动。

在"论"这一项中，他出的题目是"人君之心惟在所养"。现在看来这是一个标准的心学论式，也就是说，阳明能提出心学并非龙场一悟时从天而降的，也是"养"出来的，经过了十年怀胎的漫长的孕育过程。

孔子开启的中国文教传统唯重教养，所谓中国的伦理本质主义是教育万能论为其支持系统的。孔子的理想是把全国变成一个培养君子的大学校。儒家诸教材的第一教育对象就是"人君"，为帝王师是所有儒生的最高理想。孔子"施予有政"的入世策略就是通过"教"国君来实现的,这个构想在汉武帝这个儒门学徒手中才变成现实。

理想和现实总存在着差距和矛盾,而人又应该朝着理想化的方向努力,那么怎样才能完成从现实到理想的转变呢,只有靠"养"——"天下之物,未有不得其养而能生者"。人君之心既不是从天上掉下来的,也不是他头脑中固有的,是其后天"养"出来的,"养之以善,则进于高明,而心日以智;养之以恶,则流于污下,而心日以愚"。

阳明的学生说这些保留在阳明儿子手中的四书文、策论范文,都是出于阳明的亲笔:

> 人君之心,不公则私,不正则邪,不善则恶,不贤人君子之是与,则小夫俭人之是狎,固未有漠然中立而两无所在者。一失其所养,则流于私,而心之志荡矣。入于私邪,则心之智惑矣。溺于恶,而心之智亡矣。而何能免于庸患之归乎?

人君也许看不到这种大不敬的大实话,但有一批专门的"文化警察"在替皇帝照看着,科举制度的程序是有复核参校这一环节的:

> 两京各省乡试录,及中式墨卷,背圣言则参,背王制则参,不背则否。
> 官司评鹭,送科复阅,各以虚心平心,从公从实,互相参校。
> 《春明梦余录》卷四十

如果可以像这样把君当"人"来正邪公私地加以漫议而不犯忌讳的话,则说明当时的自由度要比我们依据文字狱档得到的印象大得多。

"拟唐张九龄上千秋金鉴录表"的"问"和"答"肯定是王写的。"论"和"表"都是官牍中的常用文体,中国的行政系统主要靠文牍流通来支撑,科考是选拔干部,故这两项是必考的。但首场是经义,即八股文,若八股文被黜,则其论其表等皆不必看了。而"论"和"表"不作或作不好也不行。"拟"者仿也,仿前人的形式、语气,内容还是就"现实"发表意见。阳明这道"表"的指导思想是如何全面"治理整顿",是篇如果"我"是宰相的施政大纲。其中的核心问题是改变"名器太滥",清理"牧羊人"队伍。国家设官是为了治民,但历朝政治的难点和问题的爆发点都出在官身上。这好像刷子本是刷锅的,但刷不了几次,刷子就比锅还要脏了。

最体现阳明心思的问题是:"志伊尹之所志,学颜子之所学。"这是王自己内心的两极,外在欲求对于书生来说就是当宰相,内圣的楷模是颜回。王拟的答卷也见心学路数:"求古人之志者,必将先自求其志,而后能辨其出处之是非。论古人之学者,必先自论其学,而后能识其造诣之深浅。"这与我们熟悉的"欲为革命文先为革命人"是同一逻辑。

最后一个问题的设置显示了他与当时的流行做法的"紧张"关系。他先亮明自己的观点:"明于当世之务者,唯豪杰为然。"然后笔锋一转,指责"今取士于科举,虽未免于记诵文辞之间"。意指这种做法是选拔不出豪杰来的,但又马上表明自己是要选拔豪杰的,所以让你们"备论当世之务",如何削减冗官,如何理平繁重的赋税?更有几乎是出格的问题:现在藩王满天下,消费极大,国家几乎养不起了,他们还将发展到尾大不掉闹事的地步,怎么处置?军队遍海内而日耗甚大,怎么办?各种自然灾害造成大量流民,怎么拯救?社会治安混乱,"狱讼烦滋,流贼昌炽,其将何以息之?"权贵世家兼并土地,为害乡里,人情怨苦，怎么制裁他们？边境不宁，怎么对付那些戎和胡？

他几乎把当时主要的急务都摆出来了，他认为这都是"官冗而事益不治之所致"。

所有这些问题都是配套的，官多藩重必加重税赋，南军北用北军南用，征调运输粮食就使民不堪命。那些肉食者又只是满脑袋权钱经！怎么办？千言万语是得找出好官来，但国家"名器已滥"！

出个把真才也得被官场这个销金窟给磨灭了。

按世俗标准，他算一帆风顺，年轻轻的进士及第，刚入仕途也谈不上不受重用。但因他自度有宰相之才，却在边缘空耗时光，他内心的苦闷与其才华成正比。他虽然庆幸能来夫子之乡主持文事，但很快就又悲愤难舒了。现存他《山东诗六首》，既痛"浊世将焉穷""下愚竟难晓"，更恨"我才不救时，匡扶志空大"。现实对于他来说是个"网"——"尘网苦羁縻，富贵真露草！不如骑白鹿，东游入蓬岛。"

呜呼，这位让举子作贾谊式《平安策》的考官，内心深处却怀揣着悲伤的《鵩鸟赋》。

贾谊和晁错是他这次主考时屡屡提到的"形象"。

师友之道

明制规定乡试开场日期是八月初九，十五日第三场，几天之后放牌。阳明又去登了泰山，观了东海，忽而与天地交融心骛八极，忽而突发悲音。及至返回京城，已入九月。

就在这个九月，他被调到兵部武选清吏司，还是个主事，从六品。

看来,锋芒毕露的主考工作,显然未能让他荣升骤起,在敢于放言的成化弘治年间他的声音还不够惊天动地,也缺少有效的传播机制,他的"宰相经"没有一炮打响。事实上能够瞅准机会一露峥嵘而得手的往往是依附着某种势力,或者在官场上正好迎合或满足了某种需要的人。王阳明这种放横炮的做法注定难以加入主流。

兵部在承天之门的东边,宗人府的后面,一溜儿面朝西的房子。兵部的抢眼之处并不在于它掌管着国防,而在于它选拔"上马定乾坤"之武将。吏部管文官,兵部管武官。武官的总额又比文官大得多。只要能管上"官",这个衙门就"灵"。

武选司,是兵部第一司,实权挺大的,掌管武官的选升、袭替、功赏之事,相当于兵部中的吏部。按一般的官场经来说,阳明由刑部调到这里是进了半步。山东归来,他感到了培养学生的重要,根据明制五品以下六年才京察一次(原定十年)的规定他暂时无升迁的可能。他又不肯白白地等着,不能升官,就做教师吧,反正儒家的"原型"及本行就是老师。他才三十四岁,便开门授徒了。

翻阅《明史》,几乎每个大僚都有徒弟,学派成了门阀的一种。王现在还屈沉下僚,不能引荐学生在仕途上走捷径。他虽辞章、兵道、仙佛无不涉猎,在儒学本门下的功夫更多,但还没到独立成家的地步。他接收徒弟的原因是世风及士风让他产生危机感和紧迫感。他这样概括他生活在其中的"时代精神":既有西汉末的懦弱又横添蛮悍之风;既有东汉末的徼激又杂染随风倒的习气;既有晋朝的虚薄又混合着庸俗琐碎的心计;既有唐朝的放荡又夹缠着鄙吝的市侩作风。简直是集以往之卑劣再添上现实之邪恶的大染缸。无人再致力"身心之学"。学术关乎士品,士品关乎世风。再不讲究身心之学,圣学将被遗弃。

他本人的切身体会是师友之道直接作用于知情意，能直接获得有血有肉的生命感动，能找到一种从书本中找不到的"感觉"。他从青年起就一直在遍访师友，寻觅知音，自感"受用"大于闭门读书。

寻找师友是为了建立起与官场相抗衡的"道场"，建立起一种顺我心志的"社会关系"系统。交际是人生的重要内容，儒家的五伦有"友"这一伦。像李贽、谭嗣同这样的"叛逆"则尤重此一伦，以为唯朋友一伦最见人道平等，且是以智力性情的相通为基础的自由关系。

他倡身心之学，是内学而非外学，是一种道德修养，适合几个志同道合的朋友在一起相互砥砺，彼此以伟人的标准相互要求，交流心得体会。他的出发点是相当高尚的，无非是想与更多的人一起成圣。然而同僚便不免以为他是在标新立异、邀取名声。只有与之质量对等的湛甘泉，觉得这才是正经大事，与他一见定交，共以倡明圣学为事。

阳明与甘泉的相遇无论如何是一个"事件"。对于明代的思想界来说是件了不起的事情，对于阳明本人的思想发展也是件了不起的事情。

湛若水从学于广东老乡陈白沙。陈是新会人，陈曾从吴与弼学习半年，后回老家闭门读书，筑阳春台静坐其中，数年足不出户。阳明筑室阳明洞也是这个意思，都有点儿禅风道意。这二氏之学，自中唐以后几乎成为士林的不言之教。甘泉与阳明的最大区别是甘泉以志颜回之学为主，阳明以志伊尹之志为主。甘泉本不想去参加科举，奉母命，入南京国子监，弘治十八年参加会试，考官杨廷和等人说这个卷子肯定是陈白沙的学生做的，拆开糊名处一看，果然是，置第二，选为庶吉士。当时，阳明是兵部武选司主事，也在北京，俩人"同构"遂一见大相契悦。

阳明对人说："守仁从宦三十年，未见此人。"

甘泉对人说："若水泛观于四方，未见此人。"

阳明时年三十四岁,所谓从宦三十年,是从跟着他父亲旅居京华算起。当时的名公巨卿如李西涯(东阳)、文学名家如前七子等,阳明可谓阅人多矣,但都不足以引起王的由衷敬佩,因为他们的圣人气象不足,只是明星而非圣人。而王的意向又在此而不在彼。七年后,阳明这样总结湛甘泉的"意义":湛是真正体现圣人之学的典范,是今日之颜回,因为他唯求"自得"。

他们的共同目标是从已成了口耳之学的八股化了的朱子理学中突围出来,另创一种究心性命的身心之学。他们认为已经时文化、八股化的理学,看似平正、周到,近乎圣学,实际上却是依门傍户、俯仰随人的乡愿。"言益详,道益晦,析理益精,学益支离。"矛头当然也只能是暗指朱学(非朱子)。阳明认为朱学已是今日之"大患"。(《别湛甘泉序》)

甘泉则这样概括王的思想历程:"初溺于任侠之习,再溺于骑射之习,三溺于辞章之习,四溺于神仙之习,五溺于佛氏之习。"这是对阳明历程的权威总结。现在阳明要来一起讲求身心之学、自得之学了。用阳明的话说:"而后吾之志益坚,毅然若不可遏,则予之资于甘泉多矣。"(《别湛甘泉序》)

孔夫子办学的特点是造成一种"场",让学生们去"如切如磋,如琢如磨",他本人的启发点拨只是引路确定高度,他确定的师友之道就是"以文会友,以友辅仁"(《论语》)。阳明和湛甘泉都以为他们的相会和讲论正符合夫子之道。

然而,换了皇帝了。静养身心之学的大气候一去不复返了。阳明也有机会从边缘走向中心了——不是受重用的中心,而是受迫害的中心。他出了名——上了奸党榜。

第四章

不了正因 迷心求善

习忍达无所伤

王阳明在 1506 年 11 月间被刘瑾投入了"诏狱"——所谓皇帝直接关注的锦衣卫监狱。刘瑾将包括王阳明在内的五十三人列为奸党，榜示朝堂，创造了内官把朝臣打成朋党的恶例。当时还没有彻底不上朝的正德是能够看到奸党榜的。最后拿刘瑾作替罪羊以"谢"天下，以缓冲与文官集团的紧张关系，说明正德比刘瑾还赖。

阳明坐在大狱里，很难"不动心"。他奶奶、父亲、还有妻子，都与他同在一片天下，但几乎是人间与地狱般地隔开。他留下了《狱中诗十四首》。第一首就是《不寐》。北京的 12 月，冷酷如世道。铁窗之内更是魍魉世界，越睡不着，越觉得黑夜无尽头。他自己也承认"我心良匪石"，怎么能不会被深悲大戚搅动？"滔滔眼前事，逝者去相踵。"

要用一句话概括他此时此地的心境，就是后悔。不是后悔营救戴铣他们，而是根本就不该重返仕途！"匪时在贤达，归哉盍耕垄！"这个世界是他们的，我就不该来参与，现在倒好，想回家当个农夫，也找不到自己的地头了。

他还没有谢迁那种宰相"功夫"。面对锦衣卫牢狱大墙，感到前途比这大墙里的黑夜还一塌糊涂。"崖穷犹可涉，水深犹可泳。"唯独坐大狱如掉到无底黑洞中，除了"荒诞"，飘忽，没准儿，他还能感觉到什么？铁窗生涯"窒如穴处，无秋无冬"！像在漫漫长夜盼望银河欲曙的任何人一样，他也只是"岂无白日？瘩寐永叹"！除了说一些"悠悠我思，曷其极矣"便毫无办法。

等最初的尖锐的痛苦稍微地靠"习惯"变得能忍受时，他靠学习来打发有天没日头的狱中生活。当对命运毫无把握充满恐惧感时，谁都想"明白明白"。所以，他此时想读而且读了的是《易经》："瞑坐玩羲《易》，洗心见微奥。"自己也占卦，什么"遁四获我心，虫上庸自保。"遁，这个卦象是艮下乾上，象征退避。卦中二阴自下而生，阴渐长而阳渐消，小人渐盛，若山之侵天；而君子退避，若天之远山，故名遁。《经典释文》解此卦曰："隐退也，匿迹避时，奉身退隐之谓也。"获我心云云，无非是想"重返阳明洞"而已。

《见月》《屋月》二首，再明白不过地表露了道教情调的生命意识。纯然是在"拟"《古诗十九首》。他在体验道教义理时，能触类旁通到儒家的高明；在"泪下长如霰"时，能体证颜回箪食瓢饮在陋巷不改其乐并非矫情。狱中有儒门"战友"，他们在大墙之内依然讲学论道，在高明远大的圣道之中，体验到了俗人难以理解的精神愉悦。（"累累囹圄间……至道良足悦。"《别友狱中》）

他最伤感的是对家人的怀念。什么"思家有泪仍多病""萧条念宗祀"

等等，叫人觉得他这个人真实自然，无虚矫之气。只有这种人才可能体证真正的心学，这是他与玩弄心学之人的本质区别。

在幽室中他度过了最黑暗的1506年，大年夜，他只有对着从墙缝中射进来的月光，在"彷徨涕沾裳"之余，勉强滋长出"逝者不可及，来者犹可望"的自勉式的朦胧希望。他在狱中过年，家人牵挂着狱中的亲人，他也因知道家人的牵挂而"忽惊岁暮还思乡"。打断他乡愁的只有忽然蹿上床的狡猾的老鼠。在会稽山下散步，在余姚江中放舟，这最最普通的家常生活，现在成了他高不可攀的梦想——成了他做人的全部代价。

因为，要想重新拥有这一切，也很容易，只要他提笔给刘太监写一封悔过书、效忠信，他就会被车马迎还。因为刘在严酷打击文官的同时，也急需树立"投诚"的标兵，以分化敌人。当时刘瑾几次暗示王华，只要王华去刘的私宅一趟，不但阳明可以平安无事，而且他父子俩都可以得到升迁。但王华就是不去。刘瑾有个最大的特点是爱才，当他还是东宫一个只管文体活动的普通太监时就听说过王华的大名。现在他想学蔡京揽杨时的办法，想靠网罗名人来装点治平。

文官集团内部远非铁板一块，任何时候都有奔走权门的无骨奴才。在宽松的弘治年代，依然有人疏劾谢迁、刘健、李东阳堵塞言路，压抑胜己者。（《今言》）现在，言路真堵了，却听不见反抗堵塞言路的呼声了。这叫作"天下无道则庶人不议"。

阳明绝不会想到去走那敞开着的狗窦。

他不得不静以待命，做被人决定生死明晦的"主人翁"（戏用心学术语）。

好在刘瑾要从重从快地处罚他们，以敲山震虎。所以，皇帝和宦官在皇宫内，阳明他们在铁窗内过完年后，处分决定下达了。阳明被发配到贵州龙场驿当驿丞。好大的一个官儿！不入流的役吏而已。自然比在阙下当场杖毙，明正典刑要强一万倍了。因为这种差别是生与死的差别。阳明比戴铣、蒋钦等幸运多了，他应该唱"赞美诗"，写"强盗颂"。

他还行，很镇静地也很黑色幽默地说"报主无能合远投""且应蓑笠卧沧州"（沧州是宋代发配人的地方，一如清代之宁古塔、伊犁，遂成为戍地之别名）。其实这种发配只是叫人死得慢点儿而已，是置于死地的另一种方式。他明白，但他要活下去，不甘心像这样被当成臭虫般地踩死。为"留得升平双眼在"，他接受刘太监这一安排。他留着这双眼睛看看螃蟹能横行到几时。

尽管前途渺茫难言，他还是从容地与狱中曾一起讲学论道、切磋砥砺的难友深情地一一道别，并留诗勉励：

　　愿言无诡随，努力从前哲！

流动着死而复生的健康乐观的情调。
据说不死的囚徒比任何人都富有梦想。
任何艰难困苦对于志在成圣成雄的人来说都只是培训进修，只要能活下来。这次培训使阳明终生受益，血的教训使他明白必须"道术一体"才能有效地"行道"。

学道如钻火 逢烟未可休

明代的文官牢狱之灾颇重。方孝孺式的既不合作又献身的是一类，跟宦官斗争的是一类，还有就是所谓因"工作失误"也常常下狱。在风口浪尖上弄险的言官，赶上朝中的"大故"时自然难免争先恐后地跳火坑；就是平正的《儒林传》中也颇多下狱论死之类的事情。号称明代头号大儒的薛瑄，在办一件案子时，被弹劾，宦官王振为报复薛不拍他的马屁，决定处死。要行刑的那天早晨，振的仆人在爨下哭将起来，振问为什么？仆人说："听说今天薛夫子就要被砍头了。"振大受感动，后薛终得不死。薛在狱中等死时，读《易》自如。胡居仁的学生稽查了宦官的走私船，他也被宦官投入监狱，在狱中，他著《性书》三卷。明中叶以后，文官集团内部的党争，也是急了就想办法把对手往大牢里送。

说这些是为了点明王守仁的铁窗生涯只是明代文官普遍的牢狱之灾中的一出小戏，并非什么非凡的足以傲视群侪的大节目。他在狱中找到了彻底的虚明，找到了"孤独个体"那种无所依傍的深渊感。在天地之间，除了自己这颗心，还有什么是最后的依据？于深悲大戚之中，还能不屈不挠地坚持得住，靠什么？除了靠"心之力"，还有什么力量能伸进大墙来支撑自己？这些问题他暂时还没有最后悟透，但已在这场"培训"中种下了"觉悟"的智慧种子。等他到荒无人烟的龙场继续坐宇宙监狱时，"种子"终于开花结果。"心学"的一个最智慧的法门就是能将"万物皆备于我"，能化一切不利因素为有利因素：君子友我，小人资我，艰难困苦玉成我。

他入狱后不久，王华即被借故弄到南京去了。貌似平调，其实是贬官。京城中的精英，至少是反刘瑾的风云人物所剩无几。能与阳明称为道友同志的不过二三子。他们是宁静的学者或略疏远政治的道德家、思想家，如湛若水、汪抑之、崔子钟。他们不会因白色恐怖而疏远朋友，照样为他置酒赋诗，"搽洗伤口"。尤其是他还将远戍贵州，能否活着再见还是个问题，再加上他现在是彻底的无家可归的流浪儿。其中酸楚无须说，不必说，也难以言说。除了安慰就是鼓励，然而一点儿也不虚伪空洞，恰恰相反，充满了"精神贵族"的高贵气韵。他们之间的唱和，流露出来的是坚强的道义的尊严，没有丝毫的怯懦与失败的悲鸣。

多情的阳明也不讳言自己的感情："尝嗤儿女悲，忧来仍不免。"我心匪石，在黄钟毁弃、瓦釜雷鸣、奸臣当道、忠臣被害、庸人执政、精英淘汰、冠履倒易、全盘倒错的世界之中，哪个志士不悲愤欲绝？什么"别离悲尚浅，言微感遂深""间关不足道，嗟此白日微"等等，再三叹及。但是这种"浮云蔽日"的浩叹，是中国士人的老调子了，每个人都深有感触地来咏叹，但对人类来说已不再有新意。

有个叫许天锡的言官，与阳明是同年进士。他出使返朝，"见朝风大变，敢言者皆贬斥，而瑾肆虐加甚"。他揭发了瑾数十事，知道奏上必大祸临头，遂夜写"登闻鼓状"，准备尸谏，让家人在他死后奏上，然后上吊自杀。也有人说是锦衣卫把他勒死的。当时锦衣卫分头跟踪他们的目标，与王接触要担风险的。但还是有许多人为他送别。这说明"道不孤，德必有邻"，正气是不会灭绝的。正是这种正气，使他们相濡以沫，用伟人的标准自律并相互要求，"君莫忘五诗，忘之我焉求？""鹅湖有前约，鹿洞多遗篇。寄子春鸿书，待我秋江船。"他们要在鸡鸣风雨之中，用带血的双脚践履圣学的道统。可以说，阳明这只鞋是有血性的鞋。这不仅见出阳明他们的"不为仓菌谋"的心力，更见出士子儒学的道义力量,因为他们的心力正产生于这个道统。

我们更应该关心的是阳明的独特思想道路。

"嗟予不量力,跛鳖期致远。"经过反反正正的折腾,他深切地感受到:"道器不可离,二之即非性。"这就是"道术一体"的观念。器,属于具体的范围,但思维的最高阶段是具体,道器不离也好,道术一体也好,都强调一个世界观和方法论高度统一的问题。这也是"五行八卦"思维留给中国人的古老遗产。要想做到这一点不是思辨问题,而是身体力行的问题。单靠辞章注疏解决不了,甚至任何"纸上谈兵"都无济于事。它是一种"随机应变"又无往不合大道的知行合一的"智慧"。怎样才能绝处逢生、化险为夷?儒学道统给了他信念,但没给他具体的方法,给了他原则,但没给他"当下此刻"该怎么办的艺术。既反对流行的这一切又要与它们并不"我死你活"地矛盾下去?如何在险象环生的逆境中"重新开局"?只有这种智慧才能救得了他。这是任何时代的人都需要的真正的人生智慧。所有的哲学或思想都是为了养育这种智慧。

阳明一直寻找的也正是这种智慧。无论是兵家还是道家和释家,现在百川汇海,万法归一,凝聚成一个也是所有的问题:怎样将人的思维方式调整得既有效又正义?那些经传注疏只是从不再智慧的思想中搜寻各种角度和说法,有什么真切的指导人生的意义?那些智慧经过长时间无智慧的解释已经蜕化为习惯。

"君子勤小物,蕴蓄乃成行。"他此时感到了讲玄虚空寂的释、道两家在面临尖锐的生还是死以及如何生与死时,几乎全无用处。他现在开始拈出后来心学普度众生的修养法门了:"无欲见真体,忘助皆非功。"忘,是故意去寻找无念头状态;助,是人为地"拔苗助长"。王氏本人区别于其后徒的一个"指标"是王始终坚持"事上练"。找"忘"

是坐枯禅。既要在事上练,还不能堕入缠执之中。不是一般的做什么事成什么人的问题,而是在做事中体悟存在,既不能在做事中遗忘了存在,也不能在体悟存在时反对做事,不会做事,败事。用他的话说即"践形乃无亏"。在这个意义上,他主张:

> 愿君崇德性,问学刊支离。
> 无为气所役,毋为物所疑。
> 生人不努力,草木同衰残。

北风送南雁

他在料峭春风吹人冷的时节,离开他原本要大展宏图的京都。

汪抑之、湛若水、崔子钟等人为他赋诗以壮行色,他也在他们的呵护中渐渐复苏了精神的活力与信心。他"南游"走了不到十几天,就再次赋诗申述前几天答诗的未尽之意,并且在梦境与他们重逢。毫无风刀霜剑的威逼感,并且再三念叨他们要在衡山结庐,共同研究《易经》的约言。经典,必然是他这种如"惊鹊无宁枝"者的家园。心学家是热心肠思想家。

按《年谱》及查继佐的《王守仁传》说:锦衣卫杀手追到江畔,阳明虑难得脱,急中生智,用上了当年习学侠客的那一套本事,将衣服鞋帽或投至江中,或搁置江畔,成功地布置了自杀的假现场,骗过了那些职业杀手(这其实很难。江水滔滔,杀手们看见江中衣帽须距离很近,距离近则能看见真相。距离远,走到跟前则看不到任何现场。

再说锦衣卫的人岂是等闲之辈),然后,他偷偷地爬上一条商船,船是去舟山的,忽起飓风,一日夜到了福建界面。他爬上武夷山,如惊弓之鸟,一气窜入深山之中。

深山之中只有寺院,到了晚上,他终于找到了一个寺院,请求容纳,但人家不收留他。一个面色发绿、神色荒凉、来路不明的中年男人,不容易被相信。他没法,只好在附近的一个野庙里落脚,躺在香案上睡着了。

这个野庙是老虎的家。那个不给他开门的和尚以为他喂了老虎,来捡他的行囊,却见这个风餐露宿、爬了山的人睡得正香。这个势利的和尚以为他一定不是个凡人,就又把他请回寺中。

无巧不成书,当年他在铁柱宫谈得投机的那个道士,像正在这里等他似的,拿出早已作好的诗,其中有:

> 二十年前曾见君,
> 今来消息我先闻。

似乎是专门为来点化他的。

阳明问他该怎么办?并把自己刚下定的"将远遁"的决心告诉他。可能还给他看了刚写的与家人"永别"的诗:

> 移家便住烟霞壑,
> 绿水青山长对吟。

道士说:你父亲现在朝中,你不屈不要紧,刘瑾会把你老父亲抓起来。你是隐于深山了,但刘瑾会说或者北投胡兵了,或者南投海盗了,给你定个叛国投敌的罪名，你下三代都抬不起头来。

　　阳明知道他说得对，但一时难以回心转意。道士为他占了一卦，卦得"明夷"，虽是光明受损伤之卦，但可以有希望地等待着，会有圣主来访。人，就是这样，只要有希望，就可以忍受——心学是这种意义上的希望哲学，是阳明在"动忍增益"中锤炼出来的自救救人的智慧学。他本人也是有了希望就有了豪迈的气概：

　　　　险夷原不滞胸中，
　　　　何异浮云过太空。

　　其实，他只是刚刚不滞胸中。尽管如此，这位心学大师毕竟魄力挺大。他又毅然出山，重返充满荒诞和希望的人世间。他已不是无名小辈了。在京城流传着他自沉于江水、至福建始起的神话。还有他自己的诗为证：

　　　　海上曾为沧水使，
　　　　山中又遇武夷君。

　　信以为真的人告诉湛甘泉，湛哑然失笑，说"此佯狂避世也"，他同时也笑世人喜欢"夸虚执有以为神奇"，哪里能懂得阳明这一套虚虚实实的艺术。湛还作诗总结王的这种"艺术"："佯狂欲浮海，说梦痴人前。"他是显然不相信阳明沉江至福建复出的神话的。几年后，他们在滁州相会，连袂夜话时，阳明向老朋友吐露实情，的确是在英雄欺人，果不出湛所料。莎士比亚说：人生尽管充满喧哗与骚动，却如痴人说梦，毫无意义可言。痴人说梦自然是一塌糊涂，但阳明是

63

给痴人说梦,是给出"梦"的人。王阳明可曾起过这样的念头:生活的魔力在于戏剧性,哲学能够对付这种戏剧性才是真正的哲学。

据《年谱》说,他从武夷山下来,到鄱阳湖北上,去南京看望因受自己牵连被刘瑾给弄成南京吏部尚书的父亲。

他在北新关看见了他的几个弟弟则有诗为证,他喜不自禁地说:

已分天涯成死别,
宁知意外得生还。

此时又只怕这骨肉重逢是梦。同样是梦,有时唯恐是真的,有时唯恐是假的:"弟兄相看梦寐间。"当然,既然已经生还就与真死大不相同了,哪怕是差一点儿死了,但没死就是没死。所以感叹之后,"喜见诸弟"的喜是有体温的。

虽然是贬斥到边地去做小吏,但没有限时限刻的死日期卡着。再说刘瑾忙得很,没有必要盯着一个小小主事。阳明可以从容地走走停停,正赶上又病了。这是大难过后的必然反应。现存赴谪诗证明他在杭州住了好些日子。先住在南屏山的静慈寺,应该是从春至夏都住在这里。起初还有兴致游南屏山,再后来,又移居到胜果寺。

杭州,是他的老朋友了。现在"湖山依旧我重来",来在这个春天和夏天舔伤口("卧病空山春复夏")。胜果寺可能更凉快——"六月深松无暑来"。他的肺病,只宜静养。他现在既需要用静心的沉思来"洗心",也需要用高质量的空气来洗肺。他从心眼里喜欢这个风水宝地。在这种人间天堂的环境中过心魂相守的宁静的书生日子,是他发自内心的愿望。再用颜子的内倾的精神境界来比论一番,就更心安理得了。"把卷有时眠白石,解缨随意濯清漪。"这种冰雪文字是心存富贵的功利人写不出来的。"便欲携书从此老"也是他此时真实的心声。他若没有这种淡泊的心境，也做不出惊天动地的功业。因为淡泊养"义"，因义生的"利"才是好"利"。此时还算进修，在深化"淡泊明志，宁静致远"的功夫。当然，只有这样养心，才能养病。

《年谱》将这一年定于"在越"，极可能是在杭州养得接近好了，便回到绍兴。虽然无诗可证，但基本可信。而且有"大事"发生：就是余姚徐爱和山阴蔡希颜、朱守忠，正式举行拜师礼，只有举行了这种礼才算正式入门为弟子。否则，只能算私淑，算业余的学生。这三个人，至少徐爱，早已从阳明问业。

这一年，阳明三十六岁，干支纪年则岁在丁卯。纪年文有《别三子序》，开头大讲师友之道："自程、朱诸大儒没而师友之道遂亡。《六经》分裂于训诂，支离芜蔓于辞章举业之习，圣学几于息矣。"将圣学的存亡与师友之道的兴废因果性地联系起来，显然，师友之道是用师生链的形式保持着原儒之士子儒学的本色。经过主试山东，以及后来的这场风波，阳明越来越意识到：只有自己另起炉灶，创立自己的学说和学人队伍，才有可能甩开官场那套卑劣做法、突破学界那种糊涂做法，使圣学真正复兴起来。

所以，他虽身处逆境的极点，但正式接收徐爱等三人，做起"导师"来。这毫无虚华之意，倒有切身的反面感受："自予始知学，即求师于天下，而莫予悔也；求友于天下，而与予者寡矣。又求同志于天下，二三子之外，藐乎其寥寥也。"这个孤独的状态是他的水平和志向以及处境的最好说明，这是一条中国版的"荒原狼"（黑塞有自传小说《荒原狼》）。现在收获了这三个弟子，他无比欣慰。但三人同时被举荐为乡贡生，就要到北京去了。他告诉他们，到北京后，找湛若水，就像跟我学习一样。

这三个同志的离开，使他有失助的遗憾。他们在哪儿都一样学习，"而予终寡乎同志之助也"，他是要准备做点儿什么了，"同志"一词，在此具有它最神圣的本义：就是想与他们一起与地面垂直相交，"出身承当，以圣学为己任"。用但丁《神曲》的话叫：由是而出，重见繁星。

这种态度暂时还只是内倾性的一种人生姿态，一旦有了广大同志，便是实体性的社会力量，就精神变物质了。阳明当然能够清醒地意识到现在只能是"沉潜"期，也当然只是"潜龙"在"勿用"时期的沉潜。他语意深长地教导这三个首批上了"名册"的学生要沉潜进学，"深潜刚克，高明柔克"，温恭亦沉潜也，"三子识之"！

他现在能做的就是平静地到贵州龙场驿站去报到。

自然走得很慢，他从姚江坐船，抵达钱塘江，然后经江西广信（今上饶）、分宜、萍乡，进入湖南的醴陵，然后沿湖南的湘江，经过洞庭湖，溯沅江西上，经沅陵、辰溪等地，然后由沅江支流沅水进入贵州玉屏。

"山行风雪瘦能当，会喜江花照野航。"看来，他还能强颜欢笑。因为这是他主动选择的道路，似乎没有理由怨天尤人。"野航"也是文人本是流浪汉的宿命，所以在野航中他能找到一种本真的感觉。野航，正是这条"夜航船"的本质。据说，幸福就是本质的自我实现，阳明可找到了归宿感？

水路漫漫，他没有抒发过"路漫漫其修远兮，吾将上下而求索"的豪情，他又到了当年过访娄一斋的广信。他当年志在成圣，如今是个"犯官"。遥想当年的豪气，他此刻只有哭笑不得的无奈。成圣之路必然逻辑地包含着发配之路吗？

对这个话题他已无言。

他未能在年底以前到达贵州。"元夕"之夜，他还与广信的太守在船中"夜话"呢。他当年就模仿过苏东坡的《赤壁赋》，现在依然情愿消融于江风明月之中。他很感谢蒋太守热情地接待他这个准配军。这种古君子风让他感动得表示要继续寄诗给蒋先生。尽管他说到了湖南就寄诗过来，但现存的诗篇没有。也许是蒋个人保留着而终于湮没在滚滚红尘之中。

必须正视的现实是他必须往前走。刘瑾不相信眼泪，大明朝也不相信眼泪。阳明的情绪还是那么不稳定。当他只面对自己时，他的精神胜利法就可以使他感觉好起来：

青山清我目，流水静我耳。
琴瑟在我御，经书满我几。
措足践坦道，悦心有妙理。

在江阔云低雁断叫西风的"野航"之中，古老的《易经》居然使他欣喜起舞，顿忘形骸，大有何似在人间之慨。这显然是只能与智者道，不能与俗人语的"精神舞蹈"。发完少年狂之后，他又敛衽端庄地静坐，心游万仞神骛太极，去冥想大化玄机，生生之易理。结论是：

寒根固生意，息灰抱阳精。

要调理自己的精气神，去吻合生生易道，去"辩证"地迎接世界的挑战。于枯寒处悟见"生意"，又能"晦"处安身，负阴抱阳。只要精气内完，外物奈何于我？——这岂不等于说我是神仙我怕谁？

这种超越飘逸的心境固然不常有，但一年之内有这么几次就足以保持精神胜利的"元气"，就有了抵御外界风寒的心力。正好这种精神法宝代有高人来作灯传。王在"萍乡道中"正好遇见一个祭祀周敦颐的濂溪祠,他自然虔诚地进谒。他对周圣人的评价要高过朱子。因为周子不支离(仅留下六千二百四十八字的东西),有神性,兼容儒、道、释三家,而又能一本于圣道。周也因此而成为理学及阳明心学的开山祖师。

于此,略述周子,能了解阳明到了什么火候。周的家乡有许多能显示周的精神特征的小地名,如安心寨、圣脉泉、道山,更不用说什么极有仙风道骨的濂溪、灌缨亭、濯足亭、钓游桥、五行墩等等。阳明的隐逸气、道士气,正是周这种儒生风味的道士气。阳明的诗天然地像周,也许并未刻意追摩,只因"心"似,故声气便自然如出一辙。周的《濂溪书堂诗》:"田间有流水,清池出山心。山心无尘土,白石照沈沈。"通篇都是这种调子、写法。比阳明的还清淡(淡乎寡味)。要点在于其意境,即其中包含的人生哲学、人生境界,是冰雪文,是平常心,是拒绝滚滚红尘超然物外又不弃世的真道学的人生态度。这也是王一直要从颜回处学习的"道行",是王一直标举"颜氏之学"的内心原因(颜回是儒门修静虑开了悟的,比禅宗早千年)。

王谒濂溪祠的诗写得很好,确实是神到意到之语:

碧水苍山俱过化,
光风霁月自传神。

他毫不掩饰地承认自己是周的私淑弟子,也承认自己是心丧到此地。但只要以濂溪为榜样,何愁前路无光风霁月?但心路与世路颇难一致,是世路大呢?还是心路大?就看你有一颗什么样的心,就看你的心力大不大了。

是否人生在旅途，读《易》最相契？反正，阳明是迷上了《易》——"还理羲编坐夜长"。

"醴陵西来涉湘水"，跨越了今天属于江西的山地，他来到湖南地面。他身体不好，走水路为宜。舍鞍马而坐船，就算今日之坐卧铺了。走水路实在绕了远。也许，他在磨蹭着等刘瑾覆亡的消息。凭着他的《易》学水平和政治智慧，他现在对刘瑾的灭亡已"知数"矣。这也是读《易》便欣喜气畅的原因。

到了长沙之后，他情绪很好。他的学术名声因传奇性的政治遭遇而流传远播。湖南的学子有向他请教的。这其实搔着了他的痒处。心学家染有"好为人师"这种"人之患"。湛若水笑王"病在好讲学"，算知音之言。他此刻虽然"旅倦憩江观，病齿废讲诵"，但他不顾病倦，勉力跟问学的青年讲贵在立志的重要性。先"静"下来，培养颜回、曾点的境界，明白大厦之材必出幽谷的道理。不要急功近利，"养心在寡欲"。他举经典性的例子："孔圣故惶惶，与点乐归咏；回也王佐才，闭户避邻闬。"这种意志自现在确立之后，他终生奉行不渝。这是对治明人好名、奔竞大于沉潜的毛病而特别标举的方针。他勉励长沙的学子，宋学的基地就在你们湖南，周濂溪、朱熹在湖南留下了良好的学风、学统，应该立志继承这一宝贵的"圣脉"。明白的理性、深沉的勇气，永远是士人最可宝重的"气"。

极重师友之道的阳明，也的确是为了"道宜日相求"而与好学之士论学往还，而不是来游取虚名的，更不是来游山玩水的。他满怀着对宋儒的尊仰之情，决心西探岳麓："昔贤此修藏，我来实仰止。"这个志在成圣的人由青年变成了中年，现在总算找着了成圣的门径，在患难之中，尝到圣学的精神疗救的滋味，越发深信不疑了。他屡次提起曾点和颜回，再三表示要像他们那样潇洒走一回。"渴饮松下泉，饥餐石上芝。"他现在更多地想的是"处则为真儒"的一面,但也合理地包括"出则为王佐"的另一面。随时而起、待机而动。资之深者,左右逢其源。岳麓山虽说颇当我情,但既是求道,何必唯在此山?一旦靠近了"圣脉",他就能对自己充满信心——"晚冀有所得,此外吾何知!"儒学对于真诚的儒生还真有这种宗教般的升华功能。

据诗中所写,岳麓书院已经破败,房屋不能遮蔽风雨。但阳明的心情很好,雨过天晴,他为能目睹朱子和张拭讲学的遗迹而高兴。他不让热情的周生通知赵太守他们,但后来赵太守他们还是赶来,并一起在山上喝酒到城里起了灯火。

长沙的赵太守、王推官,最后又到船上与他拜别。他赞扬他们在保持儒学气象方面做的有益工作。但也坦白地说出,这块斯文重地,已今不如昔。他提议在这鱼目混珠的年头,首先得洁身自好,哪怕是"迂疏自岩谷",也要守住儒士的下限。

从长沙出来,开始很快,"瞬息百余里""舟人共扬眉",他却于欢畅时感到了危机。果然,天黑时在进入沅江之后,飞舟触石,差不多散了架,就别提多狼狈了。还得说这个人命大。像康有为渡海外逃时,早一会儿晚一会儿,都会被追捕捉住,却偏能逃生一样,王也是几次大难不死。该当他们成就一番不世之功业。眼看就要到天心湖时,突然风雷大作,又一次险些送命,善于顺势御马的王果断地决定停泊于岸边,然后沿岸边缓行。他说"虎怒安可撄?"暂避其锋后,他们顺利地像箭一样到达了武阳江。生火做饭,暗暗庆幸劫后余生。

王的结论是:

济险在需时,侥幸岂常理?
尔辈勿轻生,偶然非可恃!

第五章 身心一元 知行合一

若转不得 虽活犹死

他在《瘗旅文》中，说他之所以未死于这瘴毒之地，原因盖在于他未尝一日心戚戚。其实，他一到贵州龙场，就大为戚戚，《去妇叹》一写就是五首，用的是楚地"故事"，显然是再发一回屈原式的浩叹。除了说明此时阳明的心情外，不但了无意趣，而且全无心性进步的迹象。无非是些妾命如草、泪下不可挥之类的悲鸣。个别语涉讥诮处小有意思，余殊不足观。这种弃妇的悲鸣，从屈原到龚自珍都一律可鄙可厌。这是儒家最反感的以妾妇之道事君的另一种表现形式，与那些得了手的谄谀之徒的差别在于他们被一脚踢了出来。

心性的修炼真是一个反复的过程。他在湖南的圣学气象居然能被瘴疠之气刹那间包裹起来。成圣不易正在肉身的感受性。一日不能"克己"则一日不能"复礼"。"自己"诚然是最难战胜的,阳明深有体会才在后来的教学中把"克己省察"作为最基本也是最根本的功夫。即使"悟"了也需要一悟再悟的,佛教的破我成佛也是这个道理。

说来也是,突然被抛到一个标准的"异国他乡"——语言不通,生存条件基本没有,空气不仅稀薄而且恶劣,这对于有肺病的他来说是致命的。就是升官到此,亦足悲矣——像阳明埋葬的那个吏目一样,更何况是贬官至此?

龙场,是一般地图查不到的小地方。在贵州的修文县,处万山丛棘之中,十分偏僻闭塞,虽不能说是个动物世界,但毒蛇遍地,野兽蹿奔。这个驿站是洪武年间彝族土司奢香夫人为效忠朝廷,打通贵阳与四川通道而开设的九驿之一。因为太偏僻了,这条驿道几乎没什么人马通过。刘瑾偏给他想到了这么个好地方。

龙场驿设驿丞一人,吏一人,马二十三匹,铺陈二十三副。阳明虽为驿丞,却是谪官,不得居驿站,只得在离驿站不远的小孤山一洞口搭草庵栖身:"草庵不及肩,旅倦体方适。开棘自成篱,土阶温无级。迎风亦潇疏,漏月易补缉。"(《初至龙场无所止结草庵居之》)这是他"缓"过来以后的温馨语,在潇疏中有了潇洒。阳明住在这里实在不比在监狱里好多少,至少北京的气候比这里好;而且狱中还有可以谈学论道的人。再说,迫害的高潮过去之后,基本上也就死不了了。而此地是随时都会被大自然夺去生命的。虽是官差,但一点儿权力也没有,与通都大邑管驿站的相去天壤,那是肥缺,是可以为害一方、鱼肉百姓的权要,而这里能跟他说话的都是亡命到此的"盲流儿"。偶有同僚来问讯,语言与表情均粗鲁不堪,使敏感的阳明觉得他们还不如时来造访的猪、鹿亲切。

被抛到这种绝地,被抛回"初民社会",正逼人深入思考:"我是谁？我从哪里来？我往哪里去？"阳明总是反复自问："圣人至此，更有何道？"每活一天都在经历着死的考验。他也算多次经历过九死一生考验的人了。在帝阙之下，杖四十，他昏了过去。来时，在天心湖前水中也是险象环生。但那时死是偶然的，现在死是必然的。几乎变成了活着就是在等死。用他自己的话说，就是得失荣辱诸关均已打通，唯有生牢死关这一念"尚觉未化"。现在，考验日日临头，他自备石头棺材一副，自誓曰："吾唯俟命而已！"——他差点儿要修"俟（死）堂"。

不久，他又在离驿站三里远的龙岗山找着一个岩洞——东洞。搬了过去，并命名为"阳明小洞天"，写有《始得东洞遂改为阳明小洞天》诗三首，从中得知，岩石那天然的窦穴就成了他做饭的灶台，大而平的石块便成了他的床榻。依然爱好清洁，黎明即起洒扫庭院；还是手不释卷，灶前榻上漫无统计地堆着书。这种奉旨隐居的有巢氏式的生活，正是锤炼恬淡境界的好时候。

事情已经到底就还它一个到底，也就没有情绪反应了。因为情绪就是没把握时的一种代偿性反应。他进一步继续进修："日夜端居澄默，以求静一；久之，胸中洒洒。"（《年谱》）这才到了他在《瘗旅文》中说的"历瘴毒而苟能自全，以我未尝一日而戚戚也"的境界。需要注意的是，阳明是"做功夫"的，他在监狱里做功夫，到了阳明洞还是做功夫，这个功夫的修炼细节已不得知（主要是静默、静心、求静一），看后来教人打坐静心制气，可以大略地说是用道教禅宗的方法完具儒家的心性修炼，也可以说是沿着颜回的路子在做功夫。

跟他来的人，没有他这种道行以及他的修行方法，没有哲学心智的人永远难以领略这种境界。在这一点上，他只能自家吃饭自家饱。哪怕他是个愿普度众生的大乘菩萨，也依然不能代他们修行，给他们输入个"胸中洒洒"。他只有为他们做饭，喂他们食水；本来，他们

73

是来服侍他的，现在翻了个个儿。他以能助人为美。仁，或者说人道情怀始终是他的人格底色。在航行遇难之际，"丁夫尽嗟噫"，他却"淋漓念同胞，吾宁忍暴使？膳粥且倾橐，苦甘我与尔"。在实际考验的关头能如此，才真做到了"民胞物与"。单是喂饭还不够，又怕他们心中苦闷，给他们"歌诗"；还是闷闷不乐，他又给他们唱越地小调，家乡的声音足慰乡愁，他又给他们讲笑话，逗闷子，终于使他们忘记了疾病、乡愁、身处他乡的种种患难，他和他们共同度过了痛苦的不适应期。这也"训练"了他后来广授门徒、因材施教、因病发药、随机点拨、不拘一格、哪招灵用哪招的特殊"教法"。

于此，也能看出这个人实干家的质地。既非笨得只能做官的"官崽"，亦非只能过纸上苍生的"读书虫"。他能够以环境克服环境，能够在任何条件下化险为夷，从而才能在多愁善感者必死无疑的生存环境中奇迹般地活下来。这是他既把自己当人，又不像屈原、贾谊那样自视甚高从而无法与现实相妥协，自速其死。他虽然没有苏东坡那么"旷"，但有与苏不相上下的"达"。达，才能通，通才不痛。他很好地应用了《老子》"虚己应物，应物而不伤"的法则。于此不难看出，哲学是通学，不但自己通还要使人通。

龙场悟道桶底脱

置于死地而后生，在军事上也许只是一句鼓舞士气的大话，但在生存哲学、生存智慧的锤炼创建时，却是必须如此的"基本原理"：不临"实事"之真际，不可能求出真真切切实实的"是"来。用存在主义的话说，这叫：不进入临界状态，不可能发现生存的真实境遇，也就无法看清"在"的本质。现在，皇帝和老天还有刘瑾让他专门来"打捞"这个"理"来了，他怎能不拼命地在被置于死地之后而求生呢？

他不但将三十七年的家底都拼将出来，还把他拥有的三千年的文化底蕴都用头皮顶出来，日夜苦苦琢磨。在春夏之交的一个午夜，他忽然从石床上呼跃而起，跟从他的人着实吓了一大跳。因为他本来睡得好好的，怎么突然发起癔症来？像练气功的人在发功一样地抖动，身不由己地前仰后合。一阵激动过后，阳明说"圣人之道，吾性自足"：过去从外物求天理是舍本逐末了，由外及里的路子整个是场误会。要把颠倒了的大路子再颠倒过来，只有以我心为天渊，为主宰。他此时悟通、后来再三申说的口号就是："所谓格物致知并非如朱子所说的用镜子去照竹子，而是倒过来，以心为本体。下功夫擦亮心镜。""所谓的'格'就是'正'，所谓'物'就是'事'。"一个最经典的例子就是他后来点醒学生的："心中无花眼中无花"——"天下无心外之物。你未看此花时，此花与你的心同归寂；你来看此花时，则此花的颜色一时明白起来，便知此花不在你的心外。"

这就是他所大悟的"格物致知之旨"。

这就是中国思想史上的大节目"龙场悟道"！

首先，圣人之道就是成圣之道！就像佛教是成佛的学说和修养方法一样。其次，"吾性"就是我的心。理学家强调"性即理"，心学家则强调"心即理"。此时阳明还没有简易直截到说出"心即理"的时候，他说的"自足"的"吾性"就是吾心，就是我的精神。第三，"自足"是够了的意思。他的第一感觉就是：我完全能够凭着我的精神走上成圣的道路，不需要依靠任何心外的东西。这样，"心"就成了主体、本体。再引申一下就是：道和心不是二，而是一。所以，"圣人之道，吾性自足"就是道心为一，分别"道心"和"人心"是永远也走不上成圣之路的。这是他当年遍读朱子之书而过不去"物理吾心终若判而为二"这个坎儿的关键。心物二元论是中西哲学史上的大话题，西方可以笛卡儿为心物二元论的代表，中国没有这么典型的代表，但是强调"二"的特别多，譬如区分天理与人欲其实是种身心二元论。王阳明是个从脾气上就追求一元论的人，他反反复复地探寻的就是个"精一之道"，他就是觉得不到"一"就不彻底、不究竟。他后来成功地证明了身心一元，现在他说的"吾性"其实包含着身心一元的意思。

《年谱》说，他日夜端居默坐，以求静一，用心寻证圣人处此境遇会怎么办？睡觉时有人告诉了他格物致知之旨。黄绾作的《行状》则说，阳明于一切得失荣辱皆能超脱，自备一个石头棺材，除了等死啥也不想了，澄心静虑，反而在一夕忽大悟，踊跃若狂者。王龙溪说，这种"恍惚神悟，不离伦物感应，而是是非非，天则自见"。

这其实是一种灵感状态，它来自澄心静虑，除去了私欲杂念，从而心体本身便凸显出来。近似白沙的静中养出端倪，还有后来的聂豹在狱中闲久静极，忽见此心真体光明莹澈，万物皆备。找到了"未发之中"。信基督教的人说灵感是圣灵附体，信神仙的人认为是仙人指点，其实只是一种积累性的情愫在神经放松的状态中领取到的一分确认，是经过长期含咀突然产生的理智与直觉相统一的心念。徐爱在《传习录》前的小叙中说："先生居夷三载，处困养静，精一之功固已超入圣域。"养静这个"功夫"是达到"精一"的方法、途径，静不下来不可能开悟，不可能精一。所有从内里修为的精神及其哲学都得亲证静虑的状态，儒、释、道都是如此。

后来，阳明自己说此时是"良知"出来了，从而能够突破经验状态而"格外"开悟。这是自然的血性的信仰，是血色哲学的心念，而非实证主义的科学论证,是美感式的确信,是一种"诗化哲学",是诗和思凝成一道青光,照亮了"亲在"(海德格尔语),找到了原初之思、心灵的家园。

简单地说,他这场顿悟,就是在高度入静的状态,找着了自己的自性本知(良知)。在潜意识中消除了各种私心杂念,识田中只有高等知觉性充满弥漫,基督徒可以觉得见到了上帝,佛教徒可以感觉有了涅槃知觉性,儒家叫作"人欲净尽"。客观环境未变,只是主观心境已变,自己的身心在一派"天理流行"当中,紧张既除,只有大的喜悦,说不出的美妙,这就是大悟了,使天理自然明觉地发露了出来,洞见了人性的本源,从而也就可以洞见事物的本源了。所以叫"大悟格物致知之旨",就是先诚意,意念对了就能正知正见正思维。王阳明后来的学生王艮最能说透这个核心:"格物者即物有本末,致知者即知有先后。"即先正心诚意了才能修身齐家治国平天下。通常人们活在闻见之知中,就是被间接的知见笼罩,等于活在别人的知见中,现在返本开源,回到了自己的本知,圣人之道,吾性自足,就是不要外求了,只从内在的心性上找,即"只有一个真诚恻怛"。一旦正心诚意,就能从实事中求出是来。

儒道两家说的"道",本是这种定盘星;周敦颐的"太极",其他宋儒说的"理"也是。但是,这种体悟性的道理一旦变成口号式的标举,就像著名的比方,第一个用之者,是基于直接的生命体验,真实不虚,尔后众人再用,便鲜知其奥义本味矣。因为,一成套语,便"伪"者甚至反对者也可滥用了。尤其是科举制度把圣学变成了俗学,无耻小人、歹徒、阴谋家都可以用圣贤的话语来骗取国家名器。想成圣人,单是以学解道的知解功夫是远远不够的,必须心与道成为一体,找着这个魂,才能真诚地将耳口之学变成身心之学,就有了"根本",不会像八股儒生那样"无本而事于外"了。

阳明为什么那么反对宋儒尤其是朱子的注疏辞章之学，将其标价为"支离"，原因也盖在于此。所谓"支离"就是把只能内在体验意会的"道"变成了即使没有体会也能言之有理的"学"。这相当于把诗变成了诗歌作法，把伦理变成了伦理学，把宗教体验变成了宗教研究，把人生智慧变成了学院派的学究作业。不客气地说，是把微妙地运用着全副知觉感受的爱情变成了婚姻文书、结婚指南一类的教科书。用大字眼说，这样做，实质上是使圣人之道的中心或本源性的意义被"支离"、瓦解了，一切都变成了"说话"。既然变成了说话，也就可以变成语言游戏、嘴里不说心里话的形式主义的语言操作。这种做法使"圣经"普及至于出现了成熟的举业"教会"，而事实上圣学的精义已经消亡。孔孟复出反而考不了这种"经义""制义""时义""时文"，就是滑稽而严酷的证明。

用阳明的话说，则是：

> 世之学者，章绘句琢以夸俗，诡心色取，相饰以伪，谓圣人之道劳苦无功，非复人之所可为，而继取辨于言词。……而圣人之学遂废。

《别湛甘泉序》

横亘在阳明面前的正是这种文化现状，如果说朱子以学解道，他本人还有学，但一经成为流俗，学也就变成了俗学。阳明用了十几年的工夫才总算摸索到了这个"文化迷宫"的门径，捉住了这个庞然大物的把柄——就是"抓手"。

所谓"始知圣人之道，吾性自足"的哲学意义就在于此。

后来，他把这个原理简化成"心即理"。这种话头陆九渊们早就说过，但从"纸上"得来的，在心学这个精神体系中是不算数的。因为能"学"过来的东西是衣裳，用心"证"出来的才是自家骨头上长的肉。

阳明心学的要义在于恢复儒学的亲证性、启明性，从"支离"的学术包装中破壁而出，恢复圣学的神圣性——阳明后来深情地以"承当精神"说："我此良知二字，实千古圣贤相传一点骨血。"

但是，"述朱"的人们都认为阳明的悟道是外道的禅学，从而不承认他这种心路在儒学中的合法地位。这是偏见。儒家从来就有类似禅宗的修正方法，颜回的守中庸、孟子的浩然正气都是，不能说他们也是外道禅宗，因为那时还没有禅宗。周敦颐、程明道也是这样静中开悟的，王阳明赞佩的王信伯说："非是于释氏有见处，乃见处似释氏。"算一语中的了。王阳明的"功课"只是酷似禅宗之参公案获得的顿悟境界。"圣人至此，更有何道？"是他契入的心念，反复参究的结果是豁然开朗，一处透，千处万处一时透；一机明，千机万机一时明。阳明悟了之后曾默证六经，无不相合。这与禅宗之明心见性的顿悟后由二元世界透入一元世界的脱胎换骨的升华境界若合符节。兹举高峰和尚参究"万法归一，一归何处"事例略见一斑：

> 山僧昔在双径归堂，未及一月，忽于睡中疑著万法归一，一归何处？自此疑情顿发，废寝忘食，东西不辨，昼夜不开，开单展钵，屙屎放尿，至于一动一静，一语一默，总只是个一归何处，更无丝毫异念，了不可得。正如钉钉胶粘，摇撼不动，虽在稠人广众之中，如无一人相似。从朝至暮，从暮至朝，澄澄湛湛，卓卓巍巍。纯清绝点，一会万年，境寂人忘，如痴如兀，不觉至第六日，随众在三塔讽经次，抬头看见五祖演和尚

真，蓦然触发日前仰山老和尚问拖死尸句子，直得虚空粉碎，大地平沉，物我两忘，如镜照境，百丈野狐，狗子佛性，青州布衫，女子出定语，从头密举验之，无不了了。般若妙用，信不诬矣。（见《古尊宿语录》）

当然，阳明悟道的形式与此相近，而内容并不相同。阳明的悟，不离伦物感应，而是是非非，天则自见。毫无疑问，他早年沉溺佛教、道教，尤其是在阳明洞天的静坐功夫，此时给了他很大的帮助。儒、释、道三教在最高的神秘的心体呈现境界同通无碍，都讲究一个"归寂以通感，执体以应用"。

这个哲学原点辐射着近现代以来反复纠结的"道德与科学"问题以及形而上学与实证主义的关系问题。譬如今天很多国家都有了原子弹，谁一高兴或者不高兴就放一个，不是比第二次世界大战还惨？第三次世界大战会以原子弹开始，就像第二次世界大战以原子弹结束一样。像胡塞尔那样的哲学家把两次世界大战的原因归结为主客二分的思维方式是发人深省的。胡塞尔的现象学就是要用逻辑完成王阳明体悟出来的哲学。

知行合一"心"路难

所谓悟道，就是找到了本源、正路，这个找到是落实到了感性直觉的层面的明白，不是推论，不是说闲话，是从心意的根本处明白了"心即理"，洞见了心物之间的根本关系（他后来说"心外无物"）。

这一悟上距"格"竹子大病一场、距坚定"圣人必可学而至"的信念将近二十年了。贾岛作诗二句十年得,一吟还双泪流呢。他这悟道语一句二十年得,一出怎么能不"四泪流"?

这十几年,他一直在这条线上摸索,今天,终于找到了一个"不欺心"的对自己的交代。以往此意不出,是力不从心,心力未至,是感受不到这种境界,精神到不了这个层次。其中的关键是世俗心态总也化不干净。"天将降大任于斯人",让他像蛇必须蜕皮、蜕不了就是个死一样,一层层地蜕。先是打击他的好名之心,越好名越让他得不到"名位";再锤炼他的荣辱耐性,廷杖、监狱、贬官、抛到一天数死的绝地;直至他将生死观打通,活脱脱还他一个"赤子之心"时,他才明了心,见了性,悟通了"圣人之道,吾性自足"。

阳明后来教人"良知人人天然现成"——就是现在说的这个"吾性自足"。但是人们很难"明心见性"——拥有"吾性"。因为一入滚滚红尘,童心变成了凡俗的利害心、是非心,就将良心"放逐"到得失计较的人欲海中,遂成为自负其尸到处游走的行尸走肉。

志在成圣者的一生就是"求其放心"的一生。求者,找也。找啊找,阳明在不惑之年到来之前终于把放逐了的心找回来了,他怎么能不"绝处逢生"一般"呼跃"呢!虽然是经衣带渐宽终不悔地苦苦追求,但这找着的刹那,却是自然而然地发生的,是拔苗助长反而不得的"自然过程"。

并不是一悟便万事大吉。这一悟固然是拔出了地平线,但还只算是把心安回了自己的腔子,怎么从里往外地去求证大道呢?破除、代替析心物为二、道器为二、言行不一、知行歧出的"支离"学风,还有很长的路要走。

心学是这样一种精神现象学,它将世界聚焦于我心,遂将所有的问题变成一个问题，任何一个问题也就是所有的问题。没有表里、内外、上下，任何"一"都是具体而微、至大无外、至小无内的整体。这叫破除二元论，返回道本体；挣脱"话语"的异化，重返"意义"的伊甸园。

作这样的性灵玄言诗是容易的，对于久久浸润在中国这个古老的语文传统中的文人，只要他愿意，很容易做到这一点。但要以此精神生成具有再生产能力的、自身具有叙述功能的哲学来，便还真是"哲学转换"这样一个根本转变的大问题了。用得上东方朔那个浩叹"谈何容易"！

阳明的一生像一部动人的成长小说。一个外省青年四处寻求圣在哪里，道在哪里？而且基本上是"赤手挽银河"。当他在差近原始生活的天地中做卢梭式漫步遐想时，悟出圣、道就在我心里后，他去种地去了——因为不自己种就得饿死。

刚刚过了最初的适应期，没有像有的中土人士被抛到此地，还没过高山反应这一关，就被瘴疠气雾给送走了。一个也是被贬过来叫刘仁徵的原主事就是这样死的。阳明因"足疾"，不能去哭奠，便作了一篇祭文，发了一通哲学性的感慨："仁者必寿"，而你却"作善而降殃"。瘴疠盖不正之气，与邪人同类，你死于兹，亦理固宜然矣。人，总是要死的，死生如夜旦，生，不足喜；死，不足悲。

这就是他悟通了的生死观？从理论上说，实在没什么稀奇。但真正融化在血液中，落实在行动上，便不是滑舌利口的野狐禅、言行歧出的支离学了。阳明的心诀是"生死两忘"，空诸所有，无念无执。这更多的是释道心经，非儒门的"本生经"。这叫"拿来主义"。

有出息的拿来主义是中国智慧的一大法门，即中国式的实用主义。只要有主人翁的气概，朴实的实事求是的作风，明睿的全局眼光，这种"拿来法"便是宝术。阳明是具备这些必要条件的高人。正好，他又是在深渊境遇中，在无外势可依的情况下，找到"我心即宇宙"这种"心术"的。所以，他没有变成"大独裁者"，也不是"喜欢谁就是谁"式的唯意志主义的赖皮。同是心学路数，来路不同，其表现和效果迥异，更关键的要看有没有权力，没有权力的心学是诗人，有了权力的心学就会是唯意志主义的独裁者。因为"心"不是单纯靠学理能够决定的，所以，不仅后来心学门派林立，而且持心学大态度的诸色人等的作为也五花八门。可惜，伪道学，一眼就能看出来，而"伪心学"必须有了后果才能真相毕露。

至少有这样的分别：从绝境中"压"出来的心学，在顺境中"狂"出来的心学。前者知道天圆地方，从而想办法让"万物皆备于我"；后者万物已备于我，从而难以知道也不想知道天圆地方。这两种心学的差别比心学与汉学、理学的差别还大。面对心学世界必须明确建立起这种界限意识。这当然是最粗糙的一种区分。

阳明的我性自足不假外求，是逼出来的。从大千世界，功名事业，直至生死存亡，退到无可再退，不得不"反身而诚""反手而治"——孟子的反手而治在政治上没有看见成功的范例，在人格修养上，阳明算是最耀眼的得天下大名的显例。圣学传统拯救了他，他又转过来拯救了圣学传统。社会的压力、理学内部的压力，压得他不得不来当"变压器"。当然，他也是个天才的"变压器"。

所谓天才就是有这样一种反思能力：除了知道自己了不起之外，更知道自己没有什么了不起。更准确地说，是有这样一种应变能力：就是在需要"了不起"的时候就可上九天揽月，在无可奈何时就混迹于鱼鳖，而不更多地去想什么委屈不委屈。大气浑然，元气淋漓，在儒家辞典中，这叫"通权达变"，唯圣人能之。阳明"悟"了之后，差不多"几于圣"了。

那么,差多少呢?——不动心(情)时,差不多;一动心(情)时,就差多了。

精神胜利法不灵光时,竟泪下如雨,五内如摧。尤其是冬天来了,"阳明小洞天"只是洞而已,不见天日,又没有多少御寒的衣服,霜凝在洞口,是真正的寒窑。他的健康大受摧挫,他日后东征西讨时常病得东倒西歪,都是此时落下的病根在作怪,他后来屡屡给皇帝上书请病假,请致仕退休,也都提到是这段岁月把他搞成了病夫。

他来时带着些盘缠,一路上车马船费用去不少,他还得留着预后的花销;再加上到达此地时正是春荒季节,他遂屡有"绝粮"之虞("谪居屡在陈,从者有愠见")。他决心学农,将南山开垦出来,自己来个小"军屯"。而且"夷俗多火耕,仿习亦颇便"。耕种的季节没过去几天,还能种出几亩来。他马上给这种生产活动找出"意义"来:不仅仅为了解决自己的吃饭问题,还可以让周围的鸟雀也有了吃的,余粮就周济了穷人和寡妇。

他遂开始一边种地一边作"修理地球赞":

> 去草不厌频,耘禾不厌密。
> 物理既可玩,化机还默识。
> 即是参赞功,毋为轻稼穑。

只要是自己干的就能且要找出通天的意义来,这是中国诗人哲学家惯用的"自我重要法",从而给身处边缘的角色和一点儿也不重要的活动找出参赞化育、通天彻地的重大意义。寻找价值,赋予价值,投射价值,反正"我"想叫它有多大价值它就有多大价值。在身处危难之际,这是可爱的"精神胜利法",是哲人能够战胜许多苦难的秘密武器。但又毕竟是精神胜利,当精神不想胜利或胜利不起来时,就还是个当哭则哭、当苦则苦。悟透了格物致知的要义不在逐物而在正心,也依然不能必然保证"心"就刀枪不入了:"逐子望乡国,泪下心如摧。"

他最焦急的是生命——这种时间性存在——在白白浪费。有一次,他坐在石头上弄溪水,开始时,还欣欣然,有兴趣洗洗头。溪水太清澈了,照出了他的白头发,三十七岁的人长白头发已不算"早生华发",但他却着急了:

年华若流水,一去无回停。
悠悠百年内,吾道终何成!

过去感到"生有涯知无涯",日日逐物,何时是了?自从悟道以后又出现了新问题,就是知"道"了,怎么去做?他首次用了"吾道"这一庄严又隆重的大字眼。他终于有了不同于汉儒宋儒的"道",完全有资格说"吾道"了。更严峻的问题是怎样"行"?不行终不"成"。他在开始逼近"知行合一"之旨。

他现在为"成道"能做的事情也只有讲学。然而用正常眼光看,这是不现实的。客观条件几乎为零。在这种时候最见心学的"过人"之处和主人翁精神,绝不会没有现成饭就不吃。恰恰相反,首先是高度真诚,然后是为了"成道",没有条件创造条件也要上。凡人常常后悔,"早知灯是火,饭熟已多时",心学家是心中有灯于是能到处看到灯、并且早就知道灯是火的人。

自行化他

话一说又远了。心学以诚为本,密切联系群众,王阳明的性格又"和乐坦易,不事边幅"(徐爱《传习录》叙),再加上又跟当地人学农活,还有他那一套亲融自然的可爱派头,而且他从心里觉得当地这些淳厚朴实的"夷人"比中土那些已被文化异化的虚伪的士夫更值得亲近。他多次表示:跟这些"野人"讲论"吾道"比跟中土士夫更容易相契。总之,从他来了之后,几乎是有意地主动搞好与当地人的关系,化夷为友——这是心学之"转化诀"。这样做既合圣道,又有现实好处。

人人心中都有一杆秤,当地人渐渐敬爱他,他们是用行动来说话的真正的实在人,见他开辟那块地方,以为他喜欢那里,便在那里给他盖起房子来。反正,山上可以用作栋梁之才的树木有的是。很快大架势成立,他则做了些情调性的布置,四周种上竹子和花卉草药,"列堂阶,辩室奥;琴编图史,讲诵游适之道略具"。

不到一个月,这个被他命名为"何陋轩"的文化站从无到有了。名,用孔子"君子居之,何陋之有"之典;实,则是为了"信孔子之言"——信者,申也。弘扬孔子之道既是化俗工作也是对自己的精神安慰。通达的儒者就是随时都能找到这种一体化的感觉。而且事实上,也的确不陋。人们到了这里,都觉得恍然置身于像样的通都大邑的阁子楼里了。他自己也忘了是在偏僻的夷地。更重要的是有学生来求学问道了。

从任何具体的事情中都能找到意义是仁学万物一体的原则。尽管夷人如未琢之璞,不可以"陋"视之;但夷俗崇巫而事鬼,渎礼而任情,不能中和不懂节制,是必须用教化来"移风易俗"的。因为在朝美政在野美俗是儒生的使命。再说大点儿,人有照亮大地的使命。这篇《何陋轩记》以耍小聪明的话作为结尾：我固然不行，以待来者吧。谦虚得失掉了"吾性自足"之气。

这个"何陋轩"就是名载史册的"龙岗书院"的院址。其《龙岗新构》诗云："初心待风雨，落成还美观。"并赋予它杜厦白裘广庇寒士的"意义"，说这不单是为了自己，而且"来者亦得憩"。更主要的是他由此看出实干的"意义"："毋为轻鄙事，吾道固斯存。"心学要不找到意义，其心就成了"放心"。

阳明在新轩前面又营构了一个小亭子，四周都是竹子。他又动用"文化传统"来缘情布景并借景抒情，叫它"君子亭"。暗连"君子居之，何陋之有"倒在其次，更关键的是"竹有君子之道者四"，学生又说"我"像这竹子。松、竹、梅是著名的象征君子风的"三友"。这自然是自孔子的比德说开发出来的把自然景象视为人格的返照并可以生成人格的"意术"。

不过，阳明不算谬托知己，他还真足以副之。他具备中虚而静、通而有间的竹君子之"德"；更有外节而直、遇难而不慑、处困而能享的竹君子之"操"。过去在朝是应蛰而出，现在在夷是遇伏而隐，都能做到"顺应物而能当，虽守方而弗拘"。这是了不起的能够通权达变的君子之"时中"（任何时候都恰到好处）。他还觉得自己具有竹子式的挺拔特立、不屈不挠以及意态闲闲的竹子之"容"。他在文尾又照例谦虚：虽不能至，心向往之。

这种寻找意义的命名活动，还真有教化之功。人的一生是个不断地自我定位的过程。是争上游为君子儒呢，还是趋下流当小人儒？关键看你立什么志。自我命名就是门立志的功课。观念，观念，首先是自己关于自己的观念。每一观念出，都是对已有的感性经验、情绪意欲的一种整理提炼。自小，是小；自大，也是小。如何恰到好处地提升自己则成了为己之学的意术。

以柔克刚

阳明的命很大，但运总是不顺。用他后来追述的话说："贵州三年，百难备尝，横逆之加，无月无有。"当他稍许自得起来些，就又有麻烦了。有些人有理得没有道理，自我感觉良好得没有道理，但就是能没道理地"好"下去。另有一类人，总是卑以自牧，谦抑自己，却总是有碴儿找上门来。阳明并没有招惹当地的官老爷，他的品格非生事之人，他现在也无生事之势。思州太守居然无缘无故地派人到这个驿站来侮辱阳明。

阳明已练就了"动忍增益"的功夫，但周围的夷人群众看不公了，他们奋起保卫敬爱的王先生。他们打跑了来耍赖的"官崽"。这自然扩大了事态，太守大怒，向上边诬告阳明不但不服从当地政府的管教，还聚众闹事。这对阳明自然是相当不利的，这也可能是"当道"的一个阴谋：挑他出头，然后借此口实，进一步收拾他。

幸好，此前他的行谊吸引了思州的按察副使毛应奎，这位毛公也正好是浙江余姚人，是阳明的老乡。阳明还曾为毛的"远俗亭"写过一篇"记"文。现在毛出面为之斡旋，既在正印官面前为王疏通，又劝王去赔个不是。王的回应特别见心学的艺术，也表现出阳明政治家的水平，绝不是半生不熟的政客的技术。他给毛写的信相当漂亮：

昨承遣人喻以祸福利害，且令勉赴太府请谢，此非道谊深情，决不至此，言无所容！但差人至龙场凌辱，此自差人挟势擅威，非太府使之也。龙场诸夷与之争斗，此自诸夷愤慨不平，亦非某使之也。然则太府固未尝辱某，某亦未尝傲太府，何所得罪而请谢乎？跪拜之礼，亦小官常分，不足以为辱，然亦不当无故行之。不当行而行，与当行而不行，其为取辱一也。

因为龙场打斗是差人大败输亏，所以阳明故作高姿态，先给太府一个台阶下，再腾开自己的身子：我与太府之间没有任何冲突，所以不存在我必须去谢罪的问题。真弄得长官无话可说。然后，阳明又柔中有刚地说："某之居此，盖瘴疠虫毒之与处，魑魅魍魉之与游，日有三死焉。"而我居之泰然，盖在于我无动于心。太府要加害我，我也只当是瘴疠、虫毒、魑魅魍魉而已，我岂能因此而动心？！

这可能是阳明悟道以后的第一次牛刀小试，相当冷静又口舌如剑，着眼点大是不俗。只有不动心才能找出最合适的"心"来与魑魅魍魉较量，有利有力有理，还让对方挑不出什么进一步迫害的口实来。这当然是太守这样的对手，若是刘瑾则另当别论。更让人感到魅力无限的是他说话时的语气，这是一种安之若素的超然语气，内含着吾性自足的"霸主心态"、冷静世故的分寸，兼容阴阳柔里透刚的尊严。这是真心学的境界、诚动于中的真相。绝不是半瓶子醋能够玩得出来的。

结果是"太守惭服"。这个胜利使他赢得了在贵州官场的立足之地，这个小小官场对他却是大环境。很快，视他为高人的当地秀才、卫所官员，纷纷上门求益。

安宣慰先让人送来米、肉，派工人来担水劈柴等等，阳明一概婉拒。这位安大人又派人送来金帛、鞍马，"礼益隆，情益至"，他只好收下些生活必需品："敬受米二石，柴炭鸡鹅悉受如来数。其诸金帛鞍马，使君所以交于卿士大夫者，施之于逐臣，殊骇观听，敢固以辞。"不难看出这个人自尊心多么强，内心的戒律多么严。这是一种自视甚高者的好自为之，并不是"逐臣"的变态自尊心。

　　天下没有白吃的东西，安宣慰是想向他讨教是否把水西驿站去掉？王给安讲了一通"天子亦不得逾礼法"的大道理，劝他不要做"拂心违义"的事情，也别再忙着要官了。安听取了他的意见。不久，有土人造反，自扬言受安的支持。安想撒手不管，坐待事大，以搞掉姓宋的土官。王赶紧驰书叫安快用兵平定叛乱，以尽守土之责。这真是点化顽愚，不但救了这个官老爷，也使当地百姓免遭涂炭。

　　他后来轻松地平定思、田武装叛乱，便是用了这套经验——成功的人好像每一步都是在走向成功。

第六章 卧龙岗：心思教育

龙岗又名栖霞山，山势不高，平冈逶迤。山上岩石嶙峋，古树招风。如今古洞依然，洞口敞亮，岩壁上现存"阳明先生遗爱处"大字石刻。洞内宽大可容百人。有一小洞通后山。洞顶钟乳石累累下垂，有历代文人的题刻。洞右侧一小洞有一天然石床，传说即是阳明悟道的那个石床。洞前有石桌石凳，两株粗壮挺拔的古柏，据说是阳明手植的有道之树。当地人说，远近居民绝不去龙岗山砍伐一草一木。

洞口左侧，沿石径而上，入一圆形山门，即见君子亭。亭脚山岩上刻有蒋介石第三次游阳明小洞天时所题"知行合一"四个大字。君子亭对面即王阳明首创的龙岗书院故址，嘉靖时改为王文成公祠。祠门口有两副石刻楹联：

三载栖迟，洞古山深含至乐；
一宵觉悟，文经武纬是全才。

> 十三郡人文，此为根本；
> 五百年道统，得所师承。

右侧三楼三底的配殿，是抗战时期少帅张学良幽禁三年的居室。配殿边有一石碑，上刻《龙岗书院讲堂题额后跋》：

> 黔中之有书院，自龙岗始也；
> 龙岗之有书院，自王阳明先生始也。

五经臆说

阳明几乎是此地百年难遇的大儒了。有了这棵梧桐树便引来金凤凰，有不远百里前来问业的莘莘学子。阳明也不失时机地普度众生，龙岗书院成了此地的文化种子站。因有了阳明，"此地始知学"，所以当地人世代感谢他。他们更该感谢刘瑾的"下放政策"。这种"倒插式"地流放一人、普教一方是中国特色的文化传播方式，自古而然，直到近现代仍能看到这种方式的影响。

自然须是阳明这种本要普度众生的真儒，并有极强的教主欲的人物，才会有他这种普及教化的成绩。这也是大一统国家在和平时期局部整合文化的一种不自觉的方式。

龙场，现在不能说群贤毕至，但可以说百鸟来翔。来者有附近州县的生员、阳明的老学生。有了他们，阳明的心情也大大好转了。文化交流是人世间最美好最温馨的一种情感生活。没有它，人人都可能是孤苦的。就像没有"敬"就没有"爱"一样，没有文化的感情是低质量的感情。没有交流的文化感情反而会郁闷成"痞"。从这个意义上说，人又是群居动物，再天纵英才也不能旱地拔葱。有时恰恰相反，越是天才越需要地气。龙岗书院成了阳明的地气接纳站。

尽管他此时正在为五斗米折腰，但他是外折内不折，他已经有了足够的超越意识。他自己明说现在是"吏隐"，也正是"办学"的好时机。正因为他在"讲习有真乐，谈笑无俗流"的文化生活与工作中获得了极大的乐趣，他才真可能从中领取"淡泊生道真"的境界。教学相长体现在同一文化场中的文化心态的养育更胜于书本知识的长进。

这真是歪打正着，不幸中的幸事。用他自己的话说便是：自己到了这废幽之地，反而避免了在朝中动辄得咎的麻烦。而且在这夷地能享受到原始质朴的风土人情之美。原先还觉得缺少亲情满足与文化交流，现在有了学生，也就都过得去了。关键是"讲习性所乐"，他热衷此道。他在《诸生夜坐》诗中写到与学生一起骑马、投壶、鸣琴、饮酒，晚上在一起神聊，清晨一起到林间散步继续神聊。语句之间透露出极大的快乐。他觉得与孔子和学生在一起的味道差不多了。他尤其向往曾点说的暮春三月，在河里洗了澡，迎风唱着歌往家里走的潇洒自由的活法。

他想学孔子，与学生漫步漫谈中随时随地地加以指点。这是个心气很高的设想。他就是这样，不鸣则已，鸣则惊人，不当庸碌的混世虫，也不想当中等偏上的讨巧的巧人。他想的不是如何趋同，而是如何与别人不同。"岂必鹿门栖，自得乃高践。""自得"，是他的标准。他必定在学问上也能像孔子一样压住阵脚，能随时回答学生的各种问题。否则，他不敢采用这种开放式的教学方法。当然，披卷讲论也是必不可少的。因为毕竟是书院而不是诗社，尽管阳明并不主张死背章句，但也不能离开经书而直接让学生"明心见性"。再说来问学的人程度不等，总得有个接手入门的功夫——阳明便把《大学》作为第一入门书。

他在学问上是很下功夫的。身处边地，当地无多少书可读，他也没带多少书来。他就像在狱中只能精读不能博览一样，以思带学。反正他也不想做那种"支离学问"。虽然他此时并没有提倡"六经注我"，事实上还是用"学得所悟，证诸'五经'"，莫不吻合，因此开写他的第一部"专著"——《五经臆说》。

他在《五经臆说序》中自述写作缘起：官方的或流行的注经解经的做法是求鱼于渔网，求酒于酒糟。"我"是舍网来直接求鱼的。但他也自知这种"意会法"难以尽合于先贤。他谦虚又无不自得地说，我这样做只是自抒胸臆，用来"娱情养性"而已。言外之意是，我根本就不想加入你们的主流规范，我拒绝你们那一套做法。

这部专著没有完整地保存下来，后人无法完整准确地了解其全貌。据其大弟子钱德洪说，没保存下来的原因是老师根本就不想让世人知道它的内容。钱曾几次想见见此书，王都婉言谢绝。有一次，老师笑着说："付秦火久矣。"因为阳明是个极为谨慎的人，怕将来自己超越了现在的水平还不如不拿出来。直到王死后，钱从废稿中发现了十三条。据钱说其师是由于感到"先儒训释未尽"才作这部解经著作的。钱说先生用了十九个月的时间，才最后完成。也就是说，从他悟道后开始写，直到差不多离开龙场时才完成。阳明在自序中说用了七个月。居然有四十六卷，也不止五经，而是读十部经书的心得。他学问最弱的是《礼》，写下的心得仅有六卷，在全书中比例不大，他自言缺说处多多。大概因为"礼"是规范，是"理解"不出什么切合"见机而做，可长可短"的心学智慧的。他很讲究礼，但骨子里对"礼学"不感兴趣，后来也很少谈礼学。

"臆说"自然是心得笔记体,成熟一条写一条。心学的言说方法就是这种"原点发散"式的,用钱的话说就是:"吾师之学,于一处融彻,终日言之不离矣。即以此例全经,可知矣。"我们也就举一个例子以概其余。

现存十三条"臆说"的第一条是解《春秋》的第一句话:"元年春王正月。"这是公羊、谷梁二家大作文章、建立其学则家法的发凡处。王天然地倾向公羊学(谷梁学与公羊学基本上相近)式的"微言大义"的联想法,只是更侧重从"心本体"的逻辑起点加以发挥罢了。如对这一句话的解释,其要点为:

> 天下之元在于王;一国之元在于君,君之元在于心。元也者,在天为生物之仁,而在人则为心。
>
> 元年者,人君为国之始也。当是时也,群臣百姓,悉意明日以观维新之始。故曰年者,人君正心之始也。
>
> 改元年者,人君改过迁善之始也;端本澄源,三纲五常之始也,立政安民,休戚安危之始也。

其还是将表示时间的"元"(年)"正"(月),讲成了哲学伦理学的理论原点性的基本概念。与公羊学的理路一致,只是灌注的内容不再是"尊王攘夷大一统",而变成了君心正国一元化。将儒家的伦理本质主义推导到一元化的极致,还是"美学"式的意会法,想到什么就尽情地"赋予"它什么。这自然可以保证其一通百通的理论彻底性,这并不是公羊学、心学的独传之秘,而是我土我民自由心证的"通用公共走廊"。公羊学和心学就是从中走出来的,又为之推波助澜而已。

这种思路和方法也最适合其散步漫谈式的教法。就像苏格拉底适合在街头漫谈对话，而马融、郑玄只能设帐授课一样。阳明和苏氏运用以及传授的是智慧，而不是学究式的知识。教的是"大学"，不是"小学"。

钱德洪说："吾师接初见之士，必借《学》《庸》首章以指示圣学全功，使知从入之路。"钱是王的早期学生，是王后来的助教，但现存的这篇《大学问》是钱在王最后的日子里记下的。我们只能略见其意，不能完全算作现在的思想结晶。

《大学》本是教国君成为君子的教材，它设想中的学生首先是国君。教国君的必然是至理真言，从而也当之无愧地是教所有人成为君子的教材，还是教士人"学为君师"的第一教材。它言简意赅，能把教学目的与修养方法"一言以蔽之"，的确能见圣学全功。总而言之是"大人之学"。《大学》成为王学的"教典"几乎是理所当然的。

阳明认为"大学之道"的核心性难题和机关在"亲民"二字。别的都是主观性的指标，能亲民与否才是区分真伪的实践性的标准。只有在亲民的过程中才能体现出你是否知行合了一，才能将三纲五常等"明德"落实到日常生活之中。做不到"亲民"，所有的说教都会沦为滑舌利口的空话闲谈。有了亲民的境界，才会老吾老以及人之老，才能有与天地万物为一体的心态，这样才能"尽性"。"尽性"与"止于至善"不是两张皮。而且既不能独善也不能空谈，必须在"亲民"的过程中"实修"，开放性地"修"。这才能找到"吾性自足"的正确门径。

他为来龙场的秀才定的"教条"，完整地体现了这一自我修养的系统工程的基本思路。第一条是"立志"。因为伦理态度是一种准信仰的态度，关键看怎样起信，起什么样的信。阳明从"亲民"的路径而入：

"使为善而父母怒之，兄弟怨之，宗族乡党贱恶之，如此而不为善可也；为善则父母爱之，兄弟悦之，宗族乡党敬信之，何苦而不为善君子？"这样便接通了与传统伦理的地气，也接通了人人性善这一古老的信念——"诸生念此，亦可以知所立志矣。"

第二条是"勤学"。阳明虽然反对记诵辞章、沉溺于训诂注疏的"支离之学"，并不反对学习。我们想当然地认为，主张"悟"的阳明一定偏好伶俐之士，然而他却"不以聪慧警捷为高，而以勤确谦抑为上"。为什么？因为前者不容易"笃实"，而后者才肯真学实修。更关键的是这个学不是记问之学，而是大人之学；是学做君子，而不是学做"讲师"（所谓能文不为文人，能讲不为讲师）。阳明又从来不提意义深远却无法操作的口号，总是保持着可感可信的说服力、引诱力。他问同学们，你们当中是那些资质虽然超迈却大言欺人、讳己之不能、忌人之有善、自以为是的人受好评，还是那些虽然资质鲁钝却谦默自持、无能自处、笃志力行、勤学好问、称人之善而咎己之失、表里一致的人受好评？

阳明的心学虽高扬"吾性自足"，但又绝对反对自恃自高，力斥任何奋其私智的自了汉。这也是阳明与其后学中的末流的本质区别。高扬主体性的王阳明一生与好高好名的习气做不歇息的斗争，从而能得道。无论是儒家还是道家，都遵守着一个"敬道而修德以副之"的原则。儒讲扩充主体能力以进德而合道；道讲去私去欲以进德而合道。前者用"加法"，后者用"减法"。在伟大的道体面前必须卑以自牧则是其共同的"口径"。

第三条是"改过"，第四条是"责善"。责善是要求同学之间互相帮助。这个特别讲究思想方法的人要求学生要"善道忠告"，既不要痛诋极毁、激之为恶，更不能专骂别人以沾取正直的名声。善道忠告的标准是"直而不至于犯,婉而不至于隐"。他提议"诸生责善,当自我始"——这既是心学的感动法,也是心学家"赤身承当"的基本态度。心学的英雄主义的魅力正在于"从我做起,从现在做起"的实行精神。

有这样的人在主持一个偏远小区的书院,是怎样一幅图景?用荷尔德林的话说就是:"神需要此人。"因为他是:

> 神圣的器皿,
> 生活的美酒和英雄的灵智
> 在内中保存

这是因为:

> 神圣的上帝自忖度:
> 倘若教区没有吟唱的诗人,
> 在他生灵中再也不会自觉真。

这一年的纪年文还有一篇《龙场生答问》,足见他此时的"态度"。学生问他为什么总想着离开这里?他说,我又病了,所以想走。学生说,是否因为过去贵现在贱,过去在朝内现在放于外?孔子也当过小吏呀。他说,不是这么说。君子出仕为行道,不以道而仕者,是"窃"。我家有田产,没必要为了疗贫而当官。我到这里来,是被遣送来的,不是来当官的。但我要是不当官,也不可能来到这里。所以,我现在还算是"仕",而不是"役"。"役者以力,仕者以道;力可屈也,道不可屈也。"我之所以想走,是因为"不得其职",再委屈下去只是"妾妇之顺",是悖道了。学生说,圣贤都离职而去,国君靠谁治理国家呢?而且贤人是但求有益于人,无论干大事小事都是一样的。阳明的回答很悲凉无奈也无赖:我并不是什么圣贤,所以你的要求不对头。

也许因为此时才恢复了"人"的内外况味,阳明深情地怀念起他的妻子来。因为标准的"封建意识"作怪,一部"完整"得令古人妒忌今人庆幸的王氏全集及其年谱,几乎没有他与其夫人的任何细节性资料。好像阳明是个真正的道学家,或康德式的终生未有夫妻生活的哲学怪人。这也不单是阳明弟子人性不完全带来的缺失,任何古人给王氏作的传也都不及于此(同样孔孟程朱的夫人我们也是不知其详)。对"古人"而言这很正常。凿凿可见的永远是"学"而不是"情",这也是中国的"学统""道统"的特色,是其学理、道理的一部分。

意上用功

就像"物理"与"吾心"演化到今天已是科学与道德的关系一样,知与行演化到今天是个理智与意志的关系问题,并形成了唯意志主义传奇和唯理智主义传奇。就知而言,包含着一个知道怎样做和知道那个事实的区别。知,既要回答"怎样",也要回答"是否"。王阳明的思辨方式固然古老,但他抓住的问题却是永不过时的。因为他把"意"作为知行合一的穴位,对今人依然是重要的心思教育。

在王阳明前的朱熹主张知先行后,在王阳明后的王夫之主张行先知后,王阳明的知行合一之旨主要记录在《传习录》(上),是徐爱记录的,所以从徐爱说起。

黄宗羲的《明儒学案》及别的记载都说正德丁卯年（1507年）入门的徐爱是"及门莫有先之者"的第一人。王一直说徐是他的颜回，则既因徐性警敏、一闻即悟、最得王学之真谛，也因徐不到三十二岁就死了。徐所创立的"浙中王学"一派，是王学嫡传，虽影响不大，但原汁原味。

徐本是阳明的妹夫，余姚马堰人。当初，他和他叔叔同时"竞选"状元公的女婿，王华深于识人，他感到徐爱的叔叔略放逸，后来果然以"荡"败。但是他没有看出徐爱生命不永。儒家只看道德，根据道德推测人的吉凶得失。道家才侧重看寿命。王华仕途太顺，觉得没必要学道家那一套。这使得他女儿过早地成为"未亡人"。

阳明对徐爱的感情是相当深挚的，徐爱对这位内兄素有敬意，尽管是一家人，照样得举行"纳赘"礼。"师"高于这种亲戚关系——阳明有一个很知心的学生，在阳明死后，不敢以弟子礼祭祀先生，就因为没有经过"纳赘"仪式。阳明有个当家子爷爷叫王克彰，"听讲就弟子列，推坐私室，行家人礼"。天地君亲师，既有一体化的一面，也有一码归一码的时候。

徐等三人行过拜师礼后，就进京赶考去了。王还专写一篇《示徐曰仁应试》，教他如何以平常心从容应考。在婆婆妈妈的嘱咐背后，流淌着对儿子才有的深细的关爱之情。阳明以应试为例来讲人生哲学：首先，君子穷达，一听于天，这貌似消极其实为了"时中"。它针对的是对科名疯狂追求的流行病。太有得失之念，肯定做不好文章。其次，无论是下场作文还是平时做学问，都须摄养精神，总保持气清心定、精明神澄的状态。扰气昏神、长傲召疾、心劳气耗，都是既伤身亦败事的坏毛病。他提出一个总的原则就是"渊默"，不能杂乱心目。忽然有所得时，不要气轻意满，而是要更加"含蓄酝酿"之。众人嚣嚣，我独默默。中心融融，自有真乐。用"渊"养"默"，用"默"养"渊"。这样，才能出乎尘垢之外而与造物者游。这是高明的心思教育。

这次徐没有考上，其师那套养心术是不能只手打天下的，还需要和别的力量配置。但绝不能因此就说那套养心术没用，阳明自己的获益已如上述，徐爱在正德三年就弄了个"鳖进士"。也就是说，下一年就成功了——见效也够快。

他失利后，阳明写信安慰说："吾子年方英妙，此亦未足深憾，惟宜修德积学，以求大成。寻常一第，固非仆之所望也。"他勉励徐："养心莫善于义理，为学莫要于精专；毋为习俗所移，毋为物诱所引；求古圣贤而师法之，切莫以斯言为迂阔也。"他劝徐千万不要"去高明而就污下"。要用义理养心，精专治学，拒绝流俗引诱，就可以日进高明远离污下，就像登上山冈吸吮崇高的空气远离了谷底的腐气一样。还希望徐能来龙场读书，又怕徐离不开老人。

徐爱收到王老师的信后，稍事料理，便不顾艰难，长途跋涉，来到龙场。像魏晋的雅士一样，他们不谈眼下之事，徐的神态也告诉王，区区科场得失的重要程度在不值一谈之列。他们有更高层次的哲学话题要讨论。徐就是弄不明白老师刚"发现"的知行合一之旨，而他正意识到这是个真正的问题，才不远千里来到龙场，想在与老师的直接交谈中找到具体可感的思路。尽管徐爱记下这段话的时间是正德七年（壬申）冬南下舟中论学时，但所录并不全是舟中所论。我们不妨挪用于此：

王说："试举看。"

爱说："如今人已知对父当孝，对兄当悌矣，仍不能孝悌，知与行分明是两件事。"

王说："此已被私欲隔断，不是知行的本体了（私欲是劣质的知觉性，这种意念的发动隔断了未发之中——知行的本体）。未有知而不行的。知而不行，只是未知。圣贤教人知行，正是要人复那本体（恢复真理的知觉性），不是着你只恁（如此）的便罢。故《大学》指个真知行给人看，说：'如好好色，如恶恶臭。'夫见好色属知，好好色属行；只见那好色时已自好了，不是见了后又立个心去好。闻恶臭属知，恶恶臭属行。只闻那恶臭时已自恶了，不是闻了后别立个心去恶。如鼻塞人虽见恶臭在前，鼻中不曾闻得，便亦不甚恶，亦只是不曾知臭（感应是知觉性的原点，阳明从一念起处证明知行是一不是二。存在就是被感知，李约瑟赞叹王阳明比贝克莱早二百多年发现了这个原理）。就如称赞某人知孝，某人知悌，必是其人已曾行孝行悌，方可称他知孝知悌，不能只是晓得说些孝悌的话，便可称为知孝悌（语言虽然联系着思维与存在，但语言不能鉴定真伪。说现成话容易用伪币支付）。

"又如知痛，必已自痛了方知痛；知寒，必已自寒了；知饥，必已自饥了：知行如何分得开？此便是知行的本体（真相、真理），不曾有私意隔断的。圣人教人，必要是如此，方可谓之知。不然，只是不曾知。此却是何等紧切着实的功夫（精一功夫）！如今苦苦定要说知行做两个，是什么意（他们意欲何为）？某（我）要说做一个是什么意（目的何在）？若不知立言宗旨（到底要干什么），只管说一个两个，亦有什么用？"[《传习录》（下）说明白了知行合一的宗旨是在一念发动处克倒私意："今人学问，只因知行分作两件，故有一念发动，虽有不善，染却未曾行，便不去禁止。我今说个知行合一，正是要人晓得一念发动处，便是行了。发动处有不善，就将这个不善的念克倒了，需要彻根彻底，不使那不善的念潜伏在胸中，此是我立言的宗旨。"]

爱说："古人说知行做两个，亦是要人见个分晓，一行做知的功夫，一行做行的功夫,即功夫始有下落。"

王说:"此失却了古人宗旨也。某一再说知是行的主意,行是知的功夫。知是行之始,行是知之成(与王学最后的四句教相仿,这四句可以称为知行四句教)。若领会得明白,只说一个知已有行在,只说一个行已有知在。古人所以既说一个知又说一个行,只为世间有一种人,懵懵懂懂地任意去做,全不解思维省察(哲学就是反思),也只是个冥行妄作,所以必说个知,方才行得是;又有一种人,茫茫荡荡地悬空去思索,全不肯着实躬行,也只是个揣摩影响,所以必说一个行,方才知得真(理论和实践交养互根)。此是古人不得已补偏救弊的说话,若见得这个意时,即一言而足。今人却就是要将知行分作两件去做,以为必先知了然后能行,我如今且去讲习讨论做知的功夫,待知得真了方去做行的功夫,故遂终身不行,亦遂终身不知(阳明改朱子《大学》宗旨把诚意放在首位,强调事有本末、知有先后,讲的就是这个知行合一的道理,诚意了才能格物致知,倒过来,先格物致知再正心诚意就会知行脱节,终身不行、不知)。

"此不是小病痛(知行脱节、知行歧出是二重道德的病灶之所在),其来已非一日矣。某今说个知行合一正是对病的药。又不是某凿空杜撰,知行本体(原理)原是如此。今若知得宗旨时,即说两个亦不妨,亦只是一个。若不会宗旨,便说一个又济得甚事?只是闲说话。"

这篇"说话"讲透了知行合一的全部思路,完全是日常生活经验的例证法,没有深奥的思辨逻辑,都是在人情上"理论"——这是中国哲学的根本特征,人情上正了,事变上才能通,因为事变都在人情中,天下事不出人情事变之范围。他同意的一种更简洁的说法,为了完整显示他的以"意"为核心的知行合一论也引述于此:

> 身之主宰便是心，心之主宰便是意。意之本体便是知，意之所在便是物。

这个意可以用黑格尔在《精神现象学》开头说的"意识"来参看："我们普通的认识只想到认识的对象，但没有同时想到自己就是认识本身，于是在认识中存在的整个东西，不仅是对象，还有认识的自我和自我与对象之间的相互关系：就是意识。"（陈铨译）阳明的"意"除了认识上的意识，更主要是行为上的。

知行如阴阳，是一体之两面，一分开就不是了。未行的知是闻见之知、意见之知，不是真知，不是本知，不是直知，因为落实到你的心意里，你没有体验内化了它它就不属于你，体验内化本身就是个知行合一。这就是"意"的意义，意是着于物的，意到了就能把所有的问题拉回到"当下此即"，把所有的天文地理、郡国利病、天理人欲、治乱兴衰，都变成了与你"当下"息息相关的问题。所谓知行合一就是知行"只是一个"。用他后来的话说就是"知之真切笃实便是行，行之明觉精察便是知"。知行只是同一功夫过程的不同方面，或者说是从不同的方面描述同一过程。

这是"圣人之道，吾性自足""心即理"这一原则的必然推演。因为所谓圣人之道就是成为道德上的完人，所谓吾性具足除了人性本善这一本体论依据外，就是这个知行原是一个一体的方法功夫论。理学有感于"经学"成了专门的"学问"（汉学）才转过来以寻找原儒的义理为宗。但"朱注"成了"钦定教材"后，又成了外在的，无论信与不信都可以空口白说的"知识"。

这就是其"知行合一"，强调把知落实到行上的现实针对性，它针对的是整个官学体系及绝大部分读书人的现行做法。其挑战性很快引起诸多非议——"纷纷异同，罔知所入"（徐爱语）。这是必然的，因为他要反驳的是借圣学来谋取高官厚禄的普遍学风士气，他在《书林司训卷》中说：

> 逮其后世，功利之说日浸以甚，不复有明德亲民之实，士皆巧文博词以饰诈，相规以伪，相轧以利，外冠裳而内禽兽，而犹或自以为从事圣贤之学。如是而欲挽而复之三代，呜呼其难哉！吾为此惧，揭知行合一之说，订致知格物之谬，思有以正人心息邪说，以求明先圣之学。

阳明认为功利世风之所以能相扇成习，盖在于国家取士与士人读书应试，都可以"将知行截然分作两件事"，人成不了"真切笃实"的人，国家也拔不出"真切笃实"的人才。

文明书院

贵州的提学副使席书过去佩服阳明的文章，现在敬重阳明的道行，专到龙场来向他讨教朱陆异同。具有"以无厚入有间"之智慧的阳明，没有正面回答他的问题，也没有谈论朱陆各自的学理（有学者推测阳明从此才开始关注陆九渊），直接开讲自己新悟的心境界："说"若不能变成"在"，那些高头讲章因不能落实到日用的"行"上已造成了全体士林的表里不一；像焦芳那样的奸狡小人也居然能入翰林当阁臣，就因为知行之间的缝隙大得可以让任何坏人钻入国家的任何岗位，窃取神圣名器。必须坚持知行合一的修养法门，每个人都能从我做起，恢复真诚的信仰，用"行"来说话，用"行"来做检验真伪是非的标准，才有希望刷新士林道德，恢复儒学的修己治人的教化真功，等等。

席书听了半天，不明就里，在他面前展开的是一片新的天地，是朱子陆子都不曾说过的东西，他已有的知识和思想不足以消化这些内容。"（席）书怀疑而去"。

阳明自然是无可无不可，意态闲闲地送提学大人上马回贵阳去了。

哪知，席书第二天就返回龙场。显然，阳明的那一套，搔着了他的痒处。他怀疑王是在用自己杜撰的异想天开的东西来故意标新立异。王说，我自己起初也怕有悖圣学，遂与经书相验看，结果不但与经典和合，还正得圣人本意。比如说，《大学》讲"止于至善"，明德，亲民，其实，只要能尽其心之本体，就自然能做到这些。常说君子小人，其实君子小人之分，只是个能诚意不能诚意。一部《大学》反复讲修身功夫只是诚意，修齐治平的起点是修身。格物致知的关键在于能否意无所欺，心无所放，正其不正以归于正。

阳明深情地说："人之心体惟不能廓然大公，便不得不随其情之所发而破碎了本心。能廓然大公而随物顺应的人，几乎没有吧。"

席书这次多少有点儿"入"，约略知道王先生这套新说的分量了。阳明的本意是安顿自己，自然也可以"一以贯之"地用自己的臆说去点化来问业的学生，没想到"擒贼擒王"给学官上了很好的一堂课。素质决定发展，积累和准备领取机遇。

席书也不是头脑简单之辈，不可能轻于伏就。他还要再想想。他是弘治三年的进士，比王早九年登科，早在王出道之前已有名声。如弘治十六年，云南连明带夜的地震，这是老天爷示警。迷信的明王朝尽管玩忽，还是怕老天爷。就派遣官员去云南考察，结果是要罢免三百多名监司以下的人员,以谢天威。席书上书说:云南只不过是四肢,应该治朝廷这个本。朝中、大内供应数倍于往年,冗官数千,冒牌的校尉数万,天天到寺院道观去做佛事法事,浪费无算,织造频繁,赏赐过度,皇亲夺民田,大量增加宦官并增派到各地,大臣贤能的不起用,小臣因言贬官不平反,文武官员中活跃的是那些"传奉官",名器大滥。"豺狼当道,安问狐狸?"不治根本去大害,怎能保证老天不再发怒?这些见解,与阳明在弘治十七年主试山东时说的话如出一辙。

席书往返四次,一次比一次深入,终于,豁然大悟,说:"圣人之学复睹于今日!朱陆异同,各有得失,没必要再辨析、纠缠下去,求之吾性本自可以明了。"

他是个敢作敢为、说干就干的人,他回到贵阳,与按察副使毛应奎一起修复贵阳文明书院,正式礼聘王先生主持书院。席率领全体生员,向王行拜师大礼。他年长于王,官高于王,终身以师礼侍王,是个有求道激情的人。

后来,在嘉靖朝席书以"议大礼"得贵,力荐阳明入阁。他说:"今诸大臣皆中材,无足以计大事。定乱济时,非守仁不可。"尽管他举荐没有成功,但他这几句话确实说得既公平又动人。

因为我们和他们并非生活在相同的思想背景中,所以很难感受、领会阳明的新教旨的震撼力量,也无法体会席书何以感动到亲自下拜为徒的心路。

宋初元气淋漓的诸位大儒以先天下忧乐的承当精神开创了道学政事合为一事的新局面。若说古代中国有过什么"内圣外王"一体化的好时期,就是这一时期。什么"为政不法三代,终苟道也""纲纪世界,全要是非明白"是他们的共识。宋学的精神实质大端有二:革新政令,创通经义。其根据地则在书院。朱陆共鸣时期,外王的风头已减,但内圣之劲头正健。理学又称作性理之学或性命之学,追求天人合一的理想人格,并强调用扎扎实实的修养功夫在日用中不断克尽人欲、体察天理、变化气质,化血气为义理。而且朱子也说过"理具于心"之类的话。阳明同时代的人卢冠岩指出过:朱子也说过"致得吾心本然之知,岂复有所陷溺""但朱子止就一义说,阳明认得十分端的;故执此一说,左来右去,直穷到底,累千万而不离"。(《献子讲存》)阳明这样真诚恻怛才能立乎其大。朱子语录变成教科书后,那些至理名言就成为"现成思路""现成词语",便成了套话空话现成话,便成了人皆可说而并不做的"说教",哄老实人还可以,是绝对不能满足充满躁动的"戾气"的明代士夫们的心理要求了。明代士人的整体文化思想水平、个性气质可以说空前地高——至少阳明这一路的人觉得他们那一套玩儿不转了,需要再"翻"一个身了。别看阳明很淡泊,好像是专为安顿自己的心而修炼自己的道行,其实,其志也正在于开宗立派(从他称赞朱熹气魄大,下手就想"继往开来"亦可侦知)。

他很真诚,觉悟到了必须自明诚才能实现这个理想。任何苟取的办法都适足以自败而已。即使能侥幸成功,也悖道害义,只是名教罪人而已。这从他对一个急于要"立言"的学生的批评中就能看得出来。他说:"此弊溺人,其来非一日矣。不求自信,而急于人知,正所谓'以其昏昏,使人昭昭'也。耻其名之无闻于世,而不知知道者视之,反自贻笑耳。宋之儒者,其制行磊荦,本足以取信于人。故其言虽未尽,人亦崇信之,非专以空言动人也。但一言之误,至于误人无穷,不可胜救,亦岂非汲汲于立言者之过耶?"(《传习录拾遗》,上海古籍出版社1992年版《王阳明全集》1178页,下注《全集》皆指此书)

他还说:"言不可以伪为。且如不见道之人,一片粗鄙心,安能说出和平话?纵然做得出来,后一两句,露出病痛,便觉破此文原非

充养得来。若养得此心中和，则其言自别。"（同上）

这些话都涉及到阳明哲学的一个根本路径：抗拒口耳之学，坚持身心之学。而且看似简易，做到却着实难。譬如，"修辞立其诚"这则圣人古训，代代有人标榜，不真诚地信奉之，便是一句学童都能搬弄的口号。真诚地信奉之，连王阳明后来的许多话都并未立其诚。

阳明似乎并不是闻召即至，他已变得很沉着"渊默"，不复少年时的任侠峻急了。他已经有了"吾性自足"不动如山的镇物雅量，更重要的是，他对现行政府有了"宾宾"自处的分离意识。这从他给自己的居室起名"宾阳堂"即可看出。他在《宾阳堂记》中用《尚书·尧典》"寅宾出日"的话头，说了一通君子小人的道理，无非是说自己每当拥抱太阳时都滋长君子之元气。这只是在说可以说的话，用"可以明言的"表面意思来掩盖其不可明言的深曲的内心"态度"。他在文中屡次提到"宾宾"，但只做哲学式的发挥，此时正在重温"五经四书"的他，不可能忘记孟子呼吁士子要跟君主要求"宾宾"之道，要甘心以客卿自居——只是家天下的"宾"，道相同则相与为谋，和则留，不和则去。朱元璋憎恶孟子也包括这一条，朱要求士夫臣子像家生子奴才一样别无选择地依附主子。受了王阳明许多启发的龚自珍专门写了一篇《宾宾》奇文，将个中道理及意义说得相当明白，正好是阳明这个"宾阳堂"及其记的上等注解。现在阳明不再去鸡蛋碰石头了。他要为全人类弘扬圣学，在某一朝的得失穷通已不值得过于费神计较，当年扬才露己、自我显白的着急劲一去不复返了。

席书的前任毛科曾聘请过阳明，阳明因病谢绝了。他在《答毛拙庵见招书院》的诗中说自己疏懒学荒，不配做师范，让学生跟着我肯定一无所获。他现在还真是又病得难以招架了，当地人和学生劝他用土巫为他作法祛病，他拒绝了。他用孔子的我每天都在祈祷从而拒绝祈祷的典故来回答那些迂阔的"众议纷纷"。不知是因为他的病还是因为办理"调动手续"有个过程,他在龙场自己的"玩易窝"中又住了些时日。

玩易窝是与何陋轩等同时建成的,他照例有篇记,既很好地记载了他的心思,也有足够后人共享的精神营养。"精粗一,外内禽"的生生之"易道",给了他"视险若夷"的洞明通透的慧眼,他激动地"抚几而叹曰:'嗟乎!此古君子之所以甘囚奴,忘拘幽,而不知老之将至也夫!吾知所以终吾身矣!'"——自己声明了这种处境的"进修"作用。关于《易》,他只用了这样几句话就说透了它的全方位的功能和意义:

> 夫"易",三才之道备焉。古之君子,居则观其象而玩其辞,动则观其变而玩其占。观象玩辞,三才之体立矣。观变玩占,三才之用行矣。体立,故存而神;用行,故动而化。神,故知周万物而无方;化,故范围天地而无迹。无方,则象辞基焉。无迹,则占变生焉。是故君子洗心而退藏于密,斋戒以神明其德。

在阳明之前,大圣小贤关于《易》说了千言万语,最有势力的一路,是从《易传》到朱熹这一脉,让人们相信肯定能从言、象中得到意、道,言意象道的关系是个可以拾级而上由表及里的层层递进的关系。也就是说,形而上的道可以而且应该从言、象这种可说可见的"现象"中把握得到。这是个"学"的路线,是个可以追求言传的路线。

阳明则反乎是。他认为可以口耳相传的知识只是"说",并不能由此体悟不可视见的本体大道。"得"道必须靠超越这些闻见之知的由心体发动的"悟"。孟子有此境界,但这心路广被士林还是靠禅宗的普度。阳明觉得禅释不在人伦日用中开花结果是蹈虚,阳明儒学立场的贡献在于坚持"用"和"行"的路径把心学推导到百姓日用之中。

你看他说《易》，上手及终局都扣在体用合一上，只讲"易"在天、地、人三才中一以贯之的体立用行的神奇用途。但他不讲究从言得意、由象见道之类的名言辨析方法，而是要"洗心而退藏于密，斋戒以神明其德"这种神秘的修证方法，据阳明说是非常灵光的。不"在场"的人似乎无由评说。

《易传》中关于乾坤的易简之理的概括，是阳明终生服膺的，并启发他把心学称为简易之学：

> 乾以易知，坤以简能。易则易知，简则易从。易知则有亲，易从则有功。有亲则可久，有功则可大。可久，贤人之德；可大，贤人之业。易简而天下之理得矣，天下之理得而成位乎其中矣。

这段话是理解阳明心术的"总纲"，是其用智慧成大功的"独得之秘"。玩易窝，一个小小的窑洞，成了心学的圣地。这本身也证明了——无功则难大——这条"易"理。阳明专修心体之悟，却从未忘记心体之大用。其"知行合一"的真正指向正在于将心悟到的"道"力行出来、展现于外——若只限于自我精神上的受用，则变成佛门"自了汉"了。

现在，他还在"潜龙勿用"的修炼期。

何时才能"飞龙在天"呢？他也不知道，他只知道不能多想这个问题。还不是《老子》说的"将欲取之必先予之"的问题。他现在的处境不是主动地不去取，而是被动地不能去取。无法进取的现实逼着他去超越、去追寻那神圣又神秘的"道体"。用什么去追呢？只有"心"而已，"吾性自足""悟心自足"，他的心体完全可以与道体为一，正在与道体为一。

卧龙出岗

龙岗书院刚建成时，他就有点儿"狂头狂脑"地说："老夫终不久龙场。"在《龙岗漫兴》这首组诗里，我们看到了他的诗人天赋，或者说，他写诗的水平在长足发展。既有老杜的沉郁又有陶潜的似淡实腴的风致。"却喜官卑得自由"这种不得不转败为胜的自慰式苦情幽默，几乎伴随了他大半生，"地无医药凭书卷"也能靠精神疗法顶过去。"身处蛮夷亦故山"，只要这个世界不能限制他的思维，那么，他想做帝王，便是秦皇汉武的后身；想娶美人，便是王嫱玉环的原配。阳明这颗心不是李渔式的心，他想当的是诸葛亮：

卧龙一去无消息，千古龙冈漫有名。
草屋何人方管乐，桑间无耳听咸英。

这显然是在以孔明自况，这也是把这个简陋的书院叫作"龙岗书院"的原因。除了他心仪孔明，还因为他现在正"卧"着。他就是要以龙自期，刘瑾对此是一点儿法子也没有的。

自宋以来，天壤之间多亏有书院，士子得以托庇其间。欧洲有上千年的大学，我们有上千年的书院，人间才得以保持文化的灵秀。龙岗书院是阳明自己营造的避难所、还魂地，假如没有这座书院，就难"换"成文明书院。世事往往如此：机缘可遇不可求，有能力才有机缘。

阳明是个将感觉转化为哲学的意术家，他的意术是能够及时地与外界发生能量和信息转化的。假若没有那些学生跟着他，用各种问题激发他，他至少难以保持这么好的心情和状态，而心学就是状态学、境界学，同样也是置于死地而后生的精神学。

龙场对那么多中土亡命之士是死地，多病的王阳明却居然没死，固然没什么神秘的天意，只是他的心学"现得利"了而已。他后来说，自龙场出过"良知"（他现在没有用良知这个术语，他现在悟出来的格物致知、知行合一都与良知一脉贯通），后来此意久不出。他的"意"出来不出来是从内里自然生发的，不能从别人的现成话里研究出来，须从实处"知行合一"出来，是从世界的深渊处打捞出来的，不是从纸上得来的。

在这说不得苦乐得失的复杂处境与心境中，年关到了。"茆屋新开"也没有带来什么了不起的喜悦。他三十八岁了，快到了孟子说的"年四十，不动心"的季节了。

学生们都回家过年去了，就连专程而来的像徐爱那样的学生也都回家尽孝去了。已经学会"解安心"的他自然不会像单纯的诗人那么脆弱，但也不会像康德类型的理性哲学家那样对现象界的事情不动声色。他只有写诗而已：

故园今夕是元宵，独向蛮村坐寂寥。
赖有遗经堪作伴，喜无车马过相邀。

还有什么，"迁客从来甘寂寞""石门遥锁阳明鹤，应笑山人久不归"。这个年关，他的诗歌大丰收了。对于阳明来说，写诗差不多是他的吐纳术，是他养心的心法，调节心情的一种方式。所以，他的"居夷诗"相当恬淡超然，单看这部分诗篇可以毫不犹豫地给他加一顶田园诗人的桂冠，名气稍逊于杨万里而已。

他在龙岗书院工作了不到一年，当地的生源自然都是些郡邑之士，他离别龙场，行抵贵阳东面的镇远时写给龙场友人的亲笔信中，提及二十二人姓名，其中二十人不见其他资料，大约是因为没有成为"国士"的缘故。但他那套"随地指点"、即景生情，既联想且象征的思维方法，指教了他们可以在山水之中体道尽性、乐山乐水的法门。"吾性自足"的为学与做人原则对那些万山丛中与外界绝少联系的有志青年来说，则是宝贵的精神意术。

阳明过天生桥时说了两句隐喻自己心情的话："移放长江还济险，可怜虚却万山中。"不难看出其用世之情依然灼热。《南霁云祠》则浩叹"贺兰未灭空遗恨""英魂千载知何处？"但大环境依然如故，他还必须守雌守默，他这样自嘲："渐惯省言因病齿，屡因多难解安心。"

文明书院，坐落在贵阳忠烈桥西（忠烈桥即今天的市府桥），是毛科（字应奎，号拙庵）在正德元年修建的，前有大门，门内有习礼堂，为师生习礼讲解之地。堂后有颜乐、曾唯、思忧、孟辨四斋。可容纳二百名学生，有五六个儒学教员。

正德四年四月，毛科退休，席书来主持，因他特别诚恳，阳明应邀而来。席书公余常来文明书院与阳明论学，常常讨论到深夜，诸生环而观听者以数百。从此贵州人士始知有心性之学。

各种记载都说他在贵阳大讲"知行合一"，使当地人始知向学。但到底讲了些什么，又是怎样讲的，则无任何细节。只有他给学生的几封信，可以略知其功法大要。

首先，在一齐众楚、知己难求的孤独时节，要卓然不变，必求"实德"，除了自己每日静坐，"以此补小学收放心一段功夫"外，还要与朋友砥砺夹持。但切忌实德未成而先行标榜。一标榜即使有点儿实学也变成虚浮的外道说闲话。"自家吃饭自家饱"，必须刊落声华，务于切己处着实用力。

那么，怎么样才算着实用力修实德呢？他让学生把程明道的下述语录贴在墙上，时时温习：

> 才学便须知有著力处，既学便须知有著力处。
> 学要鞭辟近里著己。
> 为名与为利，虽清浊不同，然其利心则一。
> 不求异于人，而求同于理。

第一条是个"纲"，要求开始学、已经学入门了的都要找着力处，日新日日新，永无止歇时。这两句话，阳明差不多月月讲年年讲。它包含了这样一个命题：找到了着力处才算知学，否则只是瞎耽误工夫。什么才算是着力处呢？就是能够改变心性、能够精意入神、能够提高自己的知觉能力。为名为利为标新立异都是误入歧途的行为。与"知"没合了一的"行"终是外壳、衣服。相反，若知行合一，就是去应举当官也"不患妨功"。他认为举业的真正危害在"夺志"。若立得正志，日常生活中的"洒扫应对，便是精意入神"。王学尤其是左派王学的核心教旨之一就是"百姓日用就是道"。就像冀元亨的妻子李氏所说的："我夫之学，不出阃帏衽席间。"

道德的根据

从学程朱，出入于佛、老，到现在"悟格物致知之旨"，大讲知行合一，经历了"三变"，王记心学宣告诞生。他到底解决了什么问题呢？

其心学到底有什么了不起的地方,既能在很短的时间内风靡天下又能盛传不衰呢?

简单地说:他要给道德找根据,而且人们迅速信服了他找的这个根据和寻找根据的方法,于是风动天下。给道德找根据,对于没有宗教的中国人来说是天大的问题,所谓存在的家园的核心构件就是这个根据,所有的精气神、安全感、归属感等等都要从这个根上"出"。人们尊奉孔孟圣学就是在维护这个存在的家园。孔子从人情上确立了这个根据(孝亲原则),孟子从恻隐、廉耻等四端上确立了这个根据。从荀子开始关注点跑偏了,一直到朱子。朱子在宋朝受压,元朝成为官学延续到明代。王阳明现在觉得他从心外面找理(这个理既是根据也是规则)正好把这个根据给失掉了。如小和尚眼一直看着远飞的大雁心也就跟着雁走了,应该把心收回来。道德的根据就在吾心、吾性。所谓物有本末、知有先后,把诚意放在首位就是把心放在格物致知的起点上——今天人们也趋于认同道德是科学的依据了。(参看舍斯托夫《无根据颂》)道德的根据是第一意义问题、第一哲学。因为只有这样才能从事实的世界中找出真正的价值来。

为什么从"吾性自足""知行合一"这类命题就能找出人人意中有语中无的那个意义呢?它们凭什么就能做到这一点呢?天下读书人都读的朱子的书为什么就不灵光了呢?

长话短说,最关键的是朱的理路是心物二分、知先行后的,有点儿像近代西式的主观去把握客观,把握得对了多了,就"穷理"了。阳明认为那是本末倒置、是逐物永远不会穷理。阳明追求的是心理和物理毫无缝隙的高度统一的"纯粹意识"状态。阳明认为一切精神现象都是以这种状态出现的,找到它,直接培养它,才是在本原上做功夫。王学的"心体"就是这个统一体,是在意志的要求与现实之间没有一点儿空隙的、最自由而活泼的状态。从纯粹意识的立场看，没有离开主观的客观，所谓"理"，就是把经验和事实统一起来的东西。知情意是绝对统一的，"心"永远是最能动的，且是唯一属于"我"又能使我走出小我去实现大我（成圣）的本原性力量。一切真理的标准不在外部，而从物上求理永远只能得到不完全的"理"，还得永远没完没了地去求，迹近蚂蚁爬大象。

这样把"意义"的基地建筑在我心，就等于从外界找回了自我，这从理论上结束了人类镇日逐物、心随物转的历史。把"放（逐于外的）心"从形形色色的现象界拉回到本体界。王常说的"心体"就是说心是本体，是"元"，是先于每个人而存在的深远的统一体。人们之所以把心"放"了，就是受外界影响迷了路，纯粹意识被破碎为鸡零狗碎的私心杂念。全部的修养功夫就是"去蔽"，减去这些后天加在人心上的"欲障""理障"。

"吾性自足"方法论的意义是：自我是生成自我的力量；或者这样说，每个人的"性"都是可以通"天"的（孟子说人人皆可成尧舜。王艮说满街都是圣人，都是从性上说的，圣人才力高贡献大，所以"分量"重，平凡中的伟大人物的"成色"却与圣人同）。性与万物不是"形"通，而是"性"通。若不坚信这一点，便找不到真理、讨不得真心，单凭惬意或不惬意的感觉生活着，那只能找到合不合己意的理，找不到真理。

人作为精神实体，有相同、相通的知觉性。人性共同也好、人心相通也好，都是因为这个知觉性相同、相通。阳明把它叫作"心体"（他现在还不敢说这个心体"无善无恶"）。所谓的知行合一的功夫就是从此心体出发，这就是诚意。没有永恒、现成的"知"；就是有那种知，你不用行动去体现它，它对你也不存在。真知在能够做到它的人的心中。他说过去"求理于事物者误也"，是批评朱子在对象上求理的思想方法。

朱子的理路是压缩自我、抬高"上帝",舍去"行"去找那个比人伟大得多的"知"。阳明认为那样根本就找不到"知",反而会永远处于"半个人"的状态。譬如于父身上求孝的理,若父死了,就不讲孝了?

知行合一标准的哲学表达式,就是"存在就是行动";只有通过行动,人才能成为自己;人只有通过自己选择的行动、生活来创造完成自己。这比贝克莱的存在就是被感知多出了"行"的维度,不只是"知道那个事实",还"知道怎么做"。可以用下棋来辅助理解:不但知道下棋的规则,还能下出技巧、下出水平。也不同于肤浅的"世界的一切都是自己的观念"的唯我论、观念论,毋宁说王阳明最恨这两样,因为前者傻、后者假。他要建立的是一种类似宗教觉悟的实践性、生成性极强的"行为理论"。

知行合一,强调的是一种开放的动态的生生不息的每时每刻都把握"当下此际"的意术,永远不会有固定的结论。他后来说:"今日良知见在如此,只随今日所知扩充到底;明日良知又有开悟,便从明日所知扩充到底。如此方是精一功夫。"而且自家吃饭自家饱,父不能替子,师不能代徒,必须亲身修炼。意术是种思维和意志里都有的"质的直观"(胡塞尔,可以进行本质还原的直观)。

阳明所悟的"格物致知"之旨,就是要用诚意这种根本知觉性去统一知情意。真正的"我心"就是这个统一的知觉性。所有的学问道德都起步于这种根本知觉性以及这种知觉性所形成的根本情绪。诚意诚到虚灵不昧的时候,良知就成了本知,良能就成了本能。尽管本来如此,但是人们的私意隔断了这个本来如此,不得不在实处做功夫来"复性"。格物致知也好、知行合一也好,都是为了完成这种复性训练:良知成为本知,良能成为本能。

阳明认为,朱子学只能寻找到间接知识、间接经验,而这是没有积极意义的，更不会有终极意义。在人处于深渊绝境时（譬如他初到龙场时）与人情事变中，对人毫无用处。所谓"向之求理于事物者误也"，是大方向错了，南辕北辙，功夫越深错误越重，像他当年格竹子似的。只有建立起诚意这种根本知觉性，直接培养这"良田"才有意义，才能在有生之涯"成圣"。否则都只是错用功夫。

1551年，即阳明离开龙场四十八年后，阳明的学生赵锦以巡按贵州的御使身份在龙岗书院的北边造了一座比当年书院堂皇得多的"阳明祠"。一彪王学弟子、当朝大员，一起共举祠祀。后成名儒的罗洪先的那篇《祠碑记》是难得的大文章，精辟地阐明了王学得于患难的"道理"："藏不深则化不速，蓄不固则致不远"，先生于"屈伸剥复之际"，"情迫于中，忘之有而不能，势限于外，去之有不可……盖吾之一身已非吾有，而又何有于吾身之外。至于是，而后如大梦之醒，强者柔，浮者实，凡平日所挟以自快者，不惟不可以常恃，而实足以增吾之机械，盗吾之聪明。其块然而生，块然而死，与吾独存而未始加损者，则固有之良知也。"

罗氏接着说：今日之言良知者，都说"固有固有"，却绝不做这种置于死地而后生的致知功夫。这叫什么呢？叫良知固有，而功夫并不固有。没有功夫，现成的良知会沉沉地死睡着，像宝藏睡在地下，不开发出来，对你还是不存在。怎样去开发呢？只有不欺心地去做知行合一的实功夫。如果不用这种实功夫，再回到以学解道的道儿上（如本书），阳明建立起诚意正心的心学，还会变成可以口说心违的伪道学。

光绪三十年日本侍讲文学博士三岛毅造访阳明小洞天，这样概括阳明的这个卧龙岗：

忆昔阳明讲学堂，
震天动地活机藏。
龙岗山上一轮月，
仰见良知千古光。

第七章

上岸了

毫厘须遣认教真

当刘瑾的无情打击稳住局面后，他便稍微缓和了一下杀伐之气，化解一下矛盾，这是起码的政治技巧，并不能说明他变好了，只说明他还不想自速其死。这对于压在五指山下的王阳明就算揭下了镇压的法帖。1510年，正德五年三月，阳明结束了他的流放生涯。正好，他也"进修"得上圣人之道了。

尽管这三年来，他时刻都想离开这里，但真让他走时，他还颇为感慨。因为这时，问题的性质变了。现在是要离开朋友和同学的问题，不是与刘瑾的恩怨纠缠了。这种情感波动虽不关至道，本不值得太细看，但在人生的拐弯处，最能见出一个人的性情，对于一个性情直接产生哲学的心学家，现在是就近端详他的好机会。

他一点儿也没有"白日放歌须纵酒,青春做伴好还乡"的"畅";也没有"两岸猿声啼不住,轻舟已过万重山"的"快";自然也没有"天子呼来不上船"的"傲";他平静得让人泄气,这是"理学家"(心即理,心学属于广义的理学)不同于纯情诗人的地方。已经知行合一了的人,其情既不"放",也不"矫",更何况此时的阳明正主张精一于"静"呢。他并没有达到"逢苦不戚,得乐不欣"之心体如如不动的高境界。他知道刘瑾的时代并没有过去,从龙场驿丞"提拔"为庐陵县令,并不等于世道变了。他自然去上任,但"无可无不可"尔:

也知世上风波满,还恋山中木石居。
也知世事终无补,亦复心存出处间。

恋,是情绪性的,从短暂的感受上说也是真诚的。如果让他终老于此,他就不干了。只是此时世事如此风波诡谲,"出"了也不会有所作为,所以在木石居再"处处"也无不可吧。

这个卸任的老师还在当导师,而且是终身制的导师,他对学生的临别赠言是:

坐起咏歌俱实学,毫厘须遣认教真。

因为坐咏起歌都是在用文学滋养心性,是平日涵养一段功夫,所以是"实学"。心学是伟大的以教养论为中心的教育学。坐起咏歌是"美育","毫厘须遣认教真"是料理"我心"的思维修功夫。修炼心体是不能有丝毫马虎的,心体也是至为精密的,往往在体上差之毫厘,在用上就会失之千里。心诚、心细是心学意术的基本要求,也是王学和陆学的区别（阳明说陆九渊"粗"）。"知行合一"就是要在日用中做功夫。"改课讲题非我事。"他的教学中心任务和方法就是"研几悟道"（心学尤重这个"几"字）：具体问题具体分析、把细节做到极致（精一精微）、知微知著、找到微妙中的恰好。

他劝尚未脱离厄运的"同志"："蹇以反身，困以遂志。今日患难，正阁下受用处也。"他这样说绝不是唱高调。这是他信奉的孟子的"反手而治"的辩证艺术，他本人是从中得过大利益的，到目前为止，他所悟到的境界都是从患难中反风灭火获受用的。练成这一手后就可以"随处风波只宴然"了——泰然原则是禅学与心学共同标举的最佳心理原则。

两年多时间不算长也不算短。这么恶劣的生存环境，他再会苦中作乐，也是苦大于乐。再加上他常常闹病，其艰难苦痛是不"在场"的我们难以尽情地体味的。若全信他那些旷达语，便尽信书不如无书了。如他在辰州说："谪居两年，无可与语者。"精神上是相当孤寂的。他无论如何不是神仙。他若真心如止水，也就没有心学了。"三年谪宦沮蛮氛，天放扁舟下楚云。归信应先春雁到，闲心期与白鸥群。"（《过江门崖》）好在，这一切都暂时告一段落了。

从他离开贵阳的大量赠别诗来看，他此时真正最关心的问题就是"好将吾道从吾党"。他此时主静，是为了生明，为了找到定盘星，找到能避开陷阱的新路。在静中"心存气节"，也就是更强调"节"，过去是尚"气"，用他后来的自我总结来说过去只是办到"狂者"的境界，他现在要向"中行"境界修炼。但还只在练习"守中庸"的分上，离随心所欲不逾矩之"时中"正果，还有很大的距离。可贵可喜的是他知道这一点，他不盲目地自大自壮。他所谓"从吾党"，就是在师友之间形成"研几悟道"的小周天，从而相互勉励，抵抗习俗，另辟一人文景观。

相对于追名逐利的滚滚红尘,他这个立场绝对是"静",过去的同学同僚可能还会笑他这种不着急的守静状态是没出息、不长进。但他此时已过了"矮人观场浪悲伤"的人云亦云期。他再也不会如醉汉般东扶西倒、西扶东倒了。

这就是静下来的好处,静的下限是不会随波逐流了;上限则是可以"体道"。

静虚动直

他坐船顺沅水东下,经溆浦大江口、辰溪,到达沅陵。沅陵是当时辰州府府治所在地。《沅陵县志》卷十三载:"阳明喜郡人朴茂,留虎溪讲学,久之乃去。"虎溪山在沅陵城西,山上有龙兴寺院。此时当地无书院,阳明便在寺院讲学。环境很好,正德九年,他还有诗回忆当时的情景:

> 记得春眠寺阁云,松林水鹤日为群。
> 诸生问业冲星入,稚子拈香静夜焚。
>
> 《与沅陵郭掌教》

他在这里教的主要是"静坐",让人收放心。这是王学中的一段公案,是王学近禅的证据之一。当时主要受业的是冀元亨、蒋信,都没有流于禅。嘉靖二十年,蒋信任贵州提学副使,重修文明书院,大讲阳明心学，"贵州人文风教为之一振"。阳明离开辰州后，写给辰中诸生的信中，再次强调："前在寺中所云静坐事，非欲坐禅入定。盖因吾辈平日为事务纷拏，未知为己，欲以此补小学一段放心功夫耳。"

禅法的静坐是通过一套调呼吸的办法（如听呼吸的微声、恢鼻孔、眼观鼻鼻观心等等）达到一种无念、无知觉的入定状态，追求元神不动。阳明讲过人不可能无念地体会。所以他只追求正念，不求神通，息息去私意、存天理。阳明所说的，让学士修习的静，是静虑，是《孟子》说的"收其放心"，心思观照，不能心存鸿鹄，逐一检查灵魂深处有无私心杂念。阳明所教的是纯粹的儒家修为。

而且，阳明是明通之士，坚持不离世间法。他固然热爱山林清幽，悦目赏心，无市尘之纷扰，扑鼻无浊气，入耳无噪声，就他的私心而言，他喜欢这种"境"。但他内心的意境不在于此，他心中想的是普法于世间，与众生一起超凡入圣，不当自了汉。这其中有高尚的弘道精神，也有君子疾没世而名不称的功名心。这个功名心使他区别于禅门，近禅的那一面又使他区别于没有超越意识的功利派。

他教人静坐的具体功夫是单看书绝对弄不清楚的，而且也没有留下多少记载。推测应该是吸收了佛道的静坐技巧，来做儒学"处心有道"的功课；应该是孟子、韩愈一条线上的知言养气那一套，为了"集义"，找心无亏欠的沛然状态，与圣贤进行精神交流，像韩愈说的"迎而距之，平心而察之"，达到纯熟的境界，以期随心所欲不逾矩。阳明这个功课，与他的一系列思想是一致的，首先是"心即理"的一种贯彻落实，其次可以检验知行合一到什么程度；对于找到良知也是必不可少的克己省察的功夫。

阳明的精一于静的直接导师是周濂溪。濂溪主静的路数主要是强调诚、神、几，如《通书·圣第四》中所说："寂然不动者诚也；感而遂通者神也；动而未形，有无之间者，几也。"周发挥《易传系辞》静专动直的说法，改为"无欲则静虚动直。静虚则明，明则通；动直则公，公则溥"。

阳明曾手书程明道、李延平讲守内主静的语录为座右铭。明人张诩用高价买了阳明的手迹，全文过录于张的《戒庵老人漫笔》卷七："明道先生曰：'人于外场奉身者，事事要好，只有自家一个身与心却不要好，苟得外物好时，却不知道自家身与心已自先不好了也。'延平先生曰：'默坐澄心，体认天理，若于此有得，思过半矣。'右程、李二先生之言，予尝书之座右，南濠都君每过辄诵其言之善，持此纸索予书。予不能书，然有志身心之学，此为朋友者所大愿也，敢不承命，阳明山人余姚士守仁书。"

总而言之，只有静下来才能找到为己之学的门径，才能找到万派归宗的心海，找到"我"的本来面目，陈献章因此主张静养善端。凡心学都有主静的特点，阳明则是静生动一路的。他在赣州抄录周子《通书》"圣可学乎"，末下按语："《通书》云无欲则静虚动直，是主静之说，实兼动静。"静兼动静，才诚、神、几。

在他诸多的"到此一游"的诗中，不能忽略《再过濂溪祠用前韵》这首标志着其思想独立成型的诗：

曾向图书识面真，半生长自愧儒巾。
斯文久已无先觉，圣世今应有逸民。
一自支离乖学术，竟将雕刻费精神。
瞻依多少高山意，水漫莲池长绿萍。

从书本来寻证我心自性的真面目使他半生错用功夫（愧儒巾），

现在他差不多觉得自己是先觉了——"逸民"在这里是"先觉"的谦称。凡向图书识道真的做法都是强调了"学",因为不能落实到"行",从对心体的建设这个终极意义而言,那便只是"伪学"。现在"我"觉悟了,因为我悟到了知行合一直抵圣域的门径,不再走那条纸上求圣的铺满鲜花的歧路了——"一自"两句是心学叛逆理学的宣言,尽管还是"接着"陆九渊讲,但因王学广为流传而成为口号。问题在于将学行分离才算"支离""雕刻"。然而王学门徒不经再传便忘了乃师半生在书上下过死功夫,忘记了"点传师"钱德洪"学问之功不可废"的谆谆教诲,也忘了阳明本人多次说过的"学问之功何可缓""政事虽剧,亦皆学问之地"之类的教诲。他们是故意忘记,他们用下等"拿来"法,专取合口味的,不管祖师的完整体系。理解一个主义难在不肯诚实地对治自己。

诚实的"怎么办"是在乱的时候、拿不定主意的时候,先静下来,"万物静观皆自得"。在诚静之中,发正信,立正志。"立志"是个信仰问题,是个准宗教问题。阳明从悟道之后就一直强调首在立志,将立志问题提炼为"一个即所有"的问题。立圣贤之志,就是愚夫愚妇也可以悟道,若不立圣贤之志,则再饱学亦无济于事。

所谓"实处"的功夫,阳明在《书汪进之卷》中说:就是"为己谨独之功",能实行这种修养功夫,就会辨别天理人欲,就能分清怎样做是支离、是空寂、是似是而非、是似诚而伪。有了正确的标准,就能修到实处了。否则,只会忘己逐物,把精力消耗在捕风捉影的事情上。至少,也会把指月之指当成月本身。支离的最大危害就在于"辨析愈多,而去道愈远矣"。"夫志,犹木之根也;讲学者,犹栽培灌溉之也。"

那么,又怎样培养志根呢?阳明学说的特点就在于——怎样都行。

洒扫应对，当官为宦，读书讲学，都可以找到天下一体的感觉。在阳明还没有离开贵州时，有个要去辰州做官的人向他请教该怎样做，他说，县官是亲民的职位，你讲究亲民之学就行了。问："怎样才算亲民呢？"王说，明明德于民，使民树立良好道德。明德与亲民是一体的，在任何时候都能把别人的老人当成自己的老人，把别人的孩子当成自己的孩子就得了。

儒道互补

庐陵(今吉安)县衙在府城南门的欧家祠路。出南门稍东，有白鹭洲，处赣江中心，洲上的白鹭洲书院是当时江南四大书院之一。阳明在里面开辟了一个自己讲学的场所。在城南二十五里有青原山静居寺，今天还有阳明手书的"曹溪宗派"，落款居然是"乐山居士王守仁书"。青原寺内右侧屋曾是朱子的讲坛，称青原书院。阳明也在青原书院讲学。阳明离任后，他的大弟子邹守益继续在此讲学。后来阳明的学生在寺的对面又建了一所阳明书院。

此刻的阳明并没有想到身后的盛名。他现在无悲喜反应，主于静的修炼给了他一种定力，不再被外界的情形影响主体的状态，他已找到了知行合一的那种根本感觉。把握了自己，这个世界就好把握了。他此时还未达纯粹的"澄明之境"，但已能凿壁偷光，看出这个世界的缝隙了。知道该怎样应物而不伤自己——智慧是把双刃剑，而自己要成为剑体本身。他算当了一回"具体而微"的小皇帝，将其所学也具体而微地运用了出来。

他用的是儒家"风流而治"的办法，张贴告示，起用三老，将行动规范广而告之，做到的奖，做不到的罚。他在这个县工作了七个月发布了十六个告示，不但使该县由乱而治，还留下了许多历久不衰的善政。其高超得力之处，在于以无厚入有间，用那把双刃剑，既克治官府的扰民行为，也整治刁民的乱法勾当。"亲民"，是为大多数人谋求最大的利益，而且是想办法从根本上谋求长远的利益。但阳明的身体不堪繁劳，不可能也没想事必躬亲。依靠谁的问题是中国人治社会行政的根本问题！他依靠由他慎重选择的知礼有德的三老（老吏、老幕、老胥）。后来，他在江西和两广推行乡约治村社。

庐陵虽是小县，却是四省交通之枢纽。尽管曾是"文献之地"，却因世风不正，苛捐杂税太多，民风大坏，盗匪繁衍，正不压邪。官府有官府的问题，百姓有百姓的问题。他刚到县衙，就给他来了一个下马威：突然有上千乡民拥入县门，号呼动地。他也一时难以搞清他们到底要干什么，但很平静，耐心听懂了他们的要求，是要宽免一项征收葛布的摊派。理由是本地不出产此物。他想，既然不出此物，上边要得也没道理，也不想激起民变，就同意了乡民的请求。

但他想此风不可长。为对付这个有名的"健讼"之区，他下的第一道《告谕庐陵父老子弟书》的主题，就是息讼。他说因为我糊涂，不能听断，且气弱多疾，你们非重大事情不要来打官司。来告状的只许诉一事，不得牵连，状子不能超过两行，每行不能超过三十字。超过者不予受理，故意违反者罚。号召谨厚知礼法的老者"以我言归告子弟，务在息讼兴让"。

告示发出，并不能立竿见影。能以健讼著名的地方的人哪会那么好说话？舆论哗然，但他就是不"放告"——不开门受理官司，却发了另外一个告示：现在，瘟疫流行，人们怕传染，至有骨肉不相疗顾，病人反而死于饥饿者。然后又归咎于瘟疫，扩大恐慌。疗救之道，唯在诸父老劝告子弟，敦行孝悌，别再背弃骨肉，将房屋打扫干净，按时喂粥药。有这样的能行孝义者，本官将亲至其家，以示嘉奖。我现在正闹病，请各位父老先代我慰问存恤。

这种道德感动法大约见了效果，瘟疫也不可能一直流行。他便腾出手来用更大的精力去解决行政问题。他搞了调查研究，访实了各乡的贫富奸良，用朱元璋定的老办法，慎重选定里正三老，让他们坐申明亭，进行劝导。同时他又发了一个告示，说：我之所以不放告，并不是因病不能任事，而是因为现在正是播种季节，放告之后，你们牵连而出，误了农时，终岁无望，必将借贷度日。而且一打官司，四处请托送礼，助长刁风，为害更大。你们当中若果有大冤枉事情，我自能访出，我不能尽知者有乡老据实呈报。他们若呈报不实，治他们的罪。我为政日浅，你们还不相信我。未有德治先有法治，我不忍心。但你们要是不听我的，则我也不能保护你们了。你们不要自找后悔。

这回，震动了他们。来告状的有涕泣而归者，在乡下的有后悔盛气嚣讼者。监狱日见清静。他还施行诬告反坐法，效果很好。乱哄哄的局面结束了，"使民明其明德"的亲民治理法大见成效。

他调过头来，治理驿道，杜绝任何横征暴敛的行为。遍告乡民，谁以政府的名义去乡村私行索取，你们只把他们领到县里来即可，我自会处置。还移风易俗，杜绝任何神会活动，告诉百姓只要行孝悌，就会感动天地，四时风调雨顺。他上任的这一年，亢旱无雨，火灾流行。阳明像皇帝下罪己诏一样，说是由于他不称职，才获怒神人，并斋戒省咎，停止征税工作，释放轻罪的犯人。同时告诫全县百姓"解讼罢争，息心火，勿助烈焰"。他还告诫乡民不要宰杀牲口喝大酒，以免触怒火神。这是和董仲舒一样的逻辑。

他下令严防奸民因火为盗，勒令军民清出火道来。居民夹道者，各退地五尺，军民互争火巷，他亲去现场拍板。有人说他偏袒军方，他说你们太小瞧我了，军士亦我民也，他们比驻扎边疆的吃苦少一些，但也半年没口粮了。本官"平心一视"，对谁也不偏向。他还恢复了保甲制度以有效地控制盗匪的滋生和作乱。

最难对付的是上边。上边一味追加摊派的名目和数额，搞得民情汹汹，他这个县官实在是两头为难。他刚上任就碰到的那个麻烦事并没完，吉安府派人下来捉拿管理征收钱粮的小吏。因为此地从来不出产这种东西，乡民怕成为"永派"才聚众请愿的。上次就是几个主管的吏员赔了几十两银子了事，现在跟百姓要，要不出来；再赔又赔不出了。不交，上边就来捉人。这成何事体？他给府里打了报告，请求减免。上级若不宽免，将有可能激起大变。他很动感情地说：不但于心不忍，而且势有难行。我无法称职地完成任务。"坐视民困而不能救，心切时弊而不敢言"，"既不能善事上官，又何以安处下位？"他恳求当道垂怜小民之穷苦，俯念时事之难为，宽免此项目。要抓人，就立即将我罢免，以为不职之戒。我"中心所甘，死且不朽"。

王阳明考入仕版的中式文，就是论《志士仁人》，他是真把教养里的词藻当真的人，这样的人才能创立"知行合一"的理论体系。他的应试文居然这样动真情：

> 所谓志士者，以身负纲常之重，而志虑之高洁，每思有以植天下之大闲；所谓仁人，以身会天德之全，而心体之光明，必欲贞天下之大节。

承担纲常之重,"节"是根本。会天德之全,仰赖"气"之正大发用。不要官的人才能当好官,自然是老百姓心目中的好官,未必是上司眼中的好官。晚明有人盛赞阳明的功业、气节和文章并世无双,其实气节是枢机之所在。

他个人当官的方式是汉代黄老派的汲黯式的"卧治"。基本上是足不出户,四两拨千斤,抓住扼要问题,以点带面,攻心为上,感化优先,风流而治。但他还是觉得"烦",不堪繁巨。有人嘲笑他像大姑娘。最后,他解嘲式地出来走走,也只是到本地的风光区游览、寺院中小憩一下。这跟他的身体状况有关,也跟心态有关。他对尘世的繁华毫无兴趣,也没有一般当官即美的知觉系统。

他总是焦虑,总难忘怀责任:"忧时有志怀先进,作县无能愧旧交。""身可益民宁论屈,志存经国未全灰。"他可惜自己这三年时间白耽误了,现在"逢时"可以出来干点儿事情,但在那样落后的地方,没有学习,没有进步——他每天都在追求日新日日新,正因此总觉得没有长进。相反,那些故步自封的人却总觉得自己天天天下第一。对自己不满意的心学家才是真正的心学家——这是他与其沾沾自喜的后学门徒的根本区别之一。

他的公馆旁边就是寺院,他理论上要排斥社会上崇拜佛老的风气,内心里却喜欢寺院道观的肃穆气象。有一次,他去本县的香社寺,本想去午休,结果寺院隆重其事,"佛鼓迎官急,禅床为客虚"。要拍大老爷的马屁,他却觉得很可笑。他感兴趣的是山光水色,是花开花落所包含的生命情意。

相织成妄

"多行不义必自毙"本是郑伯用"因"字诀，让共叔段自我暴露自找倒霉的一种策略，后来成为伦理信念，成为儒家劝导人用长远眼光看问题的一种教义。尽管有时候并不灵光，但应验的事例还是在所多有。刘瑾总算将炸药积聚得差不多了，点燃炸药的是杨一清。杨曾是被刘抛到监狱里的人，没有这种动力，他也不会冒着灭族的危险来为国除奸。机会还是刘本人制造的。刘对军屯的土地实行新的税法，他派遣的征税人往往都如狼似虎。他们殴打了安化王封地中欠税的军民，安化王早有反志，现在正好以清君侧的名义宣布起事。列举了刘的几大罪状，传檄各边镇。收到檄文的边镇都不敢上报，只有延绥巡抚将檄文封奏朝廷。这场流产的"暴乱"只折腾了十九天，被安化王解除了兵权的宁夏游击将军仇钺，领着百余名社会闲杂人员趁城中空虚，入安化府捉拿了安化王。这个仇钺因此和王阳明一样因平藩而被册封为伯爵。

朝廷派大军前来镇压，杨一清为帅，张永为监军。张本是"八党"之一，因刘专权而与刘失和。等他们到达宁夏，只有一个任务了，就是把安化王押送回京。杨乘间对张说：现在外患已平，国家的内患怎么办？并在手掌上画一个"瑾"字。

张说，此人日夜在皇上身边，耳目甚广。

杨说，公也是皇上的亲信，让公来讨贼就是证明。现在功成奏捷，乘机揭发刘瑾奸恶，陈说海内怨望，皇上必定听信，杀了刘瑾，公也可以更受重用。

张站起来说："嗟乎，老奴何惜余年不以报主哉！"

献俘时张将安化王的檄文交给皇上，向皇上挑明乱由瑾起，瑾已弄得军民不得聊生，不除刘瑾祸将不远。而且刘将造反，迹象已很明显。鼓励皇帝嗜酒的刘瑾，没想到正德在酒后回答问题轻率，刘遂连夜被逮，并立即被抄家。抄出黄金二十四万锭，另五万七千余两，银元宝五百万锭，另一百五十八万两，珠宝器物不可数计。这些并不足以治大太监之罪，让他倒霉的是那些衣甲、弓弩、玉带等等物品。

在午门前公开审问刘瑾。刘说天下群臣尽出于我的提拔，他们谁敢审问我？理应主持审判的刑部尚书低头不语，那帮大臣二臣的都默然后退。江山毕竟是大明朱姓的江山，一个王爷问他为什么藏着那么多盔甲？说为保卫皇帝为什么藏在你家里？就这样结束了这桩大案的审讯。公正地说，刘瑾诚然罪状如山，但说他谋反是诬陷。刘被凌迟处死，剐了三天。

群臣追查阉党官员，吏部尚书张采被逮，死于狱中。刘宇、焦芳已退休，削籍为民。处死了若干锦衣卫官员，罢免了若干刘党成员。一些被刘排挤打击的官员也获得复职、升迁。但动作很小、很缓，比刘瑾当年的雷厉风行差多了。

刘瑾的时代过去了。他的一些财税政策也全部废除了。

正德五年十一月，阳明进京"入觐"，而调他到南京的调令是十月签发的，所以，他在《给由疏》中说十月调南京。

破蔽解缠的实践论

并非因阳明不算特出的英雄，而是因为他并不符合现在的形势需要，所以勉强恢复到贬谪前的官阶，仍然是个主事，还是到南京去当备员，无实际职权。对已上了圣学轨道的他来说，能当官便运用权力行其"亲民"之道，把"明德"在民间"明"起来。若不能当官便运用学说之思想威力，照样可以"明明德"于全民全社会。阳明的气节既来自这种"学"，也来自这种学给他的这种"能"。

他十一月在北京看见黄绾有志于圣学，大为激动，他说："此学久绝，子何所闻？"黄说："虽粗有志，实未用功。"王说："人惟患无志，不患无功。"

黄是王的老朋友，来到王下榻的大兴隆寺。王性喜住于寺院或道观。刘瑾已成为"过去时"，王已游离这种浓云浊雾之上。他现在只有一个兴奋点，就是如何发明圣学。黄绾也以结识王为幸。他们又一起去找了湛甘泉。

王、湛、黄三人倾心相谈，这种"精神聚餐"美不可言。三人定"终身相与共学"。一向重视师友之道的阳明，现在找到了质量对等的朋友。黄此时尚弱一截，只是其诚可佳，至少眼下还没有表现出"倾狡"（《明史》本传的评语）的体段身手，还是诚心倾慕圣学的。他气质中颇有"侠气"，不倾注心力去经营升官发财，却来跟着他们"蹈虚"。黄此时已是后军都督府都事，是很能与上峰说上话的人了。就是他和湛说服了宰相杨一清，把王调回北京的。黄是个很有能量的人，也是个想有能量的人。在这一点上，他比王要"实"得多。

阳明于辛未年（1510年）正月调任北京吏部验封清吏司主事。虽然还是个主事，但吏部好于刑部，最关键的是在北京，他们可以早晚切磋、随时交流了。湛在翰林院，清闲，王也是闲差。上班没事时、下班以后、公休日，他们便相聚讲论。黄宗羲在《明儒学案》"甘泉学案"中说："时阳明在吏部讲学，（甘泉）先生与吕仲木和之。"

黄绾成了王这一时期论道的密友，也是他这一时期培养人才的重要收获。这一时期的《京师诗二十四首》八题，其中两题是写给黄的，还有两题是写给湛甘泉的。黄是个很有主意的人，换句话说是个习染深厚、机深心深的人，易堕"悟后迷"。王跟他谈道，用"减法"。一次，王因激动讲得太多了，他说遇见这样的对手，想不多也不行。他又自谦其中有许多造诣未熟、言之未莹的地方。但大路子不差，是在做实功夫，他说的"实"恰恰是伦理功夫——在别人眼里正是虚。他给黄介绍经验："思之未合，请勿空放过，当有豁然处也。"

他借用佛教的"镜喻"开导一位叫应良的人。但佛教用镜子讲性空，王却用它讲儒家的性有。王用佛说儒，大凡如此，如："常人之心，如斑垢驳杂之镜，须痛加刮磨一番，尽去其驳蚀，然后才纤尘即见，才拂便去，亦自不消费力，到此已是识得仁体矣。"（《全集》146页）若好易恶难，便流入禅释去了。

人都活在"缠蔽"中，主要是私意习气将"仁体"遮蔽了。所谓减法就是去蔽。去蔽，也不能像朱子说的"格物"一样，今日格一件，明日格一件。那样生也有涯，蔽也无穷，活到老格到老，也难说能否自见仁本体。就像海德格尔说的，去蔽就是造成引进阳光的空隙，形成阳光得以照进来的条件，从而使自身得以显现，得到澄明。用王阳明的话说，去蔽找到人心的一点儿灵明，找到"发窍处"，这样就可以"敞开"，找到万物一体的相通处，从而获至澄明之境。

在王阳明的语境中，人心就是天地万物本身得以显现其意义的那个"发窍处"，那个引进光明的"空隙"，没有它天地万物也是蒙昧混沌的，从而毫无意义。

王阳明的实践论的核心就是从茫茫荡荡甚至浑浑噩噩的存有中剥出一点儿"空隙"来，进入那个"发窍处"，然后从发窍处得以窥见世界的真相、仁本体，获至澄明之境。阳明常用的提法是：识破缠蔽。

平日为事物纷挈,找不到自己。这种时候最好是先静下来,收心守志,"减去"闻见习气加给的缠蔽,把放逐于外的自我本心打捞回来。

即将去南京当尚书的乔白岩来跟阳明论学。

王说:"学贵专。"

乔说:"是的。我少年时学下棋,废寝忘食,不看不听与棋无关的东西,三年国内无对手,确实是学贵专。"

王说:"学贵精。"

乔说:"确实,我长大以后学文词,字求句炼,现由唐宋而步入汉魏矣。"

王说:"学贵正。"

乔说:"是的,我中年以后好圣人之道,悔学棋艺与文词,但我无所容心矣,你说该怎么办?"

王说:"学棋、学文词、学道都是学,但学道能至远大。道是大路,此外都是荆棘小路,很难走得通。只有专于道,才谓之专;精于道,才谓之精。专于棋艺,那叫专于'溺'。精于文词,那叫精于'僻'。文艺技能虽从道出,但离道太远,是末技。必须把意向调到道体本身来,才能做'惟精惟一'的实功:'非精则不能以明,非明则不能以成。'"

阳明下面的话是标准的哲学表达式:

一,是天下之大本;精,是天下之大用。

他又接着讲了方法论:"能通于道,则一通百通矣。"

他从来都认为:"性,心体也;情,心用也。"本来应该是体用一源的,但活在缠蔽中的人,却因体用分离而深深地自相矛盾着。王认为任何人的性体本来都是善良的，但缠蔽的人找不到本性，从而表现为邪僻，而且世风堕落，"古人戒从恶，今人戒从善；从恶乃同污，从善翻滋怨；纷纷嫉娟兴，指谪相非讪"。(《赠别黄宗贤》)正不压邪，歪情遮掩了正性，自家找不到自家门。这时，谁来诚心向善谁就成了反潮流的大勇士。他认为黄绾就是这种卓越的勇士，是"奋身勇蹶践"的吾党贤才。黑白本来不难分辨，只因人们着了私心己意，不肯廓然大公，遂是非颠倒，乌七八糟起来。

用释家的话来说，就是不论何种挂碍，都是由分别心而起，即不知转不知化，遂不能转不能化矣。他的《别方叔贤四首》诗证明，他此时又恢复了对仙释二氏之学的浓厚兴趣，可能是正为体证本心而在借他山之石：

休论寂寂与惺惺，不妄由来即性情。
笑却殷勤诸老子，翻从知见觅虚灵。

道本无为只在人，自行自住岂须邻？
坐中便是天台路，不用渔郎更问津。

混用二氏的语言典故，追求心体的通脱无碍，真够"化"得开的。这是他从"久落尘泥惹世情"中挣脱出来的见识，从染障中超拔出来的心境。还只是办到"养真无力常怀静"的分上，是在用减法，坚持"道本无为"，反对从知见觅虚灵。此时他还在补"小学一段放心功夫"，练习静坐，所以有"坐中便是天台路"之句。冠盖满京华，他独热爱山水林泉、道观寺院，"每逢山水地，便有卜居心"。二氏对他的吸引力是根深蒂固的。

王此时的心性论，从形式上看与禅宗的心性论殊无二致，就像他的龙场悟道酷似禅宗的顿悟一样，现在他的思维技巧超不过禅宗那套"明心见性"的路数：如他讲的心镜明莹，不可昏蔽，心体本空，不可添加一物，对任何东西都应该过而化之，一尘不染，一丝不挂，无形无相，了然如空。若不能过而化之，便叫有执、有染、有相、有住，便是被缠蔽遮障了，从此迷头认影，执相造业，堕入尘劳妄念之中，到处流浪。

但是他反对佛之悟了以后一事不理，他说道家太自私止于养生，释家"高明"但不能开花结果，从而不见实功真效——他那来自儒学的价值观念所产生的意识形态追求，使他还要沿着"正心诚意齐家治国平天下"的路子走下去。他讲心应当澄清如明镜是为了清除对治流行的精神污染，将这个心变成合乎天理的心才是他的目的。他的实践论的本质是化人欲为天理的修养论。只是功夫路数与理学家不同，他强调天理不在外边，就在心本体中。

他更怕学生们"好易恶难，便流入禅释去也"。所以，他的实践论也是把双刃剑，既要对治机深心深的遮蔽病，又要对治一空百了的蹈虚病。前者妨碍成圣，后者也同样妨碍成圣。对治前者的办法是：廓清心体，丝翳不留，使真性呈现，找到操持涵养之地。对治后者的办法是：无中生有，再向里边用功，突破空虚，若放开太早、求乐太早，都会流为异端。他后来着重提出必须在事上磨炼也是为此。

阳明的实践论就是认认真真地不欺心地修炼这个心本体。他现在心里明白"只是一个真诚恻怛，便是他本体"，但还找不到简易直接、不会滋生误解的概念，还需要像居里夫人从几十吨矿石和沥青中提炼镭元素一样，去提炼心学的新概念。他的指向已经很清楚：人，是精神实体，而不是动物；所有的问题都是人愿不愿意成为一个真正的人、拥有一个明诚不欺的自我。

第八章 一与不一

吾心便是宇宙

陆九渊四岁时，仰望天，俯视地，用稚嫩而悠远的心灵琢磨"天地何所穷际"。苦思冥想，以致不食不睡。其父不仅不能回答他的问题，还呵斥他，他父亲觉得吃饭这个现实问题比"天地何所穷际"这种本体问题直接而重要得多。为了直接而现实的问题放弃间接而虚灵的问题，是所有凡人的通性。连伽利略都可以为保命而放弃他的宇宙观，更何况那些根本不知道也不想知道"天地何所穷际"的芸芸众生！这种态度自然也是一种宇宙观、人生观。其实任何一种宇宙观都是一种玄想、一种精神姿态。虚的决定实的。

代表传统的父辈可以呵斥后代，却不能阻止、改变后代的思维。九渊的疑团横亘心中近十年，他成了瞄着这个问题的有心人，在看到古书对"宇宙"二字的注解"四方上下曰宇，古往今来曰宙"时，忽然大悟，激动地说："原来无穷。人与天地万物，皆在无穷之中也。"人与万物通于"无穷"，犹如佛说人与万物通于空。他拿起笔来，书写又进一步超越了口说："宇宙内事乃己分内事，己分内事乃宇宙内事。"把万物一体的思想侧重到了我的"分内"，再进一步就有了：

宇宙便是吾心，吾心便是宇宙。

他的论证充盈着童心理趣："东海有圣人出焉，此心同也，此理同也。西海有圣人出焉，此心同也，此理同也。南海北海有圣人出焉，此心同也，此理同也。千百世之上至千百世之下，有圣人出焉，此心此理，亦莫不同也。"这一年，用中国的虚岁计算法，他十三岁。到了二十世纪钱钟书写《管锥编》就用"东海西海，其理攸同"作为他打通东西文化的理据。

九渊从十三岁顿悟到三十四岁出仕，整整二十年的时间，都在潜心地发明本心，他久居偏僻的金溪，从不四处求师，他不喜当时流行的各家学说，河洛的程学、朱熹的闽学，都是官学，也都是士林中的显学，然而他认为他们舍本逐末，忽略了圣道的中心、义理的关键。他也认为佛、道是空无致虚，凋敝精神。

他不像朱熹那样遍求明师，博采众家之长，而是旱地拔葱，超越现在流行的一切，师古——直承孟子的心性论，师心——发明自己的本心，用他的话说，这叫"斯人千古不磨心"，用他哥的话说，这叫"古圣相传只此心"。这个心是钱穆说的"文化心"，上下五千年、纵横八万里的人能够沟通就是因为有此心。那么，此心是什么呢？就是孟子说的"人皆有不忍之心"。人皆有美丑、善恶、是非的内在良知。

这个此心就是知敬知爱的仁义之心（标准地说是孟子的"四端说"：恻隐仁之端也，羞恶义之端也，辞让礼之端也，是非智之端也。陆说这些全是本心）。孟子讲万物皆备于我说的是：万事皆具于心。

陆坚持孟子的性善论，认为人心原本是好的、善的、纯洁如一的，由于种种原因，人的善心散失了，误入歧途了，沉溺于世俗的物欲之中了，他把孟子的"学问之道无他，求其放心而已"当成自己的基本方法论原则，以"辨志""求放心"为其体系的出发点。辨志，也被陆称为"霹雳手段"，它有点儿动机决定论的意思：一事当前，审查自己的态度是否大公无私，是否趋义舍利，把人从现实的功名利禄、荣华富贵和其他夺人心志的境遇中超度出来，使人用自己的本心来决定自己的人生方向，用本性来直接作出判断。他说，道不外求，而在自己本身。与阳明的"圣人之道，吾性俱足"同理同心。

陆晚些时候这样解释吾心即宇宙：

万物森然于方寸之间，满心而发，充塞宇宙，无非此理。
（其实就是心即理）
人须闲时大纲思量，宇宙之间如此广阔，吾立身其中，须大做一个人。

心学的特点就是"扩充法"，扩大此心为万事万物：找着善根良心，然后让它像核裂变一般极限发挥，灵魂深处爆发革命。像所有宗教都有个"根本转变"的法门一样，心学是明心见性式的，顿见本体，彻悟心源。陆就是读《孟子》而见道，从而"大做一个人"了。陆仿一禅师的话这样描绘心侠超人顶天立地的雄风："仰首攀南斗，翻身倚北辰，举头天外望，无我这般人。"

一个大写的"人",是古今中外所有浪漫哲学都追求的目标,"无我这般人"是个"大无我"而"有大我"的——合了"无极而太极"之道的大写的"人"。这样说有点儿玄,换一种说法就是,心学的人格理想是有思想的英雄主义、有实力的理想主义、追求无限的神秘主义、和平的超人主义。它恢复了早期儒学阳刚雄健的人生姿态,恢复了儒学的"大丈夫"风采。

圣学即心学

　　王阳明在正德十六年(辛巳)七月,为重刻的《陆九渊集》作的序说:

> 　　圣人之学,心学也。尧舜禹之相授受曰:"人心惟危,道心惟微,惟精惟一,允执厥中。"此心学之源也。孔孟之学,惟务求仁,盖精一之传也。而当时之弊,固已有外求之者……盖王道息而伯术行,功利之徒,外假天理之近似以济其私,而以欺于人曰:天理固如是。不知既无其心矣,而尚何有所谓天理者乎?

　　然后,他一笔扫倒汉唐章句之儒,将心与理分为二,离开心而去求什么物理,不知"吾心即物理"这个根本道理。而佛老之徒,遗弃人伦物理以求所谓明心见性,而不知"物理即吾心"这个根本道理。直到周敦颐、程明道这两个儒家的好秀才出来,才追寻并复兴了孔孟正道,恢复了"精一"之宗旨。

陆氏坚持学必求之于心，断断是孟子嫡传。世人以为他与朱子异，便诋毁他是禅。禅学弃人伦，遗物理，终极目标是"不可以为天下国家"。若陆氏之学果然如此，那它自然是禅，然而陆氏之学恰恰是孟子的"大同"之学，是儒学中最革命的一脉，也是儒学的真血脉。

仔细看朱子讲"无极"是可以与阳明的无善无恶的本体论合辙的。而陆攻击朱子这一条，单讲人性善和太极倒是可以与反心学的东林领袖如顾宪成说到一块儿去的。人们说陆学是禅，是从其功夫的特色上说的；阳明说陆是儒，是从其价值指向上说的。陆本人是将功夫与本体一元化的。因为心即理，所以"自得、自成、自道"，将物欲遮蔽的心病"剥落""荡涤"即可。这些阳明都继承了，所以别人也指责阳明是禅。阳明后来便一不做二不休，公开声明圣学能够包含二氏之学。释、道养心修身的功夫应该且能够为修证儒家伦理服务。这也是儒学回应二氏之学的一种最聪明的办法——拿来为我所用。这既因为心学的理论基点能够与二氏之学的性命论相切合，还因为儒家的仁学路线本是彻天彻地的大道，本身包含着二氏之学的合理内核。而且，检验学问的关键是"行"，是学说倡导者一生立身行事到底是儒还是禅。能够从"行"判断其"学"，这是中国哲学家区别于西方哲学家的一大特色。

指责陆、王是禅的人，没几个比他俩务实。陆九渊高度赞美王安石变法，指出安石变法的人格基础正是有圣人之心。从陆九渊对王安石的评价最能看出心学的外王志向："扫俗学之凡陋，振敝法之因循，道术必由孔孟，勋绩必为伊周。"（《荆公祠堂记》）陆九渊这几句话用来形容阳明亦无不可。

心学的理论基点就是"吾心即宇宙"，因为吾心与宇宙性通，宇宙万物都有一个知觉性，天人合一合于这个知觉性。这个命题的哲学含义在心学后劲中表述得更为明晰。如，特别讲究心学实功、反对现成良知的刘宗周也同样说：通天地万物为一心，更无中外可言；体天地万物为一本，更无本心可觅。还说：学者只有功夫可说，其本体处直是着不得一语，才着一语便是功夫边事。这些都发展并深化了阳明的万物一体论。

黄宗羲说得更简洁：盈天地皆心，心无本体，功夫所至，即是本体。

刘宗周、黄宗羲为了抵制已流为放逸的王学后徒的随便作风，都是以"慎独"功夫来落实阳明的"致良知"修养论的，他们还都有些陆九渊气，像北宗禅一样坚持基本底线。

至于辩论朱陆之是非同异，阳明深不以为然，他在《象山文集序》的结尾处说：争论这种问题，其实是人们"持胜心、便旧习"的不良心理在作怪。又爱随声附和，相信耳朵不相信眼睛，盲目说现成话，像矮子看戏一样跟着人家哭笑，而不知道为了什么。其实只要人们亲口尝尝这个梨子的滋味，用本心来体会，放弃任何先入为主的成见，就不会有这些无聊的争议了。

什么问题都发生于不能明心见性，从而不能明辨是非。

他为陆九渊的文集作序是在庚辰年四十九岁时，次年他又行使江西最高行政长官的权力，"牌行抚州府金溪县官吏，将陆氏嫡派子孙，仿各处圣贤子孙事例，免其差役。有俊秀子弟，具名提学道送学肄业"。因为，他觉得象山得孔、孟正传，其学术却久抑而不彰，既不得享配圣庙之典，子孙也沾不上褒崇之泽，太不公平了。当年在龙场请阳明主持文明书院的席书，也憾恨陆学不显，作《鸣冤录》寄给阳明，表示要以弘扬陆学为己任，就是天下都非议自己也在所不顾。

阳明很想念这位老朋友，在收到他的信和《鸣冤录》后，给他回了封热情洋溢的信，先是赞美他这种卓然特立的风格、以斯道自任的气度，"与世之附和雷同从人非笑者相去万万"，阳明很激动，特别想与他作"信宿之谈"，曾在席书可能路过的码头口子上派人等着他，结果白等了；王本人"驻信城着五日"，结果是"怅怏而去"，他感慨地说："天之不假缘也，可何如哉！"这当然不全是为了陆九渊。他们都想借表彰陆学来扭转八股道学垄断学界的世风。阳明说自己近年来才实见得：陆学之简易直截的确是"孟子之后一人"。

但他们的这些努力，都未能扭转朱显陆晦的局面。

打通朱陆

回到阳明四十岁这一年。这一年，就现在能见到的文字而言，他终于正式对陆学表态了。这次表态，起因于他的两个学生争论，王舆庵读陆的书，颇有先得我心深得我心之感。徐成之则不以为然，以为陆是禅，朱才是儒之正宗。两个人都是操持着社会平均水平的流行说法，也因此而相持不下，徐写信请阳明定夺。

阳明先抽象肯定他们这种辨明学术的热情，说：学术不明于世久矣，原因在于缺乏自由讨论，而辨明学术正是我辈的责任。但是，你们的态度和论旨都有问题。就算你说舆庵肯定陆学有失误，也不能证明你正确。他肯定陆没有说到点子上，你肯定朱也没有搞对头。因为你们只是在求胜，而非志在明理。求胜，则是动气；而动气会与义理之正失之千里，怎么能探讨出真正的是非？论古人的得失尤其不能臆断。你们各执一端，不肯全面完整地领会朱子和陆子的本意。耽于口号之争一点儿也不能解决已有的问题。

王舆庵本想辩证地理论各自的得失利弊，把话说得一波三折的，说陆"虽其专以尊德行为主，未免堕于禅学之空虚；而其持守端实，终不失为圣人之徒。若（朱）晦庵之一于道问学，则支离决裂，非复圣门正心诚意之学矣"。阳明下手就抓住了其貌似全面却不尽不实、自相矛盾之处：既说他尊德行，就不可说他堕于禅学之空虚；他若堕于禅学之空虚，就不可能尊德行了。

　　徐成之也是想追求全面，也是想学阳明的辩证术，但其术未精：朱"虽其专以道问学为主，未免失于俗学之支离；而其循序渐进，终不背于（大学）之训。若（陆）象山之一于尊德行，则虚无寂灭，非复（大学）格物致知之学矣"。阳明同样从其自相矛盾处教导之：真正的道问学是不会失于俗学之支离的，若失于俗学之支离，就不是真正的道问学。

　　阳明用一绝对主义的纯正立场来点化这两位想辩证却流于相对、从而浮在表面的徒弟。他们俩的问题在于都各执一偏，必欲各分派朱陆专主一事。当然，这种分派是流行已久的"现成说法"，他们没有深入钻研便各取所需地各执一词起来。王阳明认为真正的圣学是"尊德行而道问学"一体化的，这也是通儒的共识，三百年后，龚自珍也这么坚持。而将圣学分成侧重修养与侧重学问，是"后儒"们根据自己的特长形成的一种分疏，绝非圣学的本相。

　　向来分判朱陆的，总说陆偏于"尊德行"，而朱偏于"道问学"。这种说法出自朱子自己，而陆当时就反驳："既不知尊德行，焉有所谓道问学？"朱子把"道问学"与"尊德行"平列起来，是二元的；陆子把"道问学"统属于"尊德行"之下，是一元的。

　　阳明说：现在的问题是"是朱非陆，天下论定久矣。久则难变也"。就是没有你徐成之的争辩，王舆庵也不能让陆学大行天下。你们这种争论是无聊的，你们要听我的就赶快"养心息辩"。

但是徐成之不满意，说先生漫为含糊两解，好像是暗中帮助王，为他的说法留下发展的余地。阳明读信，哑然失笑。他劝告徐：君子论事应该先去掉有我之私，一动于有我、处有我之境，则此心已陷于邪僻，即使全说对了，也是"失本"之论。

他用极大的耐心、诲人不倦的布道精神、平静的哲人语气，深入阐发了朱陆学说的精义。陆未尝不让学生读书穷理，他所标举的基本信条都是孔孟的原话，绝无堕入空虚的东西。唯独"易简觉悟"的说法让人生疑，其实"易简"之说，出自《易》的"系辞"，也是儒家经典；"觉悟"之说，有同于佛教，释家本与我儒有一致之处，只要无害，又何必讳莫如深、如履如临呢？朱也讲"居敬穷理"，也是以"尊德行"为事的。只是他天天搞注释训解，连韩愈文、《楚辞》《阴符经》《参同契》这样的东西也注解，遂被议论为"玩物"。其实，他是怕人们在这些领域瞎说八道，便用正确的说法去占领之。世人、学者挂一漏万，求之愈繁而失之愈远，越折腾越麻烦，便掉过头来反说朱子"支离"。这乃是耗子眼里看上帝的流行病——现在，阳明已有了"拉"朱子入伙、万物皆备于我的意向。在他心里埋下了为朱子作"晚年定论"的伏笔。

他觉得朱陆之别只是像子路、子贡一样同门殊科而已，若必欲分敌我、举一个打一个，就太愚蠢了（这种强调对立的敌我意识、党同伐异的门阀作风其实是一种专制病，凋敝学术误尽苍生）。他对朱子有无限的敬仰深情，绝不会再重复过去那种同室操戈的把戏，来故意抬高陆子，这有他平素对朱子的尊敬为证。但是朱学已大明于天下，普及于学童，已用不着他来特表尊崇。而陆学被俗儒诬陷为禅学、蒙不实之冤情已四百年了。没有一个人站出来为他洗冤，若朱子有知，也不安心在孔庙受人供养矣。他深情地说：

夫晦庵折中群儒之说，以发明《六经》《语》《孟》之旨于天下，其嘉惠后学之心，真有不可得而议者。而象山辨义利之分，立大本，求放心，以示后学笃实为己之道，其功亦宁可得而尽诬之！

朱陆之争是后期儒学一大公案，王阳明不可能去做学案式的梳理，他认为那样做是类似拔鸡毛而不在咽喉处着刀，解决不了问题。他干什么都主张简捷，但像他这样单凭态度就要改变局面的做法，只能在中国师徒式教育中才可能有效。他最后也的确以他独特的建树大面积地改变了理学一统天下的局面。但清兵入关，需要驯服工具，强调个性、自我的心学归于沉寂。尤其是康熙喜欢朱熹，推演出朱子学的全盛期。

陆九渊不著书，主要靠自身修养立境界，靠门徒扩大影响。当时，他的学生有转而跟了朱熹的，朱的学生也有转而跟了他的。黄宗羲说，在徒弟互相转来转去这一点上，特别像王阳明、湛甘泉两家。王、湛同属大心学一脉，转换师门，大路子不变。由此是否可以推测：朱陆两家在当时人眼中可能也更多地看到了互补性，而非水火不容？

朱子当年树异于汉唐儒学的"家法"、树异于宋朝的官方儒学，也是绝大的勇气与改革。他为扭转当时朝廷颁布的《十三经注疏》与王安石的《三经新义》而私下著《四书集注》，朱子所尊的程伊川之洛学，在当时也不是朝廷科举所尊的官学正说。伊川在北宋、朱子在南宋都曾被朝廷当作伪学而加以禁止，还有人主张杀了朱熹以谢圣人的。阳明树异于朱，返本于陆，只是纠偏治弊，主张在实践中去落实那些义理，反对纸上空谈义理，针对性极强，而且功不可没。阳明为反对朱学造成的以章句训诂之学取科举功名的风气，而创办私学，注重实修德行，与当时的"应试教育"大异其趣，与当年朱子所为却异曲同工，目的都是为了振兴儒学。明末清初又有大师攻击王学亡国败教,又兴起新的"朴学"来完成新一轮的推陈出新工作。

一代有一代之学,江山代有才人出。批判并不是超越前人的唯一方法,整合消化才是成本最低的超越之道!

其实,理学和心学都坚信通过个人修养能够成为圣人,过上可以值得一过的生活;相信人性中的"超我"能够战胜"本我"。他们的不同是同中之异,理学讲究读书明理,心学讲究明心见性,然而朱子也说"读书只是第二义的事",关键还是切己体验圣学的道理,"向自家身上讨道理"。无论是叫作"仁"还是"良知",都是指人自身拥有价值自觉能力,每个人都可以通过正心、诚意等修养功夫得到它。运用这种能力就是个大写的人,不运用这种能力就是普通动物。

无我之勇

调停朱陆之辩,是为自己张本的重要举措。阳明现在"通"了。"通"表现为敢于与诸派求同。他敢于说佛教、道教均与圣道无大异,均于大道无妨。并且不管别人怎么反对,他都一直坚持到底。敢于去统一别的主义是他成大气候的原因之一。在晚年他多次打比方说,世上的儒者不见圣学之全,不知把三间房都为我用,见佛教割左边一间,见道教割右边一间,是举一废百。他又说:"圣人与天地万物同体,儒、佛、老、庄皆我所用,是为之大道。二氏自私其身,是之谓小道。"

与同一儒门的理学,过去的矛盾不亚于与释、道二氏,现在,他也将他们调和到一条跑道上了:"穷理是尽性的功夫,道问学是尊德行的功夫，博文是约礼的功夫。"（《传习录》）这样，和而两美，同生共长。他认为仅停留在言辞之间的辩论，对自身心体的养育有害无益。他说，常在过失上用功就是在补瓦盆，必然流于文过饰非。为求胜而争论是不善与人合作，那是好高不能忘己的毛病。真正善于养心的人，是要让心保持其本然的、未受蔽累的一物不着的状态。

而且身体一直不好的他，也有时不我待的紧迫感，不想白活一场的心气，使他有成圣成雄的双重压力。如今鬓已星星也，却还看不见现实的成功之路。他在香山的寺院中对自己承认"久落泥涂惹世情"，世情就是想成雄，但现状只是"窃禄"而已。

明代的政治已相当成熟，官场相当拥挤，没有人在最高层给你说话，千里马也只得拉驴车。阳明一生两次大功，一是靠王琼举荐平宁王叛乱，一是靠他的学生和同事方献夫推荐平思田民变。方献夫就是他讲学讲出来的。

方献夫，本来比他地位高，是吏部的郎中。原先，他喜欢辞章之道。后来，他热衷于讲说，就是在沙龙中讲学论道、辨析义理。与阳明"违合者半"，就是意见或同或异。经在一起讲论，方慨然有志于圣人之道，超越了口给舌辩的表面化爱好阶段，进入了真信诚服的内在化阶段。这才沛然与阳明同趣，并能超越世俗观念，在阳明面前自称门生，恭恭敬敬。因有这种深层次的相契，后来才在上层深深地替老师出死力气。

眼下，方献夫因找到了圣人之道，遂毅然辞职，退隐于西樵山中以成其志。阳明说献夫之所以能脱出世俗之见，是因为他能做到"超然于无我"！我们可以从这种真人实例中理解王的"无我"是什么意思。

王的思路是"大无大有"，类似释家那个"大空妙有"。先无我才能真有我。无生有，也是道家的理路。"无"的境界只能通过去蔽、减去习得的经验界的杂质才能得到。他描述的心本体就是这种本来无一物的纯粹意识。

方献夫用两年的时间完成了三次"飞跃",靠的是"无我之勇"。对于这种善变而非恶变、从而有了入道如箭的气势美的学生,阳明发自内心地为之广而告之:

圣人之学,以无为本,而勇以成之。

说不可说

阳明热心布道,举办沙龙,与湛、黄等人密切过从,甚至在一起吃住。明人虽然讲学成风,但在京城、在官场中,像他们这样近于痴迷的以讲学为事业的,还是非常"个别"的。就连湛甘泉这般清癯淡雅也被"病"为多言人。

没办法,不讲学,圣学不明;讲学,就是个"多言"。他们唯一能够给人类做贡献的就是讲学。再说,他们讲学,又不干预现实,更不会危害皇权。他们尽讲些羲皇上古、纯粹心本体之类的话头,不是比那些专意勾心斗角的派别活动有益无害吗?但就是有人指责他们多言。至少表面上不太在意别人臧否的阳明,也不得不找适当的方式顺便为自己辩解几句了。

他的朋友王尧卿当了三个月的谏官,便以病为由,辞职回家了。有交谊的纷纷赠言,但尧卿还是要阳明写一篇。谏官本是言官,是职业多言派。所以,阳明带着牢骚说:"甚哉!我党之多言也。"然后说,言日茂而行日荒,我早就想沉默了。自学术不明以来,人们以名为实,所谓务实者，只是在务名罢了。我讨厌多言。多言者，必是气浮、外夸者。据阳明观察：气浮者，其志不确；心粗者，其造不深；外夸者，其中日陋。

人们都夸奖尧卿及他这种选择，但阳明不以为然。他认为，自喜于一节者，不足进全德之地；求免于常人的议论，难进于圣贤之途。

是的，单求无言免祸，结局必然是一事无成。这个王尧卿就不见经传。

阳明在送完尧卿的次年即猴年，送湛去安南时也为他写了一篇序，为人们说湛多言和近禅而辩解：用多言怪罪他是无济于事的，他是个罕见的圣人之徒；真正的禅尚不多见，何况他是个真圣人之徒。

他另一个朋友王纯甫到南京当学道，这又是一个要说话的差使。教无定法，人人素质不一。怎么办？阳明说："不一，所以一之也。"因材施教是不一，同归于善是一。多言，是曲致之法。但太多了，则失之于支离，或打了滑车。太少了，又会流于狭隘。从无定中找出定来，在不一中建立一，才是本事。

若以为阳明是个口舌辩给之徒，那就错了。他的口才固然超人，能一言中的，也能曲折言说。但他反对、憎恶滑舌利口之徒。他之多言，恰似孟子不好辩却不得已总在辩。他真心呼唤人们建立起"自得"意识，不要打水漂，不要为外在的东西狼奔豕突，应把所有的营养都用来培养心体这个大树之根、道德之基。

他现在的官衔是验封司主事，所以人们俗称"王司封"，他也自称"司封王某"。《别张常甫序》的开头就是司封王某曰，他问张："文词亮丽、论辩滔滔、博览群书，自以为博，算真正的好学吗？"张说："不算。"

他又问："形象打扮得挺拔，言必信、动必果，谈说仁义，以为是在实践圣学，算数吗？"

张说："不算。"

他接着逼问:"恬淡其心,专一其气,廓然而虚,湛然而定,以为是在静修圣学,这样做对吗?"

张沉吟良久,按说应该说对了,但王的意思显然还是不对、不够。张说:"我知道了。"

王说:"那好,知道了就好。古代的君子正因为总认为自己不知道,才真正能知道。现在的人总觉得自己无所不知,也就有不知道的时候了(这是"很难真知道"的婉转说法)。事实上,道有本而学有要,是非之间、义利之间的界限是既精确又微妙的。我上面说的那些是为了引发你深入思考。"

他的朋友梁仲用本是个志高而气豪、志在征服世界的英雄,仕途也相当顺利,但他忽然说自己太躁进了,觉得还没征服自己就去征服世界,太荒唐了。于是转向为己之学,反省自己气质上的偏颇,尽随意说些现成话,遂给自己起了一个"默斋"的室号,以矫正自己太随便的毛病。阳明为此作了一篇《梁仲用默斋说》,他说:"我也是天下多言之人,哪里知道什么沉默之道?"接着分析了多言的病根:一是气浮,一是志轻。气浮的人热衷于外在的炫耀,志轻的人容易自满松心。但是,沉默包含着四种危险。如果疑而不知问,蔽而不知辩,只是自己哄自己地傻闷着,那是种愚蠢的沉默。如果用不说话讨好别人,那就是狡猾的沉默。如果怕人家看清底细,故作高深掩盖自己的无知无能,那是捉弄人的沉默。如果深知内情,装糊涂,布置陷阱,默售其奸,那是"默之贼"。

看来,多言与寡言不能定高下,这只是个外表,内在的诚伪才是根本。就像有的人因不变而僵化,有的人因善变而有始无终。关键看你往哪里变,是在变好还是在变坏,是个怎样变的问题。

关键是要有"无我之勇",才能入道如箭。无我才能成"自得"之学,修圣学须无我、自得——心学辩证法就是如此。

阳明的无我，是要把来自经验界的东西甩开，首当其冲的是官方推行的、士子队伍中流行的、他认为已非朱子本意的朱子学。他在为湛甘泉送行的那篇序中，完整准确地阐述了他以及湛告别流行朱学的原因。而且下笔就是一扫千年——自颜回死而圣人之学亡！

曾子把握住了孔子的一贯之道，传给了孟子。然后空白了两千年，才有周濂溪、程明道接续上孟子的传统。但是，紧接着便出现了暗流——在大肆研究儒学的活动中遮蔽了圣道："章绘句琢以夸俗，诡心色取，相饰以伪。"——这是在重复陆九渊当年给朱熹写信挖苦朱的话，后来李贽他们还这样批判假道学，可见这股势力是单靠人文批判打不掉的。

阳明用愤激的语调说：今世学者都号称宗孔孟，骂杨朱和墨子，排斥佛、道，好像圣学已大明于天下。但我仔细观察，不但见不到圣人，连做到墨子之兼爱的、杨朱之为我的也没有。更没有能做到道家那种清静自守、佛门那种究心性命的！杨、墨、佛、道还能讲究"自得"，有内在的修持，能养育内在的境界。而那些号称圣学正宗的人却只是在做学问，混饭吃！这都是记诵辞章这种通行做法给搞糟的。他们的"成功"告诉世人：仁义不可学，性命不必修行。

他们做外缘功夫，本是缘木求鱼的活计，却攫取了现实荣华，自然觉得内缘的自得之学是徒劳无益的了。用孟子的话说，他们要的是"人爵"，自得之学修的是"天爵"。天人又合不了一，高尚便成了个人爱好一类的事情，难受也是你自找的。

《象山语录》中有这样一段：

> 有主议论者，先生云："此是虚说。"或云："此是时文之见。"学者遂云："孟子辟杨墨，韩子辟佛老，陆先生辟时文。"

先生云："此说也好。然辟杨墨佛老犹有气道，吾却只辟得时文。"因一笑。

其实，陆九渊与王阳明连时文也未辟掉。

自得破知见

猴年（1512年，正德七年），黄绾告别京华，归隐天台山，专门修炼自得之学，以期明心见性去了。

阳明的《别黄宗贤归天台序》写得"哲"情并茂。这一时期，阳明的"中心思想"是自得二字，自然开口就是这个主题。他说，心本体是光滢明澈的，欲望把它挡黑了，经验把它污染了，要想去掉遮蔽清除毒害，使之重放光明，从外边着手是不管用的。心像水，有了污染就流浊；心像镜子，蒙了尘埃就不亮。若从清理外物入手，逐个对付是不现实的。最主要的是，那样就得先下水，就等于入污以求清，积尘以求明。黄开始也是遵循着这种流行文化方式去做的，结果是越勤奋越艰难，几近途穷。

王则教他从"克己"做起，从我心做起，"反身而诚"，明心见性，这样就可以不依赖外界改善自己的德行水平。主体高大了，外界就渺小了。黄深以为是，总是如饥似渴地听他的教诲，每每喜出望外。

那位到南京当学道的王纯甫与上上下下的关系都相当紧张，阳明刚听到这个情况，一开始心里很不是滋味，后来就高兴起来。他写信告诉纯甫，感觉不好是世俗私情，感觉高兴是说明你正在像要出炉的金子一样，经受最后的冶炼。现在的难受事小，要成就的重大。这正是变化气质的要紧关头：平时要发怒的现在不能发怒，平时惊惶失措的现在也不要惊恐不安。"能有得力处，亦便是用力处。"

他说，天下事虽万变，我们的反应不外乎喜怒哀乐这四种心态，练出好的心态是我们学习的总目的，为政的艺术也在其中。

自得，就是在千变万化的境遇中，在错综复杂的矛盾中，自己能找到正确的心态、意态，保持虚灵不昧的状态，从而运用自我的力量完善自我。这是自家吃饭自家饱的事情，谁也不能给谁、谁也替不了谁，自己也不能从外头弄进来，必须从自己的心本体中领取能得到的那一份。你自修到什么程度就得什么果位。

王纯甫收到阳明的信，琢磨了好长时间，给阳明写了封回信，辞句非常谦虚，但语意之间其实是很自以为是的。阳明很反感自以为是，因为这事实上是没有求益的诚意，无论你说什么，对方也听不进去，本想不予理睬了。后来，想了想，生命不永，聚散无常，他自以为是是他犯糊涂，并非明知其非来故意折腾我，我怎能任性只顾自己？

自得之学的天敌便是自以为是。后来心学门徒就有把自以为是当成自得之学的，所谓"良知现成"就是这种口号。

王阳明深知个中差之毫厘谬之千里的界限。首先是个"诚"的真伪深浅的问题。自以为是者都认为自己是真诚的，弄不好还认为唯我"明善诚身"，别人倒是在装蒜。

这其实是人类的绝症，也是东方主体哲学的"天花"——不自信其心就不会向往那绝对的善，太自信其心必自以为是。而自以为是是什么也得不到的。

朱熹是想把心灵问题学术化，类似于用科学解决宗教问题，也的确出现了只有学科而无学的问题，尤其是成为应试的举子业后，与微妙的心灵几乎毫无关系。

阳明是想找回这个"学科"的灵魂，把学术问题变成身心问题，而且这个转化是不能把"外"当成"内"的，要从内心向外转，扩良知于事事物物，而不是相反。怎么克服自以为是的毛病呢？只有更真诚深入地用人人心中本有的无条件存在、无限绵延的大"是"——他后来管它叫良知——来收拾每个人的那点儿自以为是。王纯甫就是支离外驰而不觉，以为事事物物各有至善，必须逐个求个至善，才能得到"明善"——这类似后来唯物主义的无数相对真理之和就是绝对真理的说法，现在已基本被证明是幻想。阳明只能是坚持他的一元论：

心外无物，心外无事，心外无理，心外无义，心外无善。

若将心与物分为二，必活得破绽百出，遇事便纷扰支绌。而盲目自以为是，是"认气作理，冥悍自信"。这种人其实是瞎牛。

所以，必须在事上练心，克服自以为是的良方是"必有事焉"。有了事，检验是与不是的标准就不是我以为了。这不但与心即理不矛盾，反而是心即理的延伸，因为事变都在人情中，"心外无事"不是说真的没有事情而是说心是矛盾的主要方面，事不在心外，干事即是在练心。

王阳明最反对"堕空虚"，他不满于佛教的一事不干，既放弃了伦理责任，又无法找到活泼的"心"。王学是实用精神哲学，既非逻辑的也非经验的，而是既先验又实用的："明善至极，则身诚矣。"诚则成物，不诚则无物。诚，是意术。

阳明的自得之学虽是他自得而来，却得了湛甘泉不少诤议、强化训练，所以，王总说湛使他去了邪僻，得入正道。这其中有客气、推誉的成分。要从思想史上说，自得之学的首创者是湛的老师陈白沙。

白沙初年，由书本寻找入道门径，累年无所得。他真诚地修炼，说出的话令人可信：我心与此理总不接茬，不搭界。他开始转向，转变到从我心中自求的道儿上来。他的口号是："道者也，自我得之。"遂成了明代由朱转陆的第一人、心学运动的先驱。

湛甘泉一生极尊师道，弘扬师道不遗余力，只要有条件就建造白沙祠堂，使白沙心学广泛流传。从大方向上说，阳明与湛、上至白沙是一条道儿上的。但阳明自有独到之处。

现在方叔贤已去西樵山修自得之学去了，黄宗贤也到雁荡山与天台山之间修自得之学去了，湛甘泉则在萧山和湖湘之间盖起了别墅，离王的阳明洞才几十里，书屋也将落成，阳明"闻之喜极"。他曾与黄、湛有约，要继续在一起聚讲身心之学、自得之学，还将像在京城一样——几个人"死缠烂打"在一起，共进圣学之道。黄则声称他是为二人打前站的，王信以为真。他觉得人活着乐趣莫大于此，跟孔子最欣赏的曾点的活法差不太多了。

他别方叔贤的诗说："请君静后看羲画（指八卦），曾有陈篇一字不？"因为方叔贤有重书本的倾向，特提出规劝。关于自得的话头是："道本无为只在人，自行自住岂须邻？"大道如江河，你必须"亲自"去汲取，必须自得，这是无援的思想，而且必须"陈言务去"，才能有所得。他嘲笑那些想从知见觅虚灵的做法是在缘木求鱼。"知见"相当于黑格尔说的"意见"（黑格尔说学哲学必须学方法、原理，不能学一堆意见），是"闻见道理"，不是亲证亲会的真东西，不可能给人智慧和力量。

他别湛甘泉的诗充满了生离死别的忧伤。在飞短流长的官场文人圈子中，像湛那样淡泊的人，依然有人瞎猜疑，王的答复是："黄鹤万里逝，岂伊为稻粱？"阳明的紧迫感跃然纸上："世艰变倏忽，人命非可常。斯文天未坠，别短会日长。"最后以他们幽居林泉讲学论道、共辅斯文不坠作结。

呜呼！世风浇漓如此，已无外援可恃，只能从本心"自得"道德意志了，恰似蜻蜓自食其尾以汲取氧气。

但是，他们却生机勃勃得很，而且颇多狡黠幽默的"趣"。后来公安派的袁伯修在《白苏斋类集》卷二十二中追记了一则听前辈讲来的故事：

> 阳明接人，每遇根性软弱者，则令其诣湛甘泉受学。甘泉自负阳明推己，欢然相得。其实阳明汰去沙砾，直寻真金耳。

从中不难看出阳明比甘泉有"术"。自得之学，各人得其所学。大量者用之即同，小机者执之即异。

第九章

讨真心

真切为性命

羊年二月,他当了一次会试同考官,没有了当年主试山东的豪兴,他现在已看透了科举考试的弊病,不再像年轻时那样充满"假如我是宰相"的幻想了。

十月,他升为文选司员外郎。次年,即猴年他又升了半格,成了考功司郎中。这些都是外在的,他真正的收获是收了一批同志。在他的门徒后来编的《同志考》的记录中,这一年入门弟子有十七八个,当然还是不完全统计。

自龙年(1508年)龙场悟道以来,这三四年间,他真切为性命,不再汲汲于走主流文化之支离外驰的官道。他想办法给全民灌注充实的道德意志——走培养自由意志这条路,而不是走知识积累的路。

像试验新药一样,他在自己身上试验成功,便把它拿出来向全世界推广。而且,他切身体验过——就是把自身变成儒学词典,也未必能拥有儒学的真精华、真骨血。

他养足了定力与活力——不动如山地定,动如脱兔地活。定,是把握住了儒学精髓的从容镇定;动,是有了万变不离其宗的把握之后的机动灵活。当下具足,易知易能,随分用力。真正有了这种实力,才能潇洒而不走板。他也自感可以随心所欲不逾矩——既自得于心又绝非小小的自以为是了。

他那买尽千秋儿女心的《传习录》中的高见开始喷射。后人眼中的王阳明,作为百世之师的王阳明,其实是从现在才开始。前面的都只是铺垫,只是成长曲,显示了"阳明从哪里来"而已。

名人不出名时就像鹰比鸡飞得还低时,一旦出名后就比鸡加倍地飞得高了。

他终于时来运转,仕途上也有了拾级而上的势头。猴年年底,他转升南京太仆寺少卿,用他自己的话说也算"资位稍崇"了,这是转着升,比蹲着不动强多了。

徐爱由祁州知州调升为南京工部员外郎,跟他同船南下,他俩都要在上任前回山阴,徐则是看看他的老丈人。王华退休之后,便把希望都寄托在了"孩子"们身上。他早已颇能认同阳明的做法了,对徐爱也是期望甚殷。

阳明自赴龙场驿途中折回山阴看他奶奶之后,还没有回来过。天然的亲情、自然的山水,对他是最有吸引力的。此人一生"自然",认为凡自然的都真实感人,外加的东西总有几分不自然。唯有这种"自然主义"心性的人才可能倡导简易直接之道,并认为这是可以起死回生的真正"学术"。

阳明身体不好，徐爱则更差，路途漫长，俩人能乘船时尽量乘舟船。反正，俩人这次算是过瘾地深谈了几天。水路平缓，又隔绝了与俗世俗务的联系，完全可以从容宁静地坐而论道了。

深爱为根

若说朱像是持佛门的智度法，王则像是在持慈度法。智度究理，慈度明心见性。儒门还不是要人出世，而是要把人超越了之后再拉回进取的轨道来，拉回到治国平天下这条总路线上来。既超越又进取，比释、老繁难纠缠多了。根本区别之一就在于二氏之学反对"爱"，而儒却要深爱博爱、扩大爱、致爱于万事万物，从而让万事万物属于我、皆备于我。这是儒学万物一体学说的内在机理。

他要想代替朱子，也不能空手套白狼，还得依傍经典。最可下手处，唯有《大学》。《大学》是儒学的宣言，是最简明又全面地阐述了儒学本体论与功夫论的宪章纲领，朱子的格物致知理论就依此而发。但朱的起步处却在《易》与《中庸》，靠《易》讲他的"太极"——客观本体论；靠《中庸》讲他的境界修养；尽管全国通用他的《大学集注》为统编教材。

阳明也借用一点儿古儒的办法，他"找"了一个古本《大学》，然后说这才是真《大学》，朱子把经改歪了。如开宗明义的第一句：本是"大学之道在明明德，在亲民，在止于至善"。朱将"亲民"改成"新民"，使后文没有了着落。他用的是"理校法"：下面的治国平天下与"新民"无发明，而亲民则符合孔孟的一贯之道。孔子说"修己以安百姓"，

"修己"就是"明明德","安百姓"就是"亲民"。

王跟徐讲:"说亲民便是兼教养意,说新民便觉偏了。"

儒家以教化为本,以保民养民为本。这是自周初形成"敬天保民"的传统以来贯穿儒学的基本路线,所以阳明觉得这是根本,不能跑偏。验之于历史,则正好有一对比:鲁国国君嘲笑齐国国君整天新民新政开放搞活,弄下去,国家将不再是你的。齐国国君嘲笑鲁国国君封闭不新民迟早落后挨打玩儿完。果然:"徒亲民而昧于新民,此鲁国之所以寝衰。""徒新民而昧于亲民,此齐国之所以多故。"(《传习录》第一条后但衡今评语)

爱问:"您讲只求之于本心就可以达到至善境界,恐怕不能穷尽天下之理。"

王说:"心即理也。天下哪里有心外之事,心外之理?"

爱说:"如事父之孝,事君之忠,交友之信,治民之仁,其间有许多理在,不可不察。"

王说:"这种错误说法流行已经很久了,一两句话点不醒你。且按你说的往下说:如事父不成,去父上求个孝的理;事君不成,去君上求个忠的理;交友治民不成,去友和民上求个信和仁的理——这怎么能成?其实理就在这一个'心'上。心即理也。此心无私欲的遮蔽,即是天理,不需外头添一分。以此纯乎天理之心,运用在对待老人上便是孝,用在君上便是忠,用于朋友和百姓便是信和仁。只在此心去人欲、存天理便是。"

爱说:"您说的我有些明白、开窍了,但旧说缠于胸中,一时难以脱尽。譬如孝敬老人,其中许多细节还要讲求吗?"

王说:"怎么不讲究?只是有个头脑,只要此心去人欲、存天理,便自然在冬凉夏热之际要为老人去求个冬温夏凉的道理。这都是那诚孝的心发出来的条件。有此心才有这条件发出来。好比树木，这诚孝的心便是根，许多条件便是枝叶，须先有根才有枝叶，不是先寻了枝叶再去种根。《礼记》说'孝子之有深爱者，必有和气。有和气者，必有愉色；有愉色者，必有婉容'。总而言之，须是以深爱为根，有深爱作根，便自然如此。"

另一个学生问："至善也有必须从事物上求的吧？"

王说："此心纯乎天理便是至善。要从事物上求怎么个求法？你且说说看。"

学生说："就还拿事亲来说，怎样恰到好处地保温凉？平时奉养怎样适当？都是有学问的，都需要学习、琢磨。"

王说："单是温凉之节、奉养之宜，一日两日即可讲完，用不着做学问。唯有在为老人保温凉时还心存天理才是真正的关键，若只是在外观仪式上得当，那不是成了表演了吗？即便是做得无可挑剔，也只是扮戏子而已。"

徐爱深受触动："以爱为根的确是关键。但是既然如此，为什么孔子还那么讲究礼？心既然本来是至善的，为什么还需要做功夫才有希望止于至善呢？"

王说："礼就是理。循礼的功夫就是存天理去人欲的功夫。心，是一个心，未被俗化的心是道心，夹杂了人欲的心是人心。程子说，人心即人欲，道心即天理。因习染深重，必须存天理去人欲。做功夫就是在道心——性上用功，看得一性字分明，即万理灿然。"

为什么朱子的格物法不能让人到达至善之境呢？——徐爱又进一步问。

王说："朱子的格物是用我心到物上去求理，如求孝之理于其亲，那么孝之理是在我心呢，还是在亲人身上呢？若在亲人身上，那么亲人死了,我心就再也没有孝之理了?再如见孺子落井心生恻隐,理在我心还是在孩子身上。万事都是这个道理。朱子的问题主要是牵合附会。他将心与理分为二,然后再去合,有困勉初学者打掉自以为是的作用。但又使人没个下手处,倒做了。所谓'格'就是去其心之不正,以全其本体之正。而知是心的本体,心自然会知,见父自然知孝,见君自然知忠,见孺子落井自然恻隐,这便是良知不假外求。良知就是天理,天理就在心中。"

王接着说:"身之主宰是心,心产生意,意的本质是知,知之所在就是物。如意在事亲,事亲便是一物。所以无心外之理,无心外之物。所以关键是个诚意。诚意之功只是个格物——去其心之不正。致知就是使良知无障碍,得以充分发挥,也就是意诚——'胜私复理'。"(《传习录》上)

王阳明"原则上"赞扬秦始皇的焚书之举,说他错在出于私心,又不该烧"六经",若当时志在明道,把那些反经叛理的邪说都统统禁毁了,倒正符合孔子删削古籍的本意。孔子笔削《春秋》就是笔其旧、削其繁;孔子于《诗》《书》《礼》《乐》何尝添过一句话?只是删削那些繁文,只怕繁文乱天下。春秋以后,繁文日盛、天下日乱——秦始皇要是能像孔子那样保留、表彰一些差不多的,那些怪诞邪说便渐渐自废了(譬如说像明朝修《永乐大典》、清朝修《四库全书》那样)。后来,王形成他的"拔本塞源"论,以彻底重建儒家德育为首的教育方针。他痛恨孔孟之后,圣学晦而邪说横行,他们窃取近似圣学的话头装扮成先王之学,以遂其私心己欲,日求富强之说、倾诈之谋、攻伐之计,用猎取声利之术来欺天罔人,天下靡然而宗之,圣人之道被"霸术"深深遮蔽。后世儒者想用训诂考证"追忆"恢复圣学,却让人入了百戏之场,看见的是各种让人精神恍惚的杂耍。圣人之学日远日晦,功利之习愈趣愈下。相轧以势、相争以利、相高以技能、相取以声誉——

内在的逻辑就是"知识越多越反动":

> 知识之多,适以行其恶也;闻见之博,适以肆其辨也;辞章之富,适以饰其伪也。
>
> 《传习录》中

王还绝对是真诚地为了让人人都成为君子,让国家成为君子国,为了正人心、美风俗。他认为繁文就是精神污染,有"六经"就够了,注解经的传疏都是多余的。这容易让人联想到柏拉图要从理想国驱逐诗人、卢梭反对在日内瓦建造剧院,以及诸如此类道德理想王国的失败。

徐爱说,许多经没有传疏就难明了,《春秋》若无《左传》就难知道原委。

阳明说,《春秋》若须《左传》的解释才能明白,那《春秋》经就成歇后谜语了。孔子又何必删削它?如书"弑君",即弑君便是罪,何必再说那个过程。圣人述"六经"只为正人心,为了存天理、去人欲。对于那些纵人欲、灭天理的事,又怎肯详细广而告之,那便是助长暴乱引导奸邪了——就犯了导向错误。孔门家法不讲齐桓、晋文之事,抹去那种历史。后儒只讲得一个"霸术",所以要研究许多阴谋诡计,纯是一片功利心,与圣人作经的意思正相反。这是文化监管策略,《四库全书》就运用了这个办法,将历史上所有涉及夷狄的都删除,而且寓禁于征,借整理出版而大毁天下图书。

王对徐爱讲:"以事言谓之史,以道言谓之经。事即道,道即事。《春秋》亦经,'五经'亦史。《易》是包羲氏之史,《书》是尧、舜以下史,《礼》《乐》是三代史"他还说"五经只是史,用史来明善恶,示训戒"(《传习录》上)。其实还是把史纳入了经,把事变成了道，把事实价值化，把历史伦理化——所谓中国的伦理本质主义的真相在此。毋庸讳言，这也是极权主义的理论。用于美学、教育有魅力，用于政治则学说杀人矣。

就个人修养而言，这种一元化，就是把功夫论与本体论一元化，王学认为要想有效就必须一元化。

徐爱这样总结老师的思想和教诲的魔力：

> 爱因旧说汩没，始闻先生之教，实是惊骇不定，无入头处。其后闻之既久，渐知反身实践，然后始知先生之学为孔门嫡传，舍是皆旁溪小径、断港绝河矣！如说格物是诚意的功夫，明善是诚身的功夫，穷理是尽性的功夫，道问学是尊德行的功夫，博文是约礼的功夫，唯精是唯一的功夫。诸如此类，始皆落落难合，其后思之既久，不觉手舞足蹈。
>
> 《传习录》十四条后的跋语

"持志如心痛"

他们走了一个多月，次年即鸡年（癸酉）二月回到山阴老家。自然见过祖母、父亲还有他后娘。据冯梦龙说，他跟他后娘关系不好，他小时候还曾耍花招儿报复她。这些恐怕是小说家言，他小时候固然很淘气，但阳明对他的父亲既怕且敬，不会让他父亲难堪的。他少年豪迈不羁，中年坦易和乐，不会像无所事事者那样陷入家庭纠纷之中。只是现在留下了游山水的诗，没有留下歌颂他后娘的诗，让人觉得他在山水和后娘居家的家庭之间，大概更亲和山水。

一回来他就想去游天台山、雁荡山，去找黄绾，大概还想看看黄给他盖的"别墅"，因为他曾让黄在那里替他"结庐"。阳明可能说过想一去不回了，于是家里人都反对他去。最后他没去成。这个"心"能胜物的哲学家过不了亲情这一关。当年想出家，因过不了这一关而作罢，现在也因此而上不了雁荡山。能做的只是在家里坐而论道。

学生问："主一之功，如读书则一心在读书上，接客则一心在接客上，可以算主一之功吗？"

王说："好色一心在好色上，好货一心在好货上，能算主一之功吗？那只是逐物，不是主一。主一是专主一个天理。"（这是就"内容"说，他有时候又说天理只是一种中和状态。）

学生问："怎样立志？"

王说："只念念不忘天理，久则自然心中凝聚，好像道家所谓结圣胎，然后可以进入美大神圣之境。"（他大概想起了当年在长安街那位相面先生说他胡子到胸口，丹田就结圣胎的话。现在，他自感心中已结了圣胎。用道家的方法完成儒家的修为，立志要把道德根据意态化、情命化。）

问："圣人应变无穷，是否都须预先准备？"

答："如何能准备得过来。只因为圣人心如明镜才照啥啥亮。只要是圣人，碰上啥事都是圣人作为（血管里流的都是血）。义理无定在、无穷尽。圣人只是应时成就。所以，只怕镜不明，不怕物来不能照。"（心学是现场发挥、见几而作，就是个应时成就。）

问："静时感觉心存天理了，一遇事就又乱了。怎么办？"

答："这是只知静养而不用克己功夫的缘故。因此事到临头就颠倒糊涂。所以，人须在事上磨炼，才立得住。才能静亦定，动亦定。"

他接着说："知是行之始，行是知之成。圣学只一个功夫，知行不可分作两件事。"

喜静厌动是读书人成为聪明的废物的一大病因。王说："以循理为主，处事中亦可宁静。但只以宁静为主未必就是在循理。"他后来说："志立得时，良知千事万事只是一事。"

问："孔子问弟子志向，子路、冉有任政事，公西华任礼乐，实用有为，孔子却不赞许。而曾点说的只是要也似的，圣人却赞同他。这是怎么回事？"

答："他们三个的志向是有局限的，不符合孔子说的'毋意，毋必'，有意有必就会偏执一边，能此未必能彼。曾点的意思却无意必，是'素其位而行，不愿乎其外'，符合孔子'君子不器'的要求。"

问："知识不长进怎么办？"

答："为学须有本原，须从本原上用力，渐渐盈科而进，像仙家说的婴儿的成长，出胎后才能聪明日开。立志用功，像种树一样，只管栽培灌溉，别在枝芽时想干叶、想花、想果实。悬想何益？但不忘栽培之功，还怕没有枝叶花实？"

问："读书不能明怎么办？"

答："你这是只在文义上穿求，所以不明如此。还不如旧时学问，那些注解家看得多解得去。只是他们虽解得明白，却终身无所得（今文经学家、道学家为官者多极端，古文经学家、朴学家为官者多贪。戴震临死时说汉学不养心）。须从心体上用功，凡明不得，行不去，须反在自心上体察即可通。盖'四书五经'不过说这心体，这心体即所谓道。心体明即道明，是一体的，不是两套事，这是为学头脑处。"

一学生问："朱子说'人之所以为学者，心与理而已'这话对吗？"

答:"心即性,性即理,下一'与'字,恐不免为二。"

另一学生问:"既然心即理,为什么还有为善为不善的?"

答:"恶人之心,失其本体。"

问:"陆九渊在人情事变上做功夫的说法对不对?"

答:"除了人情事变,则无事矣。喜怒哀乐都是人情,小至视听言动,以至富贵贫贱、患难生死,都是事变。事变也只在人情里。其关键只在致中和,致中和的关键在慎独。"

在事上磨炼,是阳明知行合一之旨的白话说法。是阳明区别于理学和心学末流的分水岭。同学们请先生总结性地讲讲为学功夫,王便长篇大论了一番:

"教人为学,不可执一偏:初学时心猿意马,拴缚不定,其所思虑多是人欲一边,故且教之静坐、息思虑。久之,等其心意稍定,只悬空静守如枯木死灰,亦无用,须教他克治省察。克治省察之功则无任何间歇时了,像赶走盗贼,须有个扫除廓清之意。无事时将好色好货好名等私心杂念逐一追究,搜寻出来,定要拔去病根,永不复起,方始为快。就像猫捉老鼠一样,一眼看着,一耳听着,一有念头萌发,就立即克制掉,斩钉截铁,不可姑息、容它半点儿方便,不可窝藏,不可放它出路(这是禅宗'时时提撕'话头,类似的比方还有'如鸡抱卵''如渴思水'等),方是真实用功,方能扫除廓清。到了无私可克,自然从容正派。虽说良知何思何虑,但不是初学时的事情。初学时必须省察克治,只思一个天理。到得天理纯全,才可以说何思何虑。"

澄问:"有人夜怕鬼,奈何?"

王答:"只是平日心中不能集义,正气不足,心有亏欠,故怕。若素行合乎神明,有什么可怕的?"

另一个学生说:"正直之鬼,不需怕;但邪鬼不管人善恶,故未免怕（其实是好人碰见坏人怎么办的问题）。"

王说："哪有邪鬼能迷正人的？只此一怕，即是心邪，故有迷之者，非鬼迷也，心自迷耳。如人好色，是色鬼迷；好货，即是货鬼迷；怒所不当怒，是怒鬼迷；惧所不当惧，是惧鬼迷也。"

《聊斋志异》写一老魅缠一寡妇，忽一日说，前院那家女子更姣好，寡妇说何不去引诱，老魅说其心太正勾引不动。寡妇大怒，难道老娘心不正？正气激荡，老魅宵遁，且不复再来。可作阳明这心正邪不侵说之"谈助"。

阳明说："大抵吾人为学紧要大头脑处，只是立志，所谓困忘之病，亦只是志欠真切。你看那好色之人未尝有困忘之病，只是一真切耳。自家痛痒，自家须会搔摩得。既自知得痛痒，自家须不得不搔摩得。佛家所谓方便法门，就是自家调停斟酌（他当年在龙场给诸生立'教条'时，首要的就是立志：志不立，天下无可成之事。立志而圣，则圣矣，立志而贤，则贤矣。志不立，如无舵之舟，无衔之马，漂泊奔逸，何处是个头）。"

他说的志之所向，就是心意之所向，从内容上就是要人们择善弃恶，立志是个由知善走向行善的过程；从意术上说是个意向的取样、变样问题。

他说："持志如心痛。一心在痛上，岂有工夫说闲话、管闲事。"（以上均见《传习录》上）

悔悟是祛病的药

阳明去不成，便约黄绾来山阴相会。但等到五月，黄还是没来。

古人交通通信自是不便，但也有在桥下死等、水来不走、抱树而死的信义汉。黄显然已不是"古人"。

黄绾不来，阳明很没情绪，尽管身边也有几个资质不错的学生，但都不足以讨论精微的问题，王说因为他们"习气已深"，不能撩拨我进入忘我之境，难得有什么大发明。

他热爱山川形胜，认为它们比人还有灵气，便领着几个学生后辈，就近而逍遥游。

先到了上虞。上虞在钱塘江口，相传是虞舜后代的封地，名虞宾。上虞与余姚相邻，曹娥江纵贯全境。东山有晋太傅谢安等待再起的归隐处——"东山再起"的那个东山。乌石山有东汉大哲学家王充的墓。他对王充不感兴趣，对谢安则还曾提起。这次从上虞到四明山观白水后，有诗：

野性从来山水癖，直躬更觉世途难。
卜居断拟如周叔，高卧无劳比谢安。

——我想在这里隐居，别把我当成想东山再起的谢安——看来仕途不得志的苦闷对他还"存在"着影响。到闲曹去当散官，也没什么严格要求，他也不想表现积极，就在老家这么逍遥着。

四明山古称勾余山，系仙霞岭分支，连接着余姚和上虞，是曹娥江与甬江的分水岭。相传山中有石室，中间三石分四鳞，通日月星辰之光，好像楼有窗户，故曰四明，山以此名，主峰又叫四窗岩。是浙东丘陵中的高山了，与会稽山一样高，比阳明老家余姚的那个龙泉山高将近十倍。很值得阳明远足一趟。他自己也说早想来，但十年了才完成这个心愿。

《四明观白水二首》披露了他与现实还是难以和谐的悲音,"择幽虽得所,避时时犹难"。也有着急的意思:"逝者谅如斯,哀此岁月残。"

这次归越诗仅仅留有五首。可能是学长文退、道长情消,再已无须靠山川启迪道心了,也没有那么多的文人情趣与感慨要抒发了——那些青春期症状已被他冶炼殆尽,再说这些时,他反对"玩"辞章,不肯将"精神日渐泄漏在诗文上"了。他更倾注心力的是论道。

毛泽东用打扫卫生比方思想改造:扫帚不到,灰尘照例不会自己跑掉。王阳明更彻底:"克己须要扫除廓清,一毫不存方是。有一毫在,则众恶相引而来。"

徐爱现在已经是很好的"助教"了,他跟其他同学说:"心犹镜也。圣人心如明镜,常人心如昏镜。近世格物之说(指朱子),如以镜照物,只在照上用功,不知镜子尚昏,怎么能照?先生之格物,如磨镜而使之明,磨上用功,明了后未尝废照。"朴实亲切地阐明了老师比朱大师高明的地方。

王对那帮学生说:"你们近来很少提问,为什么?人不用功,莫不自以为已知,以为只要这么做下去就可以了。其实,私欲日生,如地上尘,一日不扫,便又有一层。着实用功,就能体验到道无终穷,愈探愈深,必使至精至白无一毫杂质方可。若不用克己功夫,终日只是说话而已。天理终不自呈现,如人走路一般,走得一段方认得一段;走到歧路处,有疑便问,问了又走,才渐渐能到欲到之处。今人于已知之天理不肯存,于已知之人欲不肯去,且只管愁不能尽知那些外在的学问。只管闲讲,何益之有?且待克得自己无私可克,再愁不能尽知,也不迟。"

陆澄问:"好色、好利、好名等心,固然是私欲。如闲思杂虑,为什么也算私欲?"

王答:"毕竟从好色、好利、好名等根上起,自寻其根便见。如你心中,绝无做强盗的思虑,为什么?因为你心中原无这种念头。你若干货色名利等心都像不做强盗的心一般,都消灭了,光光只是心之本体,看有什么闲思虑?此便是寂然不动,便是未发之中,便是廓然大公!自然感而遂通,自然发而中节,自然物来顺应。"心灵修的关键就是训练这个一念发动的"意"。问题是怎样做到"光光只是个心本体"?去消灭名利思想也得去思想啊。闲思虑固然是私欲,消灭闲思虑的思虑就不是私欲了,就是廓然大公了?这就变成了一个思虑什么的问题了。

有个学生言语混乱,王说他"言语无序,足见你心之不存"。

问格物。王说:"格者,正也。正其不正,以归于正也。"

问:"格物于动处用功否?"

王说:"格物无间动静,静亦物也。孟子曰:'必有事焉',是动静皆有事。功夫难处,全在格物致知上——此即诚意之事。"

问:"《大学》自'格物致知'至'平天下',只是一个'明明德'。"

答:"只说'明明德',而不说亲民,便似老、佛。"

这也是他与老、佛二氏之学的根本区别——区别不在修养的方法上,而在目的、致用、终极价值取向上。他的观点是:修养方法的确是应该因人而异,但必须归到"为人民服务"这个目标上来,否则就是背叛了圣道。

有问仙家元气、元神、元精的。他并不回避,很内行地回答:"只是一件:流行为气,凝聚为精,妙用为神。"

他对二氏之学的态度是标准的"通权达变"。他说"二氏之学,其妙与圣人只有毫厘之间",方法上同样是"简易广大"的。孔孟都说不能通权达变不算真儒。一个学生问:"孟子说'执中无权犹执一',

怎么理解。"因为执一就是偏执,是落了"边见",就是处在误解的状态中,所以,爱智的圣人特别反对执一。王说:"中只是天理,只是'易'——随时变易,如何执得?须是因时制宜,难预先定一个规矩在。而后世儒者要将道理一一说得无纰漏,立定个格式,此正是执一。"

"中"是很难做到也很难描述的,他却跟学生亲切地说:"喜怒哀乐,本体自是中和的。才着些意思,便过、不及,便是私。"这个不过亦无不及的中,是阳明意术的精髓,未发时的"中"是良知,发而中节的中是致良知于事事物物的恰好。为了确立这个中才坚持无善无恶是心本体。

世人都容易以为心学家是狂放的,事实上并不一律,王说:"精神道德言动,大率收敛为主,发散是不得已,天地人物皆然。"这种收敛和发散的关系后来被最后一个心学大师总结为"翕辟成变"的宇宙法则。

一天,他与学生们正好在池塘和一口井旁边讲论,他指着池塘和井说:"与其为数顷无源之塘水,不若为数尺有源之井水,生意不穷。"

他问坐在旁边的学友:"近来功夫怎样?"那个人描绘了一番虚明状态。王说:"此是说光景。"

他问另一个,这个叙述一番今昔异同。王说:"此是说效验。"

两个人本来都挺有体会的,满以为会得到老师称赞,老师却说他们没入门,在门外讲故事,感到很茫然,便向先生"请是"。

王说:"吾辈今日用功,只是要为善之心真切。此心真切,见善即迁,有过即改,方是真切功夫。如此则人欲日消,天理日明。若只管求光景,说效验,却是助长外驰病痛,不是功夫。"

这似乎是个文学感觉与道德境界的差别。讲光景与说效验是外在的,迹近说评书,真正的道德体验、义理感悟是"忘我"的。

薛侃本是在重复老师的话:"持志如心痛,一心在痛上,安有工夫说闲话,管闲事?"却也得到纠正,王说:"初学功夫,如此用亦好。

但要使知出入无时,莫知其乡。心之神明,原是如此功夫,方有着落。若只死守着,恐于功夫上又发病。"

因药发病,现在叫药源性疾病,在思想史上叫"规范异化"。

薛侃常爱后悔,王说:"悔悟是祛病的药,然以改之为贵。若滞留于中,则又因药发病。"王针对薛说:"为学大病在好名。"

薛说,先前以为这个好名的毛病已经轻了,现在深入审视,才知道并没有,就是太以别人的看法为重了。只要闻誉而喜、闻毁而闷就是这种病又发作了吧?

王说:"很是。名与实对,务实之心重一分,则务名之心轻一分;全是务实之心,即全无务名之心。若务实之心如饥之求食,渴之求饮,安得更有工夫好名?"

一学生说:"己私难克,奈何?"

王说:"将你的私拿来,替你克。"(以上均见《传习录》上)这显然是禅宗"将心来,替你安心"的翻版。不同之处在于,他认为"人须有为己之心,方能克己;能克己,方能成己"。所谓成己就是个克己向里、德上用心的努力过程。这样才能悔而知改,实地用功。

大地无寸土

明太仆寺由元之兵部的群牧所演变而来。太仆,古代掌马政之官。洪武六年,置太仆寺,是从三品的衙门,地点在滁州。洪武三十年,为加大军备力度,在北平、辽东、山西、陕西、甘肃等处设立行太仆寺。主要职责是给国家养马。要说重要,它决定战争胜负,要说不重要,则是死了也没人管的地方。若烽火四起，尤其与北边游牧民族作战时，马是首要军需品。杨一清就是从督陕西马政走向辉煌的阁臣生涯的。但王阳明不走这一经，他来滁州当太仆寺少卿，活活是孙悟空到天宫当个弼马温——正可引用《西游记》第四回回目来比况："官封弼马心何足，名注齐天意未宁。"而那孙猴子还是个御马监的正堂管事呢，而王这个"少卿"是副职——他不敢说"君恩知我才堪此"之类的牢骚话，更没想到要像孙悟空那样"反了出去"。他受儒家的影响太深了，深到了"良知"——灵魂深处，变成了"良能"。

欧阳修一篇《醉翁亭记》使滁州风光永驻人心。"五百年必有王者兴"，继欧阳者其微阳明乎？

阳明当庐陵尹时，未见对庐陵人欧阳修作什么评价，可能是语不涉道，无人记述。现在同来滁州当醉翁，亦不见对这位大人物的评骘，讲究"常快乐是真功夫"的阳明怎么就不呼应先辈的"乐其乐"呢？——在阳明眼里，欧阳太守的雅趣可能只是标准的文人玩弄光景而已。尽管阳明也好山水之乐，但他之"乐其乐"不是消融于自然之中的滔滔浅乐，而是体证道心的天地境界的深美大乐。

督马政没有多少日常事务。自然要想当好，为国家养、拔出批量的千里马，那也有一套制度管理上的大学问，也可以把人累得比黄花瘦。诸如给马屁股上盖官印，与养马户切磋饲养方法，改革官民混养的弊端，为那些护国大将军们挑选千里马，好让他们去骑马定乾坤。他没有对养马起了"意"。

他赞赏一句禅宗语录："若人识得心，大地无寸土。"他认为这是合内外的至高境界，所以可以推测：若留恋美景是逐物，是在养育"放心"——不是放马的放，而是放跑的放。至于他不肯在马屁股上效忠君国，实在是因为他对这份工作有情绪，诗里留下了雪泥鸿爪：

> 凤凰久不至，梧桐生高冈。
> 我来竟日坐，清阴洒衣裳。
> 援琴俯流水，调短意苦长。
> 遗音满空谷，随风递悠扬。
> 人生贵自得，外慕非所臧。
> 颜子岂忘世，仲尼固遑遑。
> 已矣复何事，吾道归沧浪。

这是他的《滁州诗三十六首》之第一《梧桐江用韵》。他还在政治的边缘，生命意志和能量尚未投射出来，压抑得很，心苦音悲。既然修自得法门，就得反对任何"外慕"的行为和倾向。这首诗的真正重点却是最后两联：我即使是颜回——就算是颜回也没有忘世，孔子还周游列国想方设法地出来行道呢！但是我道难行，只有当沧浪濯缨的隐士了——这又显然是不甘心如此的反话。

他到达滁州是农历十月，虽进入冬季，但那种偏北的南方还正是好季节，他从山阴领来不少学生，又来了不少新同学。而且天高皇帝远，正是吃官粮讲私学的好时节。再说滁州是四通八达的交通地段，即使四面环山，但依然有"往来不绝"的游人，在欧阳修时代已然，在明代更是如此。再加上王阳明在京师讲学如甘泉说已然"有声"，滁州比山阴"办学"条件要好多了。总而言之："从游之众自滁始。"据《年谱》记载达数百人。

今天，人们给孔夫子安有七八个"家"的头衔，都源于他开门办学这个基业。中国儒学的真命脉是士子儒学而非官方儒学，书院则是他们的根据地，古代书院教育一直是中国文化重要的教育基地。

不动于气　不着意思

众所周知，宋明书院是世界文明史上不可忽略的一页。钱穆在《中国近三百年学术史·引论》中动情地指出："故言宋学精神厥有两端：一曰革新政令，二曰创通经义，而精神之所寄则在书院。革新政令，其事至（王）荆公而止；创通经义，其业至（朱）晦庵而遂。而书院讲学，其风至明末之东林而始竭。东林者益本经义推之政事，则仍北宋学术真源之所灌注也。"

东林书院名垂青史。但东林的宗旨一是矫挽王学之末流，一是抨击政治现状。而阳明在滁州开始广招天下士时，东林书院刚刚擘划，阳明还为此专门写了一篇《东林书院记》，正好填补了鲜有人道及的这一段东林历史。人们都从宋朝的杨龟山一下子跳到明万历的顾宪成兄弟。据阳明此文说：杨龟山死后，其地化为僧区，沦为佛、老及讲授训诂辞章的地方，长达四百年之久。明成化年间，邵泉斋（可能是邵半江，成化进士，诗人）"收复"这片宝地，在此聚徒讲学，他当时还是个举人，后来中进士走了，这片地又荒了，归了无锡的一个姓华的人，这个人是邵的学生，邵在正德八年（癸酉）退休又回到这里，华氏主动让出来给老师办书院。这个地方在无锡百渎，东望梅村二十里，周初泰伯退让王位曾躲避于此。王阳明除了赞扬邵从佛门夺回这片地盘，以上接杨龟山的儒脉，就是赞扬华氏有泰伯遗风——这些都是抵挡佛风和辞章讲诵之习的法宝。

现在，尽管他还没有打出书院的名号，但已有了书院之实。在京城与山阴都还是小范围的讲论。现在他身边聚集了上百名学生，与贵州的龙岗书院、文明书院情况已大不相同。他的气质、秉性决定了他的教学风格是一以贯之。既不照本宣科地死抠经义,也不像朱子那样用注解经书的方式,他搞的是德育至上的素质教育,领着学生白天去游琅琊山、去玩酿泉之水。月夕则与学生环龙潭而坐,百十人"歌声振山谷"。(《年谱》)

琅琊山,离滁州古城五里。东晋元帝司马睿当琅琊王时曾避地此山,故名。欧阳修《醉翁亭记》开头即是:"环滁皆山也。其西南诸峰,林壑尤美,望之蔚然而深秀者,琅琊也。山行六七里,渐闻水声潺潺,而泻出两山之间者,酿泉也。"

据阳明的学生回忆,他"点化同志,多得之登游山水之间"。每逢月夜,就与学生牵臂上山,环龙潭而坐,彻夜欢歌,饮酒赋诗,声振山谷间。阳明的教法是诗化、审美式的,注重改变性情,改变气质,而不注重传授什么书本知识,所以能如此随地指点,想起什么说什么。

"随才成就"是他的基本教育方针。他认为每个人也应该选择自己性相近的专业去努力才有可能成才。如夔选择音乐、稷选择种植,是他资性合下便如此。所谓成就,也就是要他的心体纯乎天理。其运用处,皆从天理上发来,然后谓之才。到了纯乎天理的地步,就干啥都一样了("不器"),使夔和稷易艺而为,当亦能之。圣人说的"素富贵行乎富贵,素贫贱行乎贫贱",也是"不器"。但是必须心体正才能如此。这样解释使"君子不器"变成了可以成为任何"器"。

薛侃拔除花中间的草时说:"天地之间为什么善难培育,恶难除去?"

王说:"未培未去尔。"

过了一会儿,他又说:"像你这样看善恶,是从躯壳(以自己的身体为中心的自我中心)起念,肯定是误解。"

薛侃不理解。王说:"天地生意,花草一般,何曾有善恶之分?

你要看花，便以花为善，以草为恶；如果要用草，便以草为善了。此等善恶，都是因你的好恶而生，所以是错误的。"

薛侃是善于深思的，他追问："那就没有善恶了？万物都是无善无恶的了？"

王说："无善无恶者理之静，有善有恶者气之动。不动于气，即无善无恶，这就是所谓的至善。"

薛问："这与佛教的无善无恶有什么差别？"

王说："佛一意在无善无恶上，便一切都不管，不可以治天下。圣人的无善无恶，是要求人不动于气，不要故意去作好、作恶。"

薛说："草既非恶，即草不宜去掉？"

王说："你这便是佛、老的意见了。草若有碍，何妨去掉！"

薛说："这样便又是作好作恶了。"

王说："不作好恶，不是全无好恶，像那些无知无觉的人似的。所说的'不作'，只是好恶一循于理，不去又着一分意思。如此，就是不曾好恶一般。"

薛问："去草，怎么做就一循于理，不着意思了？"

王答："草有妨碍，理亦宜去，去之而已。偶尔没拔，也不累心。若着了一分意思，心体便有拖累负担，便有许多动气处。"

薛问："按您这么说，善恶全不在物了？"

王答："只在你心，循理便是善，动气便是恶。"

薛说："说到底物无善恶。"

王说："在心如此，在物亦然。那些俗儒就是不知道这个道理，才舍心逐物，将格物之学看错了，终日驰求于外，终身糊涂。"

薛问："那又怎样理解'如好好色，如恶恶臭'呢？"

王答："这正是一循于理。是天理合如此，本无私意作好恶。"

薛问:"如好好色,如恶恶臭,难道没有着个人意思?"

王说:"那是诚意,不是私意。诚意只是循天理。虽是循天理,也着不得一分意,故有所好恶则不得其正,须是廓然大公,才是心之本体。"

另一个学生问:"您说'草有妨碍,理亦宜去',为什么又是躯壳起念呢?"

王有些不耐烦了:"这须你自己去体会。你要去除草,是什么心?周濂溪窗前草不除,是什么心?"

这时,周围已经拢来许多学生,王对他们说:"若见得大道,横说竖说都能说通。若此处通,彼处不通,只是未见得大道。"

他这种思想后来被高度提炼为"天泉证道"之四句教,核心便是"无善无恶性之体"。尤其经泰州学派的鼓荡而风靡天下,亦生流弊。东林党、还有心学内部的刘宗周都起而力矫其弊。刘宗周说:"天泉证道,龙溪之累阳明多矣。"东林党是使王学产生深远影响的功臣,党魁顾宪成有一段总结性的言论,说得也很俏皮:

> 夫自古圣人教人,为善去恶而已,为善为其固有,去恶去其本无。本体如是,功夫如是,其致一而已。阳明岂不教人为善去恶?然既曰无善无恶,而又曰为善去恶;学者执其上一语,不得不忽其下一语也。……忽下一语,其上一语虽欲不弊,而不可得也。罗念庵曰:"终日谈本体,不说功夫,才拈功夫,便以为外道。"使阳明复生,亦当攒眉。王塘南曰:"心意知物皆无善恶,使学者以虚见为实悟。必依凭此语,如服鸩毒。四无之说,主本体言也,阳明方日是接上根人法,而识者至等之鸩毒,未有不杀人者。"海内有号为超悟,而竟以破戒负不

题之名，正以中此毒而然也。且夫四有之语，主功夫言也，阳明第曰是接中根以下人法，而昧者遂等之外道。然则阳明再生，目击兹弊，将有摧心扼腕不能一日安者，何但攒眉已乎。

《明儒学案》卷五十八《与李孟白》

顾宪成认为阳明太偏佛了。他说佛学三藏十二部一言蔽之，就是这个"无善无恶"。呜呼，阳明生怕因药发病，却未能逃出此劫。顾宪成认为无善无恶之语坏天下教法，辩难不遗余力。有的人预支五百年新意，到了千年亦陈旧。阳明是想预支永恒正确，却很快成了箭垛子。

动静一机　体用一源

阳明在滁州待了不到七个月，正德九年升南京鸿胪寺卿。这个衙门在北京的还有点儿事儿干，朝会之时当当司仪，有外宾来时担负相当现在礼宾司的工作。那时，也没什么外事活动，明朝的皇帝不上班的居多。经常性的工作是管皇室人员婚丧嫁娶的外围礼节。在南京则连这类事情也没得管，纯粹是奉旨休闲。没事找事的人便两眼盯着北京，找秉政者的碴儿，以便取而代之（这也是明朝党争特别热闹的一个原因）。这次，只用了四天就走马上任完毕，说明他还是很满意这次升迁的。他终于入了国家"九卿"的行列，尽管现在还是个闲职，但进入了最高层的眼帘，若国家有事就可以特擢要职，一显身手了。他在这个位置上等了二十九个月零十二天，就开始领兵打仗。

他离开滁州时，众徒儿依依不舍，一直送到乌衣，尚"不能别"，留居江浦，等先生过江，真有点儿柔情似水的女儿态了。阳明也没有唐人王勃那种天才的残酷，用"无为在歧路，儿女共沾巾"的话头打发他们，他歌诗敦促学生回去，但可能因为也在伤感中，勉强豪迈也找不着感觉，写得无滋无味，无非是些"空相思，亦何益"之类的老生常谈，还有些道德劝勉。而且有些语意不连贯，结尾也莫名其妙（"逆旅主人多殷勤，出门转盼成路人"），像没写完似的。

在滁州六个月，最大的一件事，就是与湛甘泉相会。湛从安南出使回来，返京复命，在滁州特意住了几天。当年他们在北京长安灰厂故意比邻而居，早晚随时切磋，已结下深厚情谊。在别人眼里他们是一派，讲心性近禅。他们不但不认为自己是禅，而且两个人在理论问题上互不相让，直到最后也没有统一起来。这次，在滁州他们连夜辩论的问题，居然是王主张禅与道都和儒没有多大区别（"道德高博，焉与圣异"），湛主张儒门高广，可以包容佛、道，但有"大小公私"的差别，佛、道在我儒范围之中而已。难怪湛更有近禅的名声。湛进京后两年逢母丧，"扶柩南归"。这时阳明已到了南京，他特意迎接湛的丧队到龙江湖，湛是有名的大孝子，王是性情中人，信真礼教。湛在《奠王阳明先生文》中这样追述这两件事：

一晤滁阳，斯理究极。兄言迦、聃，道德高博。
焉与圣异，子言莫错。我谓高广，在圣范围；
佛无我有，《中庸》精微；同体异根，大小公私；
敦叙彝伦，一夏一夷。夜分就寝，晨兴兄嘻。
夜谈子是，吾亦一疑。分呼南北，我还京圻。
遭母大故，扶柩南归。迓吊金陵，我戚兄悲。

他们俩共同为摆脱朱子的影响而创立新说。他们俩的辩论也从来没有终结过。他们俩的情谊洋溢着心学家的情调韵味。与王并驾齐驱又几十年交好如一的朋友首推湛,与王进行真正的学术论战而并不是党同伐异的也首推湛。就是在王去湛家吊唁之际,两个人依然就格物问题展开辩论。

湛持旧说,王说那就求之于外了。湛说:"若以格物理为外,那就自小其心了。"

阳明反对求之于外,强调摒弃一切外道功夫,直奔那绝对存在又不依赖任何外缘的心本体,就是为了把经验世界用括号括起来,把它悬隔起来,从而把这棵树上挂着的所有那些辞章讲诵之学一把甩开,像禅宗那"截断众流"法,一意去明心见性——然后,再以见了道闻了道的境界回到治国平天下的正道上来。如果说,后者是俗前者是雅的话,那便先来个大雅,再来个大俗。

目的是如此,方法也就特殊。学生怎么说都会得到他的纠正性的指点,总难搔到"当下即是"的那个痒处。非过,即不及。早不如好,好不如恰。恰到好处与恰恰相反精微至极——白刃可蹈,中庸不可能也。后学觉得他的"上一句"与"下一句"是自相矛盾的,他却唯其如此才正好左右逢源。真可谓有伊尹之志则可,无伊尹之志则篡——他那一套心诀,在他是得心应手,如船夫掌舵;在别人,尤其是没有亲炙其门下、没有进入过其语境气场的人来说,则是莫名其妙。而凡是直接承接感受过其春风雨露的人还真从心眼里受感化,那种教主的魅力是难以用语言表达的。

动转得势　用不加功

到了南京以后,许多老学生都聚拢过来。徐爱在这儿当工部员外郎,徐像康有为办万木草堂时的梁启超,给同学们当"学长",负责一般性事务及基本教学工作。阳明是不屑于管杂事的,他指点学生是即兴式的,当然出手就高,让他们跟着慢慢地佩服、消化去。关于这些学生,《年谱》拉了一个很长的名单,有的在后来给老师出过死力气,如周积,最后安葬了阳明。

阳明还是英雄性急,他当了半年多正卿之后,就上了《自劾乞休疏》。就王本身的情绪而言,他的确并不以退休为苦,在滁州时,他就浩叹"匡时已无术",想回阳明洞寻找旧栖处。除去牢骚的成分,也有几分真心情。在无机会成雄的时候,他自然就偏向成圣之路。

他的《乞休疏》写得绝无故作姿态的虚伪气,尽管他并不想就此退出历史舞台,但还是真给自己找罪过:什么旷工呀、身体不好呀、才不胜任、不休了我让别人也生侥幸之心呀等等。古怪的是他说,若休了我,我就"死且不朽"了。皇帝没理他这个茬儿。这是正德十年正月的事。

等到十月,他又上了一道《乞养病疏》,说他正月上疏后,就等着开削呢,当时就病了,现在病得更厉害了。陛下应该把我休了以彰明国法。我也想为国尽忠,但自往岁投窜荒夷,虫毒瘴雾已侵肌入骨,日以深积,又不适应南京的气候,病遂大作。而且我自幼失母,是跟着奶奶长大的,她现在九十有六,日夜盼望我回去,死前能见上一面。假如我复为完人,一定再回来报效君国。又白写了,皇帝看到了没有还是个问题。

这年八月，他曾写了一篇《谏迎佛疏》，很长，两千多字。大意是：您在东宫时已有好佛、道的名声，现在大搞这一套，对圣誉有损。这几年来在这方面已劳民伤财得过了分，弄得民情汹汹。您若真信佛，是用不着搞这一套的，等等。他自己也觉得无济于事，正德皇帝哪是能听进去好话的人？对牛弹琴倒是小事，再惹恼他了，又得投窜荒夷。写完，舒解了内心的焦虑，便对得起自己的"良知"了。然后，掷于纸篓，去静坐养心去了。

他在弘治时期筑室阳明洞就修习静坐。静坐，在各家各派中都是一种使主体获得清明状态的修持方法。宋儒是讲究静坐的。二程兄弟见人静坐便叹其善学，并教人静坐。陆九渊的弟子多做"澄默内观"的功夫。朱子反对专主静坐，但把静坐当作"始学功夫"，认为可以收敛精神，使心定理明，以便识理接物。

阳明在这一点上与朱子态度近似。正德五年，他从贵州回来，在常德、辰州的寺院中，教一群敬慕他的学生练习静坐。过后，给他们写信说：这样做，"非欲坐禅入定。盖因吾辈平日为事物纷挐，未知为己，欲以此补小学收放心一段功夫耳"。当时，他们在寺中静坐时，是以"自悟性体"为宗旨，与朱子稍异。否则就不是心学了。据阳明说，当时他们都能"恍恍若有可即者"了，就是能感应到肉眼看不到的东西了。这种心学功夫，是对内心状态的体验。阳明本人没有描述过这种体验，湛甘泉的老师陈白沙描述过，就算不是一回事，也可参考："此心之体隐然显露，常若有物。"

在滁州时，他教人在静坐中用正念克服杂念，这就与禅定不同，禅讲究不起念。阳明认为那是不可能的。

他反对因为烦乱便去静坐，这像懒得看书但还是硬去看书一样，是因药发病。他像孟子一样追求"不动心"。一个学生问他孟子与告子（主张性无善恶）的差别，他说："告子是硬把捉着此心，要他不动。孟子是集义到自然不动。"所谓集义，就是用道德充实灵魂。他又说："心之本体原自不动。心之本体即是性，性即是理，性元不动，理元不动。集义是复其心之本体。"

在滁州的那帮学生大部分还在那里。有从那边来的人说，他们热衷于放言高论，有的渐渐背离了老师的教诲。阳明后悔不已，他说："我年来欲惩戒末俗之卑污，以拔除偏重辞章外驰心智的陋习，接引学者多就高明一路。今见学者渐有流入空虚、故意标新立异的，我已悔之矣，故来南畿论学，只教学者存天理，去人欲，做省察克己的实际功夫。"顾宪成嘲笑王氏这种"既已扫之，犹欲留之"是"权教"而非"实教"："既已拈出一个虚寂，又恐人养成一个虚寂，纵重重教戒，重重嘱咐……又谁肯听？"（《明儒学案》卷五十八《与李孟白》）

趋静者流入空虚；外驰者流于立异。有所得者则为静思、事功，日本的阳明学就有这样两派。阳明是将二者打并为一的。他在辰州教人静坐，就是主一，主敬存诚是一法；戒惧慎独也是一法。息息去私意、存天理，循此正道上达是可以超凡脱俗，完成"根本转变"的。

陆澄住在鸿胪寺的仓房里——许多来求学的人都吃住艰苦，陆澄接到家信，说他的儿子病危。他自然心中悲苦，忧闷不堪。用他锄草时阳明说的"理"来说，此时当悲不悲也不对。但是，阳明对他说："此时正宜用功。若此时放过，平时讲学何用？人正要在此等时刻磨炼。父子之爱，自是至情。然天理亦自有个中和处，过即是私意。人于此处一般都认为天理当忧，但忧苦太过，便不得其正了。大抵人情在这种时候，受七情所感，多只是过，少有不及的。才过便非心之本体，必须调停适中才能得其正。就如父母之丧，人子岂不欲一哭便死，方快于心。然而圣人说'毁不灭性'，这不是圣人强制，而是天理本体自有分限,不可过也。人但要识得心体,自然增减分毫不得。"

有一个学生得了眼病,忧心如焚。阳明说:"你这是贵目贱心。"

阳明说:"人心一刻存乎天理,便是一刻的圣人;终身存乎天理,便是终身的圣人。此理自是实。人要有个不得已的心,如财货不得已才取,女色不得已才近,如此取财货女色乃得其正,必不至于太过矣。"

有人问怎样克己省察?

王答:"关键是守以谦虚,恢复上天给我的,持此正念,久之自然能定静。遇事之来,件件与它理会,无非是养心之功。谦虚之功与胜心正相反。人有胜心,则难当孝子忠臣,为父难慈,为友难信。人之恶行虽有大小,皆由胜心生出。胜心一坚,就再难改过迁善了。"

问:"有事忙,无事亦忙,这是怎么回事?"

答:"天地气机,原无一息之停。要有个主宰,若主宰定时,与天地一般不息。若无主宰,便只是这气奔放,如何不忙?"

又说:"去了计较分量的心,便去了功利心。只在此心纯天理上用功,便能大以大成,小以小成。"

问:"上智下愚如何不可移?"

答:"不是不可移,只是不肯移。"

第十章

息息造命

事变也在人情中

　　正德以他那种荒诞的方式当皇帝，居然不倒台，得感谢儒家给他教育出了那么好的官僚队伍，更得感谢那种除了皇帝谁也夯不起翅儿来的邪门制度。但是民不聊生，民自生变。老百姓一般情况下是遵守祖宗规矩和圣人教诲的，但肚子不饱了，灵魂就不再饥饿。明朝以民变开局以民变结尾，终明之世，民变无日无之。只是正德朝也忒乱乎些。而乱世才出心学。换句话说，心学在乱世才显示出夺目的光彩。就像治世出理学一样。如果说理学像小吏多念律，心学则像老将不论兵。

　　心学是"爹死娘嫁人个人顾个人"时、谁也指望不上时、只得靠自己来独立面对世变时的精神胜利法、主观能动性。就像一个人被抛至旷野，叫天不灵叫地不应，只能用自己的心、力来承受一切，他必须爆发出巨大生命力,才能置于死地而后生。这时,这个人就是个真正的心学家。

王阳明说:"无事时固是独知,有事时亦是独知。人若不知于此独知之地用力,只是在人所共知处用功,便是诈伪。此独知处便是诚的萌芽,此处不论是善念恶念,更无虚假,一是百是,一错百错。"

王说:"你终日向外驰求,为名为利,这都是为着躯壳外面的物事。其实视听言动,皆由你心。你心之视,发窍于目;你心之听,发窍于耳;你心之言,发窍于口;你心之动,发窍于四肢。心并不专是那一团血肉,若是那一团血肉,你看那已死之人,那团血肉还在,但他的视听言动在哪里?"

当林黛玉跟宝玉说"我为的是我的心"时,她就是个漂亮的心学家;但那些造反的民众"出东门,不复归"时,他们是什么?用阳明学那一元化的逻辑说,他们也是真诚恻怛的心学家。

在阳明整天像散仙一样活着,还觉得不舒服,还不断地打退休报告时,"南中盗贼蜂起",谢志珊据横水、左溪、桶冈,池仲容据浰头,皆称王,都要当新时代的朱元璋。占领大庾岭的陈曰能、盘踞乐昌的高快马、称霸郴州的龚福全等等,都攻城略地,与此同时,福建象湖山的詹师富又随之而起。

让人哭笑不得的是,阳明本来是说人人都可以成为圣人的;民,我同胞也;现在,他却不得不向他们举起屠刀,来镇压本来可以成为圣人的也有心本体的人了,这是多么严峻的拷问?若在俄罗斯宗教型思想家那里,这个问题几乎是不可逾越的。然而在王某人这里,却毫无困难。因为确立了仁政理论体系的孔夫子可以诛少正卯,阳明最心仪的孟子是主张为了大多数人的最大幸福,像夏桀、商纣那样的帝王都可以诛杀的,还有个"国人皆曰可杀"就杀之的"全民公决论"。

尽管儒家是世界级的和平主义"教派"，但它从来没有承诺绝不杀人，在刑法与道德这治国的两轮之间，孔子明确表示他要"执两用中"。阳明是孔子的好学生，自称是圣人的真骨血，绝对能完整准确深入地领会圣学的真精神。他有一个法宝：就是与民众的大多数保持一致。他有句近乎极端的话：

  与愚夫愚妇同的，是谓同德；与愚夫愚妇异的，是谓异端。

  这个思想一点儿也不妨碍他去镇压民变，反而是他去镇压的价值支点。因为当时百姓不会写书，我们无法看到他们到底对当时的揭竿而起者是个什么态度，我们现在看到的只是写出来的历史，而写出来的历史与真实的历史相比，差不多是一毛与九牛之比。记载阳明事迹的又都是与他相同立场的人，都坚信剿匪天经地义：他不去除暴怎么能安良？在匪徒出没的广大区域，民不聊生，他们遥望王师救他们出水火之中。我们既不说王阳明镇压农民起义罪该万死，也不说只有农民起义才是历史前进的动力，我们看到的是腐败的政府既不能保障民生，更不能保障民安。久而久之，不想当强盗的良民也不得不"入伙为安"，愚夫愚妇只有一个逻辑，就是永远在两害之间取其轻。他们在给国家缴纳的税粮中包含着让国家养官养兵以保障纳税人安生安全的期待，但官敲诈盘剥他们，兵比匪还心黑手辣——王阳明剿匪就不用国家正规军，他知道大军一过，百姓几年之内没法正常生活。他是个为大多数民众着想的好官。

  由于明朝有军功、恩赐、贡举、科考几大渠道出产官吏，官多岗位少，南京六部是板凳队员，还有大量的隐蔽失业的官员，造成官场竞争上岗空前地激烈。阳明等到四十五岁才得授去"剿匪"的实职，还是因了兵部尚书王琼的特别推荐。

王琼是太原人,能打会算,以敏练获宠圣上,人皆服畏。他正德十年才当上兵部尚书,次年就举荐了阳明。他反对大兵剿匪的办法,才特拔阳明这样的人才。他废除了当时通行的用杀贼首级论功的做法。他说这是秦始皇留下的坏传统。在边关可以论人头,在内地绝对不可。他说:"现在江西、四川妄杀平民千万以冒功,还纵贼行动以创战绩。自今内地征讨,只以荡平为功,不计首级。"

王阳明自称正在尸位素餐、因循岁月,却于九月十四日忽然接到吏部任命他当南赣金都御史的咨文。这个使命是出他意料外的,他思考了半个月,给皇帝上了一道《辞新任乞以旧职致仕疏》。致仕就是退休。他是个语言大师,疏文写得极好,短短的篇幅一波三折,横说竖说,无非是身体不好,才能低下,不敢误国败政。中间有些插曲性的话颇可玩味:"因才器使,朝廷之大政也;量力受任,人臣之大分也。"下面说自己得显官怎么会不欢喜?只是怕干不好云云——这是阳,真实的意思是我过去粗心浮气、狂诞自居——你们从来也没想着要用我,这是阴。阳虚阴实,大有我这里都过了景了,你们才起劲了,真让我啼笑皆非,如手持鸡肋。去年,即正德十年御史杨典举荐改阳明为祭酒,这个活儿倒与他这个讲学家的形象般配——但人家腻歪的就是他的讲学,怎么会让他成为"奉旨讲学"的祭酒!

突然让一个白面书生去当剿匪司令,他若朝发夕至地去上任有点儿发贱,若说死不干,就没机会建功立业了,就成了彻头彻尾的空头思想家、迂腐的呆道学。微妙的"度",或用他常用的术语"几"横在眼前,他自圆的办法是:我上次请求退休、请病假都是为了看我奶奶,与她得诀别一面,现在我提这个要求也许违反条例,言外之意是你们自然可以不允许。他还说在杭州等待旨意。

他递上含义复杂的辞呈,就从南京往老家方向走。《年谱》说他十月回到了老家山阴。

那种文牍政治的行政效率也着实可笑。十月二十四日圣谕下：

> 尔前去巡抚江西南安、赣州，福建汀州、漳州，广东南雄、韶州、惠州、潮州各府及湖广郴州地方。抚安军民，修理城池，禁革奸弊。一应地方贼情、军马、钱粮事宜，小则径自区画，大则奏请定夺。钦此。

这道圣旨也没有启动阳明的"心机"。他依然号称在杭州，其实往返于"山阴道上"。十一月十四日兵部又续下一道批文，内有皇帝切责语：

> 乃敢托疾避难，奏回养病。见今盗贼劫掠，民遭荼毒。万一王阳明因见地方有事，假托辞免，不无愈加误事？

兵部奉圣旨，命令：

> 既地方有事，王守仁着上紧去，不许辞避迟误，钦此。

但是，他还是继续等，等到十二月初二吏部又下文，正面回答了他的请按原官退休的上疏："奉圣旨：王守仁不准休致。南、赣地方见今多事，着上紧前去，用心巡抚。钦此。"

原先半真半假、半推半就，等皇帝的申斥其实是在等皇帝的再三诚聘。他身体不好是事实，这种活儿明摆着容易失败，他前面的御史就是畏难而以病辞职。再前，也有招抚土匪而土匪又反戈，从而落职入狱的。也有不屑于为流氓皇帝卖命的。现在一切都不用再说了。初二下文,初三他就告别美丽的杭州城,走向日渐坐大的那些巨寇,走向积年匪患丛生的深山老林。这一走就是五年,而且是百死千难的五年。

胜败由人　兵贵善用

正德十二年丁丑正月十六,他到达赣州,正式开府。

他来时,在万安就先跟数百名流贼遭遇上了。他根据王朝官员调动的规矩,基本上是只身一人,领着家人,没什么官军护卫,而且他的旧衙门是王朝最冷清的部门,他也无从带钱、带人。那帮流贼沿途肆劫,商船不敢前进。王把商船组织起来,让他们结成阵势,扬旗鸣鼓,摆出趋战的架势。这伙流贼皆由流民临时组成,并非惯匪,(明朝是不允许人口随便流动的,就怕他们变成流贼。但他们的温饱无着,又不能等死,政府又不提供基本保障,他们不流又如何?)这伙人见船上有官,便像找着了娘,一起跪下来,请求救济,说他们只是饥荒流民,只求官府发放救济。

王让人上岸宣布:你们赶快回家,我一到赣州就派人落实安排。以后各安生理,不要再胡作非为,自取杀戮。

他最后是否落实此事,或促使地方采取了什么措施,不得而知。他平定了巨寇后确实兴办了一系列富民教民的实事。

到任后,他得先收拾残局。因为他的前任文森见形势严峻,早已假借有病辞职而去。而前些时谢志珊、詹师富等部攻掠大庾岭,进攻南康、赣州,守城官员有的被杀。暴动的怒潮以漳南群山中的积年匪巢为重镇,所以,阳明须先把它们搞掉,再说其他的。

用兵之道,是最典型的用心之道。兵法之妙,存乎一心。同时,打仗是在打制度、打钱、打人心向背。阳明现在有了权,他的心学又一直是"运用学",他的文韬武略得以变成真才实学矣。

治民先治官,他认为这一带暴民得不到肃清的原因在于各省都推托观望,不肯协力合作,致使贼情蔓延。他首先照会各省必须听他的指挥,做好战前准备,巩固城池,选拔向导,组织大户,开垦边地兴屯足食——总之,他极有远大的战略头脑,既要治标又要治本,要根治匪患,而不只是拉完网就走。这再次证明了荀子主张用通经达义的君子当官的设计是正确的,他们既能做好眼前的工作又能考虑到长远的效益。历代实行的科举考试,其本义也是想选拔这样的君子。

治民,最好的办法是有效地让民自治。他推行了十家牌法。让每户每天汇报当天的行为,来往人员的情况,一户出问题十家连坐——让他们互相检举揭发。他发牌时告谕各府父老子弟的告示写得极温情脉脉:我岂忍心以狡诈待尔等良民,只是为了革弊除奸,防止通匪,不得不然,也是为了确保你们的安全。他还提出了一系列让他们当好良民的道德要求。

在将后院布置停当的同时,他已着手选练民兵。民兵,最晚在宋代已有常制,在禁兵、厢兵、役兵之外,就是民兵。选拔健壮的农民列入兵籍,平时从事农业生产,有事则应召入伍。只是明中叶以来连正规军还组织不好,遑论其他。他在《选拣民兵》的告示中说:我到任十天,未能走遍所属各处,仅就赣州一府的情况来看,财用枯竭,兵力脆寡,卫所的军丁,只存故籍,府县机快,半应虚文。根本就没有抵御强寇的力量,用他们去剿匪就像驱羊攻虎。所以,以往动辄就会上奏请兵,不是征湖广的土军,就是调广东的狼兵。往返之际,经年累月。集兵举事,土匪魍魉潜形，无可剿之贼。大军一走，他们又狐鼠聚党，便又到处是不规之群。群盗因此而肆无忌惮，百姓觉得官军根本靠不住，便竞相从匪。

他那些既操作简便又不是苟且之谋、眼下见效的长远之策，实难一一缕述，且说这选拔民兵之事：他发令江西、福建、广东、湖广四省的兵备，从各县选七八个骁勇超群、胆力出众的魁杰异才，组成精干的小分队。招募奖赏他们的费用都从各属商税和平时没收的赃款罚款中支出。各县旧有的机快的编制不动。会剿时不要出动大军，每省出兵不得超过五百人，这五百人分成两拨，三分之二的人员留守训练，既为安抚民心、作预备队，还可以节省军需，以提高给投入作战的那三分之一精锐人员的奖赏。

与此同时，他广布间谍。原先，官军在明处，因为赣州的百姓多有为藏在山洞中的强人当眼线耳目的，官军尚未行动，那边早有了准备。阳明发现一个老衙役尤为奸诈，是洞贼的密探，便把他叫到卧室里，问他要死还是要活？若要活，就交代联络图、联络点。老役如实坦白。阳明遂在推行十家牌法的同时，将计就计，故意让密探传回去错误消息：能而示以不能，打而示以不打。

很快，一切准备就绪。他下令各省的小分队会剿活动最猖獗的闽西漳州象湖山一带的暴徒。

兵宜随时　变在呼吸

官军见敌众我寡，敌据险要之地，处仰攻地位，且巢穴众多，又四面设伏，并且斗志昂扬。他们便想分进合围。

初战长富村，斩首四百三十二颗，俘获一百四十六口，烧毁房屋四百余间，夺马牛无数。官方死了"打手"六名。暴动部队退回象湖山拒守。在莲花石，两军对垒。广东的兵在大伞地方遭暴动部队阻击，不能按计划到达。福建兵也去大伞会战，却被大伞暴动部队突然袭击，败退、四散于水竹、大重坑等老巢。

官军受挫，又不敢不打，又不想送死，这时便有几个军官提议调广东狼兵前来。阳明立即下令训斥，要按"失律罪"处分他们，但又并不真处分，只是激励他们去立功赎罪。这是阳明决策优劣的时候了，他说："兵宜随时，变在呼吸。怎能各持成说？貌似持重，却坐失时机。福建军有立功心，利于速战。敌以为我必等土军狼达，不会出击，却正是出击的好时机。"虚虚实实的契机看怎样把握利用。

他亲自驻跸上杭，算是靠近前线指挥，命令假装撤军，扬言秋季等大军来会剿。却分兵三路，占据险要，于二月十九晦夜，全线突袭，各路并进，直捣象湖山，拿下了主要的隘口。这是军事上常说的"出其不意"，造成敌人的相对劣势，变被动为主动。

对手以为官军还会像往常一样，受挫之后，不外乎撤退或来招降。他们想攀登到悬崖绝壁上去，没想到上面早有王布置的从小道上去的伏兵。上面滚下圆木石头，他们只有四处逃奔，但依然边跑边打，官军人数不是很多，但有"势"，尤其是三路鼓噪穿插，遂喊声遍山野。暴动部队既离开了老巢又失去了地利，便大势已去。

官军乘胜追剿，攻破长富村、水竹、大重坑等四十三处据点，杀了暴乱首领詹师富、温火烧等共七千余人，把遍布在山中的"贼洞"都捣平了。用正史上的话说：这一次仅用了三个月，樟南数十年贼寇悉平。

阳明原先做了两套准备：贼若据险相斗，就学邓艾破蜀——间道以出；贼若盘踞山洞不出，就学充国破羌——用小部队困住他们。这个方案有阴有阳，万无一失。广东兵不走间道，打乱了部署，一度受挫，诸将灰心，请调大军，阳明的独特超人之处在于能透过一层，不肯自懈失机，亲自督师，卒获成功。

他出发前，在山阴，王思舆跟另一个朋友说："阳明此行，必立事功。"问："何以知之？"答："吾触之不动矣。"——这个触之不动，就是"心"有了定力，有了主"意"。

百战自知非旧学

王阳明关于这一仗给皇帝呈了五六道上疏，疏文长得要命，什么打手、杀手的姓名，古里古怪的贼名都一一开列，每一小战缴获的牛马都计数上报。这是怕皇帝不信——朝中有一批文官专门挑剔勘验，怕谎报军功。事实上也是主要写给他们看，因谎报军功的太多，朝廷总是杀价——你报四千，他们按两千算。这次对王也是如此，兵部以圣旨名义下达的嘉奖令，就让他杀贼的数目少了一半。

最不可解的是说重复话，几天之内写几万字的公文，反复请求给他专职专权，像要饭一样去乞求效忠君国的工作机会。救民水火的责任感并不是主要的，主要的恐怕是功名心，不愿意一事无成。而无权就什么事也干不成。然而贪则必败，怯则无功。这中间有许多微妙的道道。

皇帝因他平漳南匪患之功，赏了他银子二十两、奖状一张，升官一级。这点儿赏赐还不如皇帝一次赏给某个和尚、道士、优伶、太监的那个零头呢。但朝廷还只是先赏他一个人，别人经勘验明白后再说。

他并不是一个贪功冒赏的人，他一再声明自己只是尽了点儿催督之责。

他要能够行使赏罚的权力。他接二连三地给皇帝上"赏不逾时，罚不后事"的常识课。用当代眼光看，那种体制真够厉害的，能把每个人都弄得可怜兮兮的，像个要饭的叫花子。

朝廷一干文官反对这样做，就一直拖着——底下办事不利，皆因上边形式主义养成的官僚主义，大明朝后来不得不亡也缘于此。

搞"团练"这一套，阳明教会了曾国藩，成了国溃时期的救命稻草。

王阳明在民众那里获得了肯定。在班师途中，他受到了焚香顶礼的跪拜。回师上杭，正赶上那里久旱不雨，他就祈雨，还正好下了雨。百姓一面欢呼，一面觉得不满足，让他再求雨。他就又求，并向上天保证马上班师，不再起刀兵。还正好又下了雨。百姓以为他是神仙，说他的军队和求来的雨都是及时雨。他就作了篇《时雨堂记》——因为人们要把他求雨的那个台子叫作"时雨堂"。

他去时还为"疮痍到处曾无补"而说气话——还不如回南京旧草堂过清灯苜蓿生涯。今天看见了自己的"作品"又高兴得喜气洋洋了：南氛平定，遍地农襄下夕烟，人们又过上了太平日子。为了这场雨，他一下作了三首诗。

为了让百姓长治久安，享受"政教合一"的阳光雨露，尤其是要教育好后代不再当土匪，他热情地响应了下层的请求——在漳南河头地方建立一个平和县。他将下级官员、民众的一致要求转达了之后，加以深度论证。他不像别的官员那样"梗阻"，反而成为变压器，这就是民众之福了。他一开始有这样的顾虑：大军过后继以重役，百姓难以承受。他还实地考察了一番，询问父老，众口一词，都盼望着建县，有地的出地，有山的自动奉献木料和石头，他们自发地来义务劳动，但不敢擅自盖县衙门。他们最怕的就是上边不同意。好官能够将这种积极性组织起来，让他们发挥出来，而坏官则把他们压制下去。王阳明"教导"皇帝：河头形势，系江西、福建两省贼寨咽喉。今象湖、可塘、大伞、箭灌诸巢虽已破荡，但难保有余党不再啸聚。过去，乱乱相承，皆因县治不立。若于此地开设县治，正可以抚其背而扼其喉，盗将不解自散，化为良民。

除了可以安置新抚（招降来的）之民两千余口，更重要的是设立学校，通过教育永久解决问题。他提醒皇帝："若失今不图，众心一散，不可以复合；事机一去，不可以复追。"俯顺民情，是他的基本指导思想。现在，地图上的平和县就是这么出现的。

另外，他还在横水建立了崇义县。规划土地建筑民房，鼓励山民修建梯田，以解决山多田少的矛盾。还凿山辟路，以通险阻，用扩大交通的办法达到开化民俗的作用。他的这些举措证明他是诚心让百姓好起来，不是单单镇压了事。

何良俊在《四友斋丛说》中这样评说阳明："当桶冈横水用兵时，敌侦知其讲学，不甚设备，而我兵已深入其巢穴矣。盖用兵则因讲学而用计，行政则讲学兼施于政术。若阳明者真所谓天人，三代以后岂能多见！"

更让他高兴的是徐爱在雪上买了块儿地，和几位同学在等着他同去过卧龙躬耕垄上的日子。他用喜情幽默的笔调写道：新地收获少，那么税收也少，咱们再学学钓鱼——但是我现在却须向千山万壑夜发奇兵。"百战自知非旧学"，我多么想跟你们在一起，然而……然而，他虽然知道徐爱病了，也甚为关切，几次写信垂问。但他没想到他的这位颜回，不久即到了另一世界。

薛侃、陆澄等这一年中了进士。阳明却说："入仕之始，意况未免摇动，如絮在风中，若不粘泥贴网，亦自主张不得。"就是希望他们有所依傍——不是加入官僚网，而是在精神上有寄托，别滑坡。他知道官场是个销魂鬼窟，心志不"老"很难不受其斫伤。他很惦念他们，不知他们是否经得起这种害人的"进步"的考验。现在，他顾不上管他们，唯有让他们"想平时功夫，亦须有得力处耳"。

制度滋养心中贼

他给他的学生杨仕德写信说："破山中贼易，破心中贼难。我来铲除鼠窃毛贼，没什么了不起的；你们扫荡心腹之寇，以收廓清平定之功，这才是大丈夫不世之伟业。"

他这两句话本来是他惯用的"仿辞"表达式，后来——在新中国却名声大噪，成了他反动透顶的铁证。其实他的本意只是：让我来平定民间暴动，是杀鸡用宰牛刀；真正难办的是扫荡心中的邪恶。心中的邪恶之所以难除，是因为人们不以为那是贼。国事如此不振，人心如此不古，就是因为心中贼在作祟。他这话主要是针对那些把持朝政的奸恶之徒，自然也包括人人心中不可告人的毛病。

相比之下，还真是属"山中贼"易破，"心中贼"只要你愿意也可以破，最难破的是"制度贼"，制度中的贼不是你想破就能破了的。因为山中贼是民，制度中的贼是官。官比民难缠多了。他参劾一批失事官员，也奖励了一批官员。中间龃龉颇多、纠葛难缠。国家本来只是社会的工具、吏治也只是管理社会的手段，但是运作起来，国家和政治都成了目的，官成了"本体"。

尤可恼的是，害群之马——太监见打仗就以为来了发财的机会，浙江镇守太监毕真走内线，让皇帝旁边的太监说服皇帝派他去当剿匪部队的监军。又是王琼保护了阳明，王琼说："兵法最忌遥制，若是南、赣用兵而必待谋于省城的镇守，断乎不可！"王琼知道阳明的成功也是兵部尚书的功劳，琼也是个别有奇情的干才，才能英雄相惜，他愤慨地说："国家有此等人，不予以权柄，还将有谁可用？"

王阳明想办法疏通盐法，以保证军饷。最难的是，须得到上边的支持。他两次疏请旗牌，最后还是靠特拔他的王琼力排阻力，才暂时给了。并把巡抚改为提督，使他有了可以现场发挥的自主权。

现在有了"势"，就可以作法使术了。他先改造部队编制，以提高快速反应能力。他当年下过正经功夫，那时的纸上谈兵现在都可以"精神变物质"了。他说："习战之方，莫要于行伍；治众之法，莫先于分数。"他的"治众之法"就是强化等级之间的权力和责任，即所谓"分数"。他的新编制如下：二十五人为伍，伍有小甲；二伍为队，队有总甲；四队为哨，二哨为营；三营为阵，二阵为军，军有副将。副将以下，层层管制。这样做其实并无什么新意，尽管《明史》阳明本传中赫然录入，并说是"更兵制"之举。其实，只是将《周礼》兵制每个单位的数目做了调整。阳明这样改是为了剿匪时分进合击的便利。他说这样做可以上下相维，大小相承，如身之使臂，臂之使指，自然举动齐一。这几句话李纲也说过。就像他的十家牌法是古代里甲制度的翻版一样。

编伍完毕，发放兵符。每五个人给一牌，上写本伍二十五人的姓名，使之联络习熟，谓之伍符。每队各置两牌，编立字号，一付总甲，一留阳明的总部，叫队符。相递有哨符、营符。凡有行动，发符征调，比号而行，以防奸弊。平时训练，战时进退都集体行动——有效地改变了明朝地方部队一盘散沙、死了跑了都没人管的疲软局面。现在他可以治众如治寡，纲举目张了。

破山中贼的心中贼

磨到九月,才下达了至金至贵的上谕,给了他得以放手工作的权力。圣旨出于王琼手笔,基本上都是重复阳明的话,把他的奏疏变成了再传达下来的指令——下学上达,下级教上级,能教会了还得谢天谢地。权力资源的垄断者授予他提督军务,调配钱粮,处理下级,杀死被捕贼人的全权。可以便宜行事,只是不要像过去的官员那样滥用招抚的办法。

没的说了,阳明按照他的心意开始行动。

漳南平了,他将重点转到南康、赣州。这里西接湖南的桂阳、南接广东的乐昌,王认为这一带的桶冈、横水、左溪的暴动部队荼毒三省,威胁极大,若窜入广东,形势更难平定。另外,浰头上、中、下三个山头都是池大鬓(仲容)的势力范围。他们与横水的谢志珊部同是南赣最大的暴动部队。王想攻打横、桶,又怕浰头的人过来夹击。遂想办法稳住浰头这一头。只能用"抚"的办法。

当时,有人主张三省会剿。阳明不以为然。他明跟皇帝说:广东狼兵所过如剃,毒害民众超过土匪,会激起更大的民变。

他的第一个举措便是派人去招抚乐昌、龙川的浰头人众。他真正的拿手好戏是攻心术。他给山洞里送去牛、酒、银子和布匹,还有一封《告谕浰头巢贼》:本院以弭盗安民为职,一到任就有百姓天天来告你们,所以决心征讨你们。可是平完樟寇,斩获七千六百余,审理时得知,首恶不过四五十人,党恶之徒不过四千余,其余的都是一时被胁迫,于是惨然于心,因想到你们当中岂无被胁迫的?访知你们多大家子弟，其中肯定有明大理的。我如果不派一人去抚谕，就兴师围剿，近乎不教而杀，日后我必后悔。所以，特派人向你们说明，不要以为有险可凭，不要觉得眼前人也不少。比你们强大的都被消灭了。

然后开始运用心学理论："若骂你们是强盗，你们必然发怒，这说明你们也以此为耻，那么又何必心恶其名而身蹈实？若有人抢夺你们的财物妻子，你们也必愤恨报复，但是你们为什么又强加于人呢？我也知道，你们或为官府所逼，或为大户所侵，一时错起念头，误入歧途。此等苦情，甚是可悯。但是你们悔悟不切，不能毅然改邪归正。你们当初是生人寻死路，尚且要去便去；现在改行从善，死人寻生路，反而不敢。为什么？你们久习恶毒，忍于杀人，心多猜疑，无法理解我的诚意，我无故杀一鸡犬尚且不忍，若轻易杀人，必有报应，殃及子孙。

"但是，若是你们顽固不化，逼我兴兵去剿，便不是我杀你们，而是天杀你们。现在若说我全无杀你们的心思，那也是诳你们。若说我必欲杀你们，也绝非我之本心。你们还是朝廷赤子，譬如一父母同生十子，二人背逆，要害那八个。父母须得除去那两个，让那八个安生。我与你们也正是如此。若这两个悔悟向善，为父母者必哀怜收之。为什么？不忍杀其子，乃父母本心也。

"你们辛苦为贼，所得亦不多，你们当中也有衣食不充者。何不用为贼的勤苦精力，来用之于农耕、商贾，过正常的舒坦日子。何必像现在这样担惊受怕，出则畏官避仇，入则防诛惧剿，像鬼一样潜形遁迹，忧苦终身，最后还是身灭家破。有什么好？

"我对新抚之民，如对良民，让他们安居乐业，既往不咎，你们已经听说。你们若是不出来，我就南调两广之狼达，西调湖湘之土兵，亲率大军围剿你们，一年不尽剿两年，两年不尽三年，你们财力有限，谁也不能飞出天地之外。

"不是我非要杀你们不可，是你们使我良民寒无衣、饥无食、居无庐、耕无牛，想让他们躲避你们，他们就失去了田业，已无可避之地；让他们贿赂你们，家资已被你们掠夺，已无行贿之财。就是你们为我谋划，也必须杀尽你们而后可。现在我送去的东西不够你们大家分，你们都看看我这篇告示吧。我言已无不尽，心已无不尽。如果你们还不听，那就是你们辜负了我，而不是我对不起你们，我兴兵可以无憾矣。民吾同胞，你们皆是我之赤子，我不能抚恤你们，而至于杀你们，痛哉痛哉！走笔至此，不觉泪下。"

这样的"告土匪书"简直像情书。这么仁义，这么动情，王阳明早年泛滥辞章的功夫也没有白费。

这颗精神炮弹，很有作用。一是直接感动了住在山洞里的瑶族酋长，如金巢、卢珂，他们率本部来投诚，参加了后来的围剿同类的战斗，尤其是卢珂，破池大鬓时立了功，后来阳明保举他做了官。二是对暴动部队起了心理破坏作用，使他们思想动摇、精神涣散，且疑且惧，斗志瓦解。而这时王的部下伍文定等已率部队突飞猛进，到达了他们的洞口，时冒雨而至，他们猝不及防，遂仓促败逃。官兵捣平几个大的洞巢，阳明也在土匪中落下"多诈"的名声。

号称"征南王"的谢志珊，在大敌当前，联合陈曰能、广东乐昌的高快马，大修战具，还制造吕公（姜子牙）战车。他们计划趁广东兵在府江时，打破南康，然后乘虚入广。

那些知府一级的官员主张先打桶冈，那里是暴动的重镇，还可以与湖南的兵一起夹击，大形势有利。阳明再次站高望远，谋胜一筹。他说：诸贼为害三省，其患虽同，而事势各异。就湖南言之，桶冈是贼之咽喉，横水是腹心；就江西言之，则横水是腹心，而桶冈是羽翼。若不就腹心着刀，而去羽翼拔毛，是舍大取小。而且进兵两寇之间，腹背受敌，势必不利。现在横水之敌，见我尚未集合兵力，以为战期还远，又以为我必先去桶冈，而心存观望，乘敌不备，急速出击，必可得志。拔除横水之敌，挥师桶冈，则成破竹之势，桶冈之贼则为瓮中物矣。

他的指挥部设在南康，离横水只有三十里，先派遣四百余人潜入制高点，虽然已是十月中旬，但山上还在下雨。官军从山谷呐喊鼓噪推进，山头的官军，举旗大喊："我们已打下老巢！"暴动部队见到处都是官军，以为山洞都被占领，只剩下自己这一伙了。再无斗志，溃乱不成气候。或降或逃，所有的准备都没用上，稀里糊涂地失败了。

这一仗，破除五十多个巢穴，斩首级两千一百六十八颗，擒斩首领五十六人，俘虏了暴动队员及其家属两千三百二十四人。横水首领谢志珊，也是这一带的联动司令被活捉。

王问谢："你何以能网罗这么多同党？"

谢说："也不容易。"

王问："怎么不易？"

谢答："平生见世上好汉，断不轻易放过；多方勾致之，或纵之以酒，或帮他解救急难，等到相好后，再吐露实情，无不应矣。"

阳明感慨系之，让带走谢，就地正法。然后对跟着他的学生说："我儒一生求朋友之益，不也是这样吗？"

高攀龙语录中有这样一则：有人问钱德洪："阳明先生择才，始终得其用，何术而能然？"德洪说："吾师用人，不专取其才，而先信其心。其心可托，其才自为我用。世人喜用人之才，而不察其心，其才止足以自利其自己矣，故无成功。"高攀龙的结论是："此言是用才之诀也。然人心地不明，如何察得人心术？人不患无才，识进则才进，不患无量，见大则量大，皆得之于学也。"（《明儒学案》卷五十八）说白了，就是个"意"。"识"从意来，有意才有识，意高才识进、才见大，所谓得之于学，能提高"意"的才是学。

上善若水

徐爱早就跟阳明说自己活不了多大岁数。阳明问他为什么这么说。他说，他曾梦游衡山，梦见一个老和尚抚着他的背，对他说："你与颜回同德。"过了一会儿，又说："也与颜回同寿。"阳明说："梦而已，何必当真，你也太敏感了。"

徐说："这是无可奈何之事。但愿能够早日退休，希望能够专门修（习）证（悟）先生的学说，朝有所闻，夕死可矣。"

别看孔子说朝闻道夕可死矣，他自己和儒家真这么做的很少，倒是佛家这样做的很多。证悟到了大道之后再喂养这个色身便觉得没有意思了，就"成就"了去。徐爱这么说表明他的内化功深，他是个心中贼尽除的大善人，是王学门徒中最为明诚的第一贤人。用他同学的话说，他是跟从先生最早、闻道也最早、造诣最深的内圣型的楷模。他没有什么外在的事功，修行的道德境界却最高，跟颜回一样沉静深邃，沉浸在无限的内心体验中。在阳明眼里，徐爱是他的学说的活样板，是最能体现他的教学效果的好学生。在南京时，徐是兵部郎中，主要精力用于组织王学门徒的学习。这个纯正的内圣型思想家，不以外在的事功为意。他曾劝阳明说："道之不明，几百年矣。今幸有所见，而又终无所成,不是最痛心的事情吗?愿先生早归阳明之麓,与二三子讲明心学之道,以诚己身又教后人。"阳明回答说这也是我的志向。徐爱是十分的真诚,阳明是三分的真诚。徐爱更看重万世,阳明还有点儿迷恋一时。徐爱像颜回,即使修成了也不会有多大的影响,因为国人喜欢以事功判高下。阳明比他更了解国人和国情。

当阳明接到南、赣巡抚的任命,再三推辞,在杭州、山阴"泡蘑菇"时,他曾打算坚卧不出。徐爱却说:"不好。现在,外面物议方驰,先生还是就任走一遭。我与二三子先支撑着,等着先生了事回来。"他也确实先辞了职,并在雪上买好了房子和地,在那里等先生共同去修证绝学。前面说过,阳明在打仗时,一想起他那一片芳草地,还美滋滋的呢。

现在,听到徐的噩耗,大放悲声:"今天,就是我回到阳明之麓,又有谁与我同志!二三子均已离群索居,我再说话,还有谁听?我再倡议,还有谁响应?还有谁来向我问道?我有疑惑,还有谁和我一起思考?呜呼,徐爱一死,我余生无乐矣。我已经无所进,而徐爱的境界正进而不可限量。天丧我!就让我死算了,又何必丧知我最深、信我最笃的学生!我现在无复有意于人世矣。"

这话没有夸张,听到徐爱的死讯,阳明哭了许久,哽噎不能吃食,持续了两天多。人们都劝他进食,但无效。当他想到他还可以完成徐爱的未竟之业时,才找到了吃饭的力量。他原先想的是万一他先死了,让徐爱实现他的"无穷之志"。现在倒过来了,他替徐爱活着。他决心等这个冬天结束兵戈,在明年夏天之前,"拂袖而归阳明洞"。二三子若再跟从我,就再回到有徐爱主持的时代。即使举世不以我为然,我也不改其志,等百世之后有理解我的人出来,徐爱有知一定会纠正我的昏聩、改变我的懒惰,使我们的事业终有所成。

他入赣以后，他的学生分了几伙。有的在阳明之麓，即山阴老家；有的在南京，守着他的旧摊子，并教导他过继来的儿子，如薛尚谦，还有被他评价为"信道之笃，临死不二，眼前曾有几人"的杨仕德等；还有一彪学生一直跟着他转战罗霄山脉、大庾岭南北。

按一般的标准，打仗是成雄，讲学是成圣。但阳明从来不把它们视为两件事。他是在用他的学去打仗，打仗也正是进学的好机会，是他"在事上磨炼"的教学实习。他还真是不管多么忙，也坚持"正常教学"，用他学生的话说，就是出入贼垒，未暇宁居，亦讲聚不散。在事上关键是练意——"意"是心学的核心穴位，因为"意"是生命的内容和质量，"意"也是内外交汇的点，如同诗歌由意象构成一样。"意"至少包括感受力、理解力、判断力。意是人格和能力的最为直接的构成元素和表现。

面对民变，他的"意"不同于一般的官僚的"意"。他反对单纯军事观点，认为治本的办法是昌明政教，强调综合治理，反对不教而杀。每平定一方，他就奏请建立巡司或县级政权，一共建立了三个县：平和、崇义、和平。命名体现着儒家的作"意"。为加强基层的权力密度、强度，延展皇权的长度，以保证百姓生活在国家的怀抱里，他恢复了久废的洪武爷的"乡约"制度，用其担负起日常管理乡民的工作，保持基本的社会公正与礼仪生活秩序，教化子弟改恶从善。有条件的地方，他就建立社学。他认为"民风不善，由于教化未明"，而移风易俗，建立社学是最为实际易行的。西方学者对他这套乡村自治的成绩更为重视，并由此推论说王阳明是唯心主义，这是犯了多么大的错误。

制心一处　无事不办

阳明先打横水、桶冈时，曾给浰头的池大鬓打了一招太极拳——要应就是实的，不应就是虚的——就是去招抚他们，他们若听招固然上好，若不听也稳住他们暂时别动。现在，阳明腾出手来了，可以调头专意对付这股最大的暴动队伍了。

池大胡子见到阳明的招降书，说："我等为贼非一年，官府来招非一次，告谕何足凭？先看金巢等受抚后无事，再降不晚。"

金巢投降后，受到阳明的礼遇和利用——让他带领四百"新民"一起去攻打横水。横水既破，池大胡子紧张了。让他的弟弟池仲安投降，意在缓兵，刺探虚实。他不怕阳明这几个文官领的乡勇、捕快，也知道调广东狼兵，来不能速，留不能久。调来须半年，我不用一个月就跑了。他没想到这回剿是实剿，抚是真抚，不再是虚应故事、敷衍了事。

桶冈破后，他知道这回该轮到他了，便玩儿假和真打的伎俩，一方面示意投降，一方面加紧战备。阳明意高心细，察觉他的战备，派人送去牛、酒，问他想干什么？他说，龙川"新民"卢珂等要来偷袭他，是为了对付他们。

王假装相信了他的话，飞檄怒责卢珂擅兵仇杀，并让人伐木开道，表示大兵将去讨伐。暗中却调集各府的兵力，准备收拾池大胡子。池对于王这一套动作是且信且怕，又派弟弟作特使来致谢，意在刺探真假。恰好卢珂来报告池的反意。

阳明跟卢说："我对着池的人将故意毁你，你再重来一回，受杖三十，关押几天。"卢受此特别信赖，无比高兴。果然招摇而来，王故意让池的特使看着，将卢拿下杖打又怒数其罪状。池听说后，稍安。他哪知道王已让卢珂的弟弟回去集兵。而打卢的衙役都经王密嘱，貌似死打其实并不着力。王心细如发。

王通知小溪驿要大事张灯结彩，庆祝和平丰收。池已松弛下来。王又派人给他们送去大明的历法，表示让他们像常人一样耕种生活，并邀请他们来观灯，因为已是腊月根子了，希望他们一起来过年。并传谕：因为卢珂在押，池还是不要撤销布防，以防珂党掩袭。池这回相信了王的诚意。为了回应恩典，他领着九十三个小头目，皆凶悍之徒，来到教场，但只派几个人来见王。若一旦有诈，他们就从外边跑了。王佯怒以示真诚："你们都是我的新民，现在不入见，是不相信我。"并买通池的亲信，让他告诉池："官意良厚，何不亲自去谢，也让卢珂无话可说。"池相信了，他说："欲伸先屈，赣州（指阳明）伎俩，须自往观之。"

王派人将他们领到早已布置好的祥符宫，他们见屋宇轩昂，喜出望外，王给他们青衣油靴，教他们演习礼乐，真确细致地察看他们的意之所向。实在觉得他们终是贪婪残忍的歹徒，难以教化。又听到百姓痛恨他们，且骂他这样做是"养寇贻害""养虎贻患"，他才下定最后杀他们的决心，并派回卢珂等偷袭池寨。

池等请归。王说，从这里到浰头八九日的路程，怎么走，回去也过不成年了。而且一回去还得来拜正节，白跑什么！王是还想尽最后的努力软化他们。他们做贼心虚，不敢久留，更不肯真投降，就又请求走。王又说："大年节还没赏你们呢。"

拖到正月初二，王让人在祥符宫大摆宴席，晚上潜入甲士，让他们喝到天亮，把他们送上了西天。

王大伤其心，到了近中午时，还不吃早饭，心中悲痛，为自己不能感化他们而难耐烦恼，直到头痛眩晕，呕吐一场。这是他的直感、直知。然而这并不妨碍他早已做好了进剿三浰的战斗准备，并写好了发兵的告示《进剿浰贼方略》《刻期进剿牌》。而且这次是他亲自带兵直捣大巢。

正月还没过完，他便大功告成，这一带长年暴动不已的地方，被他用最低的成本平定了。他领导着文官和地方兵、乡勇完成了以往大部队完不成的任务，而且他还长久地解决了暴动易发的问题，给新民们土地，让这一带的人食用广东的盐，省得受徽州盐商的盘剥，建立乡约、新的县城、社学等等。

用《明史》本传上的话说："守仁所将皆文吏及偏裨小校，平十年巨寇，远近以为神。"他自以为活儿干完了，便于三月向朝廷递了情真意切的辞呈——他像打工妹一样总惦着回家，他奶奶病危，他父亲也有病，他还想着继承徐爱的遗志，在阳明之麓修证圣道。

等到十月，圣旨才下：所辞不允。此前，六月份朝廷提他为右都御史，赏赐他的儿子为锦衣卫，世袭百户。他立即上疏辞免，十二月下旨不允。但给他儿子正宪的赏赐几年以后才落实。

更为滑稽的是，他打完桶冈，湖南的大兵才到，他还得劳师辞谢；他已平定浰头，广东还不知道呢。实践证明他反对三省会剿是正确的，兴大兵只能给百姓带来更沉重的负担。

百姓心中有杆秤。

他班师回赣州，一路上，百姓沿途顶香迎拜。所经州、县、卫所都给他立生祠。偏远的乡民，把阳明的画像列入祖堂，按节令礼拜——天下嗷嗷，新主之资。他在诗中说："未能千羽苗顽格，深愧壶浆父老迎。"这份愧是包含着几分欣悦的。

他希望民众过上好日子，能够太平和谐地生活。武力不能解决根本问题："莫倚谋攻为上策，还须内治是先声。"他稍事修整之后，即重建乡约制度，让德行好的"老人"教化那些性情不稳定的青少年，以贯彻"内治"为先的原则。

他说自己"功微不愿封侯赏，但乞蠲输绝横征。"他知道，横征暴敛是民不聊生的原因，民不聊生是民变迭起的原因。他也的确向朝廷建议过减免几项租税的方案，但效果甚微。在庞大的帝国及其成法惯例面前，他这点儿微功、这个小官，简直是等若轻尘，太微不足道了。

第十一章 功成自会

学用一体

给皇帝上了告捷书以后,阳明居然设酒犒劳跟着他的学生。学生都大为不解,问老师这是为什么?王说感谢你们呀。学生们更纳闷了,我们并没有帮助您做什么啊!

王说:"刚开始时,我登堂处理问题,尤其是有所赏罚时,不敢有丝毫的大意率性,生怕对不起你们,怕与我平时给你们讲的不一样。处理完那些事情,还不安,跟你们在一起时,还想着那些事,反省赏罚分明公正否,想着如何改过。直到登堂与跟你们在一起时一样自然随心,不用加减,这才心安理得。这就是你们给我的帮助,不用事事都用嘴说。"

阳明从心里要将学与政、思与事统一起来,才肯把学生当老师,当成他是否知行合一的监督者，这是真正的淳儒心地、大儒襟怀，真诚坦白、不酸不装。没有这份"诚"，便一切都无从谈起。

打完仗，才只是恢复到正常状态，如何安置"新民"，并把他们教化成良民，就成了新的中心工作。新民成分复杂，有的心怀反复之计，面从心异，假装惊恐，暗中准备东山再起。对这种人一味仁慈，也是既害了他们又毁了别人。王在这方面是个成熟的政治家，软硬两手都极地道。举乡约、办社学，大行礼乐教化，以移风易俗。这种善后工作是用儒家的老本行。但也继续战备，杀企图再作乱者。他跟孔明一样，事无巨细，都认真对待，生怕有一丝纰漏从而前功尽弃。心教意术就是要求心诚心细，累也踏实。他能在讲学中提高办事的"意"，就越发在百忙中从容讲学，而且诗文中的淡雅气韵越发清纯了，他的心"一"了，"意术"更精了。

修己安人是一体的，宣传、组织是驭众之术。他让赣州大肆印刷他的《告谕》，发给各县，查照十家牌甲，每家给予一道。乡村山落也家喻户晓。他认为乱生于风俗不美，风俗难以一下尽变，先易后难，先就其浅近易行的开导训诲：居丧不得用鼓乐、做佛事，将资财用于无用之地，等于从亲人身上敛了财物，然后把它们投入水火之中。有病求医，不要听信邪术，专事巫祷。嫁娶不得讲究彩礼，不得大会宾客，酒食连朝。不得迎神赛会，百千成群。不得以送节等为名奢侈相尚等等。谁若违反，十家牌邻互相纠察，容隐不举者十家同罪。

他还发布了许多正面的告谕，让大家孝敬亲长，守身奉法，讲信修义，息讼罢争。总之是为了作兴良善，改善民俗。

应该特别一提的是，他保护商人的合法权益。心学家以一体之仁不歧视商人是个事实，但若认为这是什么相当于新教伦理的新东西，无形中又夸大了它的含义。他有一道《禁约榷商官吏》的文告，禁止官吏借故敲诈商人。当时为筹集军饷,又不愿加重贫民负担,对商人实行了三分抽一的高税办法。他知道商人终岁离家,辛苦道途,以营什一之利,相当不容易。而一些衙役们肆意敲剥客商,违反了他的本意。"求以宽民,反以困商,商独非吾民乎?"他放宽税法,对小本经营的卖柴炭鸡鸭的一概免抽,衙役不得以盘查为名擅登商船,侵犯骚扰。商人可以赴军门告发,照军法拿问衙役。不打仗了,他便让地方官重新规定应抽、免抽的例则。有研究说,阳明及其后学对商人的保护,促进了"资本主义萌芽"的生长。

在他众多的公移文告中,有一道"优奖致仕县丞龙韬牌"。他爱实地访察,问百姓对某事某官的看法,对某项政策的态度,这回是访得赣县退休县丞龙韬。此人平素居官清谨,不肯贪污,所以老了退休后,居然不能自保生活。人们还都笑话他。这让阳明大为愤慨:"夫贪污者乘肥马衣轻裘,扬扬自以为得志,而愚民竞相歆羡;清谨之士,至无以为生,乡党邻里,不知周恤,反而讥笑。风俗恶薄如此,有司岂能辞其责?"遂马上下令给他钱粮若干,并以此为例"广而告之":"务洗贪鄙之俗,共敦廉让之风。"

大学中的小

这些,都是零零碎碎的事情,可以见阳明不足以尽阳明。他做的大事是在正德十三年七月刻印了古本《大学》和《朱子晚年定论》。他觉得这是比平匪戡乱意义更大的"破心中贼"的实事,那一时的事情无法与这永久的事情相比。

与陆九渊重视《孟子》不同，阳明首重《大学》，次重《论语》。虽然不能说《传习录》的格式是在有意模仿《论语》，但纯粹是阐发思想的"语录"，论影响，在中国古代语录史上可谓并世无三。《大学》经朱熹编定成为"四书"之首，成为儒学的纲领和宣言，也因其篇幅简短，是私塾率先开讲的最普及的教材。

阳明以古本《大学》为教典，起于在龙场悟道后。他怀疑朱子的《大学章句》非圣门本旨，他就依据自己的宗旨，觉得《礼记》中的原本《大学》（即他所谓的古本），更能证明圣人之学简易明白的特点，朱子反而把问题搞复杂了。尤其是朱子"移其文，补其传"的工作是错误的，他以郑玄古本《大学》为正，认为无所谓阙文，无须补传；无所谓错简，无须移文，原文本自平正通顺。现在，他终于把这个真《大学》公开出版了。

他在《大学古本序》中说："大学之要，诚意而已矣。"而朱子的新本弄成了以"格物"为主题，所以是支离。但是也不能单讲诚意而不格物，那是蹈虚；不追求致本体之知，那就是误妄。他去掉了朱子的分章补传，在旁边加上了自己的解释，以指引学者正道。这就是他的《大学古本旁释》，尽管这本书不如他的《大学问》影响大，但是在他的影响下，当时一些著名学者如湛甘泉、方献夫后来都改信了古本《大学》，他还为此着实激动了一些时候。因为这就是在诚意的主导下来格物了，也等于把格物这个理学的基石性概念纳入了心学诚意的体系。王艮的著名解释是：格物即物有本末，致知即知有先后，都是在突出诚意为本、诚意为先这个根本点。

他不仅要弄出两个《大学》，还要弄出两个朱子：中年未定之朱子，晚年定论之朱子。所谓《朱子晚年定论》，是把朱一些与心学题旨一致的书信言论收集起来，称为朱的最后结论，以前与此相矛盾的话都是朱子也后悔了的错误言论。很多话简直就像王阳明说的——尽管都是朱的原话。让朱说王自己想说的话，以堵天下之口。然后把自己说成是与真朱子心理攸同的战友。而世间流传的朱子学，如《集注》《或问》之类，乃其中年未定之说，后来"思改正而未及"，而《语类》乃是其弟子挟胜心以附己见的东西，与朱平日之说亦大相乖戾。世人学了朱子"悔"的，不学朱子"悟"的，不知已入了异端，还日日竞相喧嚣以乱正学。

朱子一生说了千百万言，王不想完整全面地理解朱子，只是想为我所用，所以找出万把字的自我批评、悔其少作的话。其主题有二：一是觉得过去只是讲论文义，诚是太涉支离，后悔病目来得太迟了；二是因不能再看书，却得收拾放心，正心诚意，直下便是圣贤。阳明很得意他编辑出这样的"定论"——声称"无意中得此一助"！好像早知灯是火，饭熟已多时。其实，他早在南京时，便开始摘录，等到他在处置民变实践中证明自己悟通的大道是可以在日用中验证了，正好也有了些名头，就差来自权威的支持了，便让这部经他"逻辑重组"的《朱子晚年定论》适时出台。"予既自幸其说之不谬于朱子，又喜朱子先得我心之同然。""先得我心之同然"是孟子论证人我之心直接相通之谓仁的基本原理，也是心学的看家功夫。

然而，阳明这事做得不良心，他的胜心变成了私欲就遮蔽了廓然大公，他完全知道他摘录的并不全是朱子晚年的说法，他心中清楚没有朱子晚年定论这回事，完全是他出于自己的需要断章取义、独提所好造出来的，他对自己也一向尊敬的朱子采用了心术，就算他完全得手，他也该心中有愧，事实上他这么故意地作案，对他的为人和学术都带来巨大的负面影响，譬如对他非常尊崇的刘宗周在这件事上就力辩阳明之非。站在朱子和中立立场的驳难则更是理据汹汹。桂萼上揭帖"罢封爵、禁伪学",理由之一就是他搞这个朱子晚年定论。

　　朱子至少与四百三十人通过信,保存下来的有一千六百多封,阳明只从三十四封中做了摘录,有的一封信只摘几行,这三十四封信,可以确定有早年写的五封,晚年的十封,还有疑似晚年的八封,不确定的十一封,就凭有五封早年的信就足以推翻晚年定论之说,更何况如果十封信中的几句话就是晚年定论,那可以编出许多朱子晚年定论。关键是去此取彼完全是以意为之,完全是为了"证成高论"(罗钦顺)。如果有人故意找了许多阳明说朱子好的、把良知等同朱子天理意思的话,是否可以说这是阳明子的晚年定论呢?

　　阳明这种做法启发了他的门徒,他死后不久,就出现了"承领本体太易""随情流转"的左派。生于嘉靖元年,死于万历三十三年的王时槐,这样概括其流弊:

　　　　学者以任情为率性,以媚世为与物同体,以破戒为不好名,以不事检束为孔颜乐地,以虚见为超悟,以无所用耻为不动心,以放其心而不求为未尝致纤毫之力者多矣,可叹哉!

　　　　　　　　　　　　　　　　　　　　《三益轩会语》

教典问世

　　与此大好形势相配合,这年八月,他的学生薛侃在赣州刊行了老师的语录——《传习录》。这个《传习录》只是今天的《传习录》上,包括徐爱记录的一卷及序二篇和薛侃与陆澄记录的一卷。而《传习录》

中，是嘉靖初南大吉刊行的阳明论学的书信。《传习录》下，则是阳明死后，钱德洪等纂辑许多学生保留的记录而成，未经阳明过目审定，所以显得有些乱。

薛侃所刻的这个《传习录》的主题若要一口说尽，就是"《大学》功夫即是明明德；明明德只是个诚德；诚意的功夫只是个格物致知。……诚意之极便是至善"。它针对的是朱子"新本"《大学》先去穷格事物之理，莽莽荡荡，无着落处，还要添加个"敬"字才能牵扯到身心上来。这是朱子新本先格物后诚意的大弱点。而圣人的古本原定的次序就是诚意在格物前，无须添一敬字，以诚意为起点，就返本复原了。

这倒真不是什么文字游戏，而是一个基本立场问题，也是一个体系的逻辑原点的设定问题。何者为先，关系到全部努力的方向和结局。格物为先，就会追逐外物，步入支离之境，生有涯而知无涯，心劳力拙，越努力离大道越远，因为起步就走上了旁窦邪路——用今天的话说这近似科学永远解决不了道德问题的命题。而王阳明的以诚意为起点，则一上道就在道德轨道上，每活一天都是在为自己的"心"升入至善之境而做功夫，这自然简易明白了。而且是在诚意的率领下去格物致知，并不反对一般的格物，只是给格物一个明确的为善去恶的方向。

这叫作"德有本而学有要"。不得其本不得其要，高者虚无、卑者支离，而本要都在求本心。心外无事，心外无理，故心外无学。阳明的这些思想也不是空穴来风，只是他此前诸如此类的倾向的一个强有力的总结。

早在英宗正统年间，理学家薛瑄、吴与弼等就开始反对"述朱"式的思想牢笼，强调从"整理心下"入手，重振儒学躬行实践的传统。至成化、弘治年间，为"救治"士林及整个社会的道德沦丧，胡居仁提出"以主忠信为先，以求放心为要"的"心与理一"的学说，目的在于"正人心",反对朱子的"即物穷理"论。他的基本观点是"心理不相离,心存则理自在,心放则理亦失"。(《明史》卷二八二)陈献章主张轻书重思,"学贵自得",以为靠书本找心是永远也找不到的。只有找到了我心之后,再博之以典籍,那时则典籍之言,我之言也。否则典籍自典籍,我自我。这是王阳明、湛若水的先声。而此时"天下言学,不归王守仁,则归湛若水"。(《明史》卷二八二)

阳明推倒了朱子的"知先行后"论,强调"格心"而非"格物"的道德修养功夫,与朱子说的经学教育是"做人"的准备不同,王主张教育的目的不在学习之后,而在学习过程之中,目的和过程均在"知行合一"中有机完成。德行和知识是内在统一的。不诚无物,诚则能成己成物。

《传习录》的刊刻流通,以及阳明完成的事功,都为阳明学做了"广告",一时形成四方学者云集的局面。这些远来求道者,一开始住宿于"射圃"——教练射箭的体育场,很快就容纳不下了,又赶紧修缮老濂溪书院,让莘莘学子"安居乐业"。阳明也暂时无战事,得以专心与同学讲论"明明德"的功夫,指导他们以诚意、自信我心为本要的修养方法,把为善去恶的思想改造变成日常的自然行为——这也就自然而然地把道德修养准宗教化了,不需要什么外在的仪式,只要诚心诚意。

心学的奥妙就在于直知即本知,主体即本体,它要淬炼的是心与物之间的"意"。这个"意"既非自在、亦非外在,所谓"有是(这)意即有物,无是意即无是物""心中无花,眼中无花"都是在突出"意"的根本作用。

还可以用十九世纪末二十世纪初在德、法相当流行的生命哲学来比方心学。但阳明既不太像柏格森,也不太像狄尔泰,倒很像鲁道夫·奥伊肯(Rudolf Eucken 旧译倭铿),他认为,人是自然与精神的会合点,

223

人的义务和特权便是以积极的态度不断地追求精神生活，克服其非精神的本质。精神生活是内在的，它不是植根于外部世界，而是植根于人的心灵；但它又是独立的，它超越主观的个体，可以接触到宇宙的广袤和真理（良知）。人应该以行动追求绝对的真、善、美，追求自由自主的人格（知行合一）；只有当人格发展时，才能达到独立的精神生活。精神生活绝不会是最终的成就，因为它始终是个随历史而发展的过程。历史的发展就是精神生活的具体化，是它由分散孤立到内在统一的发展史。精神生活的本质就是超越自身，超出自然与理智的对立，达到二者的统一，达到与大全的一致（致良知）。精神生活是最真实的实在。它既是主体自我的生活，又是客体宇宙的生活。精神生活乃是真理本身（心即理），它在个体身上展现是有层次的，不同的层次便是不同的境界。人应该以自己的全部机能，不仅以理智，更需要以意志和直觉的努力，能动地追求更高的精神水平（做功夫）。如此才能拥有生活的真正意义与价值。（《生活的意义与价值》1997年1月上海译文出版社，万以译）就用这段话来做《传习录》的提要吧。

虚虚实实　嘿嘿昧昧

正德十四年六月十三日宁王过生日，所有的官员礼应、例应往贺。事实上正经官都去了。恰巧福建有个军官叛乱，王琼让阳明去戡乱。琼对办事员说："这点儿小事，不足以烦守仁。但假此便宜，敕书在他手中，以待他变可也。"幸好阳明刚离开，否则他也得去为王爷贺寿，也得像其他官员一样被宁王当场扣押。因为正在宁王十三日过生日时，密探飞报京城动向，遂决定提前举事。宁王胁迫所有官员服从他，有不从的立即处死。他声称是奉太后密旨，让他起兵监国。

宁王是与正德一样荒淫无耻的家伙，一点儿也不代表社会正义或先进的力量，只是饿狗来夺食而已。他无非是觉得正德能坐，我便能坐。从辈分上说他是正德的叔叔，从禀性上说他们是哥儿俩，一味地放荡、荒淫、狂妄。他交结宦官和大臣，发展自己的军事实力。

宁王有几个高参，像刘养正，素有文名（与阳明有交谊），支臭招儿，竟让人向皇帝上书称赞宁王贤孝。正德纳闷："保官好升，保宁王贤孝，欲何为耶？"正德再蠢，对政权问题还是相当敏感的。宁王巴结正德宠幸的优伶，行贿万金还有金丝宝壶，正德惊奇："这么好的东西，宁叔怎么不献我？"没得到宁王好处的小宦官说："爷爷尚思宁王物，宁王不思爷爷物就罢了！不记得荐书了？"

正德皇帝于是抄检了那个优伶的家，并想消除护藩的卫所，但不想一下子就杀了宁王。因为宁王派的密探得不到准确消息，只知将派驸马前来宣旨，而惯例是全伙捉拿时，才派驸马一级的皇亲要员来。这种"误会"驱使宁王提前举事。本来，宁王是想在八月十五日，全国大小官僚都忙于秋试时，举"义旗"行大事。现在，鉴于事急，便提前举事。时在正德十四年六月十四日。也许是人们对正德太失望了，也有想依附新君以图腾达的，反正一时间响应宁王的官民纷至沓来。

阳明十五日走到丰城县界，典史先报告，接着知县又报告：宁王反了。阳明立即脱掉官服，潜入渔船中，躲开宁王派来追捕他的太监，星夜赶到吉安府。他对学生邹守益说："天下尽反，我辈固当如此做。"他也不是毫不犹豫，他是在"默然良久"后说这句话的。诚如他的另一个学生钱德洪所说的，平宸濠不难，难在倡义。

他立即给皇帝上书言宁王反事，还不忘教导皇上：您在位十四年，屡经变难，民心骚动，还巡游不已！当今想夺权的岂止一个宁王？"伏望皇上痛自克责，易辙改弦。罢黜奸谀，以回天下豪杰之心；绝迹巡游，以杜天下奸雄之望。"此时皇上还不知在做何乐子呢。

阳明很有心计地先后上了两道报告，并同时上了一道请假回家的恳求信。大约是为了麻痹宁王，以示置身事外的姿态。此时不是请假的时候，他还要这样做，就连钱德洪也大惑不解。皇帝后来倒是回答了他这个请假条："著督兵讨贼，所奏省亲事，待贼平之日来说。"这个贼指的是家贼宁王。

他又玩起了虚虚实实的诈术。他对前来响应义举的下僚说："宸濠若出上策，直趋京师，出其不意，则宗社危矣。若出中策，趋南京，则大江南北亦被其害。但据江西省城，则是下策，勤王易为也。"所以，他必须把宁王"留"在江西。而他的军事实力与叛军相比不及十分之一。他伪造朝廷密旨，"命令"两广、湖广都御史暗伏要害地方，以待宁藩兵至。又伪造两广机密火牌："率狼达官兵四十八万江西公干。"还到处张贴兵部公移：准令许泰领边军四万，从凤阳陆路进；刘晖领京边官军四万，从徐淮水陆并进，王守仁领兵两万，杨旦领兵八万，陈金领兵六万，分道并进，刻期夹攻南昌。因为他手里没多少兵，所以"分"在他名下的最少。他当时手握之兵不足两千。

他还伪造了宁王部下的投降书，"诬陷"宁王手下的主要谋士正在给阳明当内应等等。分别用戏子以及所谓给阳明当"内应"的家属等传给宁王。

有人问：这样管用否？阳明说：不论管用不管用，且说他怀疑不怀疑？答：难免不疑。阳明说：只要他一怀疑，就成了。

宁王果然疑惧，以为朝廷早就知道了消息，这样严阵以待，出击不利，遂留兵南昌以观变化。等到七月三日，才看出都是假的。这才开始出兵,有六万,号称十万大军,想一路打到南京去,留下一些人守南昌。这个呆王已失去了宝贵的战机,而阳明却赢得了充分的应战时间。

其实敌众我寡,非常危险,首先仗怎么打,意见不一。有人主张在江上与宁王会战,以为宁王经营十余日始出,南昌必难攻打。阳明认为江上会战必败,应该打南昌。因为宁王攻安庆久不下,精锐已出,南昌必虚。我攻南昌,宁王必回兵来救,那时我已克南昌,敌闻之气夺,无家可归,成擒必矣。

阳明的决策显示出其心学大师的智度,也是心学追求"发而中节"的验证。当时,叛军已占据南康、九江,正在攻打安庆。他若越南康、九江直趋安庆,便是呆子用兵,貌似堂堂正正,然而只是有正无奇,自蹈死地。因为敌人必然回军死斗,他就腹背受敌,而且是与敌精锐作战,凶多吉少。而直接攻打南昌,在军事上是避实就虚,在政治上是先夺其大,对叛军的心理破坏作用极大,对稳定局面的作用更大。

阳明还有一个漂亮的围点打援方案。宁王几乎是完全按阳明的安排行动,他得知南昌吃紧,立即抽兵两万回救。宁王不听谋士放弃南昌直攻南京的建议。他若先取南京,尽管不会推翻正德,但阳明就不会那么轻松地成功了。

见伏动变

阳明十九日发兵,二十日凌晨到达南昌城外围。他下令:"一鼓附城,二鼓登,三鼓不登诛,四鼓不登斩其队将。"此前,他早已派人潜入城中,告谕百姓,勿助乱,勿恐畏逃匿,无论有罪无罪只要弃恶从善,皆我良民。

攻城容易得有点儿让人扫兴,守城的基本上是闻风而降,有的城门不闭,官军几乎是长驱直入。阳明第一个举动是安民。攻城的主力多是赣州"新民",即当年的土匪,他们骁勇善战,但杀人成性,这回可以合法地过一把杀人瘾,也是抢劫的好时机。阳明将几个嚣张的立即斩首,才将这股邪风遏制住。但,后来的调查团不说阳明遏制这后半截,单说前半截!

阳明打开粮仓,救济城中军民。安慰宗室人员。所有胁从人员只要自首,一律不问。受宁王伪官的只要投降,也一律不追究。城中安定下来。

二十二日,宁王从督兵填安庆城前的壕堑转而亲自领兵到了沉子巷。阳明问部下,计将安出?多数人主张贼势强盛,宜坚守不出,徐图缓进。阳明独以为不然:"贼势虽盛,但只是劫众以威,只是用事成之后封官许愿来刺激他们玩儿命。现在进不得逞,退无所归,众已消沮。若出奇击惰,不战自溃:所谓先声有夺人之气也。"

在战术上,他又小心谨慎(心学是大志小心之学)。因为手底下没有正规军,只是些偏裨小校,就是江西的知府、知州、知县领着三百二百的前来参战的。他只有到处设疑,显得官军广大无数。他让吉安知府伍文定正面迎敌,采取调虎离群之计,二十四日,敌兵鼓噪乘风进逼黄家渡,伍文定等装作败逃,敌争趋利,因为宁王的奖赏是相当诱人的。结果他们的船队前后脱节,有了可乘之机。伏兵横击,伍文定反攻。敌船溃乱,退到八字脑。宁王恐惧,厚赏勇者,又调集守九江、南康的兵过来助战。

阳明则趁九江、南康空虚,分兵取之。进可以使宁王孤立,退可以与宁王相持打持久战。

二十五日,宁王并力挑战,官军败死者数百人,文定见兵稍退,立斩先却者,他立在火炮之间,胡子被炮火烧着,不动半步,士兵才转而死战。士气复振,战况转变。终于一炮打中宁王的副舟,宁王兵乱,跳水溺死者无数,官军反击,杀、拿叛军两千多。

当伍文定等人鏖战时,王坐在都察院中,开中门,令可见前后,与学生、朋友只管讲论心啊性啊的,如何既顺性又合大道之类。每有报至,当堂发落。然后再接着讲。忽有人报"伍文定的胡子打着了,队伍在退却"。众皆惊恐,阳明平静地说:"对敌小却,此兵家常事,不足介意。"接着讲他的"心体不动"。

宁王退到八字脑,问停舟何地?部下对"黄石矶"。南方人的"黄"读作"王"。宁王恶恨其音为"王失机",杀了回话的人。他在名叫"樵舍"的地方,将所有的船连成方阵,把所有的金银拿出来大事赏赐将士。当先者,千金;受伤者,百金。但有人还是逃跑了。

王阳明准备了火攻的应需之物,令队伍从两翼放火,然后火起兵合,围而歼之。

二十六日早晨,宁王接受群臣朝拜。把那些不肯尽力的拉出去斩首。他的臣下还争论该怎么办,阳明的大军已经四面围定,火、炮齐发,宁王的方阵七零八落,溃不成军。宁王与诸嫔妃抱头痛哭,根据中国的不成文法,女人不能被活捉,她们与宁王洒泪而别,然后头朝下,跳入水中。宁王和他的世子、宰相、元帅数百人被活捉。

《明史纪事本末·宸濠之叛》载:"斩擒贼党三千余级,溺水死者约三万。弃其衣甲器仗财物,与浮尸积聚,横亘若洲。"

此时,阳明还在都察院讲学,讲《大学》的主脑就是"诚意"。忽有人来报:宸濠已被擒。众皆惊喜。阳明颜色无稍变,还是那么平静地说:"此信可靠,但死伤太众。"说完,又接着讲他的《大学》。

旁观者无不叹服：真是心学大师，其心不动如山。

知县王冕押着前宁王一干人回到南昌。军民聚观，欢呼之声震动天地。前宁王押在囚车里，但依然不改王爷的脾气，望见远近街道行伍整肃，笑着说："此我家事，何劳费心如此！"这话说得让人不禁废书而叹！真是对王阳明致命的嘲弄，一句说尽了家天下的特色：你王先生真是狗拿耗子。

他见到阳明后说："王先生，我欲尽削护卫，请降为庶民可乎？"

王说："有国法在。"

前宁王低下头，过了一会儿，似自言自语："纣用妇人言而亡天下，我不用妇人言而亡国。悔恨何及。"然后抬头对阳明说："娄妃，贤妃也，投水死，请安葬她。"

阳明立即派人去找，她周身用绳子捆了个密匝匝，怕乱中蒙辱，自我保全。大儒娄一谅之女就这样结束了自己的生命。

阳明将查获的宁王交贿大小臣僚的各类证据都一把火烧了。这种胜利者的大度并没有给他转换出什么宽广的道路，反而让他失去了与奸党较量的优势。他这一招，傻了。

这次成功，朝廷给他提了一格，升为副都御史。

江山如戏院

这么多人卖命保江山，江山之主，却视江山如戏院。这回可有了南巡的大由头：这不叫巡游，这叫亲征！他在豹房之中，与受他宠爱的边将江彬、许泰及宦官张忠、张永拟订好了亲征方案。正德自命"奉天征讨威武大将军镇国公",许多人为谏止这位大将军南巡而被打了屁股。这支比宁王合法但让百姓遭殃的皇家军队,浩浩荡荡出了北京城。刚到良乡,不长眼的王阳明报上奏凯的捷报。朱大将军,再三禁止发表捷报。因为已经奏凯,他师出便无名了。多么好玩儿的事情,半途而废了,憋气死了。真是宁叔玩儿得,我就玩儿不得!

忠实奴才王阳明声泪俱下请正德爷爷赶快回銮:当初贼举事时就料到大驾必亲征,早已预伏亡命徒,想再来一回博浪锥秦王、荆轲刺秦王。正理应该把反贼押到奉天之门前正法,哪有皇上来迎接他的道理?

那些想立功的边将、宦官说:这不正说明余党未尽吗。不除,后患无穷。

八月小阳春,皇上想我也是机会难得——于是继续浩荡前进。

阳明他奶奶已经死了,没能为奶奶送别是他的"终天之痛"。现在,他父亲也快让他再抱一次"终天之痛"了。他已经前后九次乞求回家看看,贼也平了,皇上也忘了"贼平之日来说"的话头。没有自由连这天经地义的人性也保全不住,家天下的要义就是只有一个人活得像个人,别人活得都得像条狗。但这个人因过分"自由"反而变成了狗。

宁王这种贼好平,正德以及包围着他的那些宦官和思想上的宦官——他们的心中贼才难平,即使推翻了他们、消灭了他们的肉体,那种型号的心中贼照样生长在下一代皇帝和宦官心中。阳明的心学再是灵丹妙药也无法对治他们的心中贼——任何理论都有它的限度,阳明诚意万能论也只是能诚予人、而不能使人诚。他每次奏疏都在"教"皇帝,然而效果为零。

现在,他上疏求免除今年的江西税收,免除给另外两位亲王的军饷,把一些重刑的罪犯变成军人。九月十一日,他不管朱大将军的钧旨,从南昌起身向朝廷献俘。张忠、许泰想追回来,把宁王再放回鄱阳湖,等着正德亲自捉拿他,然后奏凯论功。连着派人追赶阳明,追到广信,阳明乘夜过玉山、草萍驿。他在《书草萍驿二首》中说:"一战功成未足奇,亲征消息尚堪危。边烽西北方传警,民力东南已尽疲。"新矛盾压倒了旧问题,他已感无能为力,"自嗟力尽螳螂臂",真正能够回天的还是"庙堂",而庙堂又在哪儿呢?他与在杭州等着他的张永接上了头。

王对张说:"江西的百姓,久遭宸濠的毒害,现在又经历这么大的祸乱,又赶上罕见的旱灾,还要供奉京军、边军的军饷,困苦已极。再有大军入境,必然承受不住,必逃聚山谷为乱。过去助濠还是胁从,现在若为穷迫所激,天下便成土崩之势。那时再兴兵定乱就难了。"

张深以为然,默然良久,然后对王说:"吾这次出来,是因群小在君侧,须调护左右,默默地保卫圣上,不是为掩功而来。但顺着皇上的意儿,还可以挽回一些,若逆其意,只能激发群小的过分行为,无救于天下之大计矣。"

阳明看出张是忠心体国的,便把宸濠交给了他。然后,说自己病了,住到西湖旁边的净慈寺,静以观变。

此前,皇上曾以威武大将军的钧牌派锦衣卫找阳明追取宸濠,阳明不肯出迎。他的部下苦劝,他说:"人子对于父母的错乱命令,若可说话就涕泣相劝。我不能做阿谀之人。"部下问为他给锦衣卫多少酬劳,他说:"只给五两银子。"锦衣卫怒而不要。次日辞行,王拉着他的手说:"我曾下锦衣卫狱甚久,未见像您这样轻财重义的。昨天那点儿薄礼是我的意思,只是个礼节而已。您不要,令我惶愧。我别无长处,只会作文字。他日当表彰,让人知道锦衣卫中还有像您这样的。"弄得那人无话可说。

张永本是刘瑾、谷大用一伙的,后来消除刘瑾立了大功。在明代的太监中是近乎有学术的。他知道张忠、江彬、许泰等人都曾得过宁王的大好处，现在又想夺阳明平乱之功，从阳明要俘虏也是为此。阳明不与他们配合，他们便反过来诬陷阳明初附宁王，见事败，才转而擒之以表功——把他们的实情转成了阳明的实事——若无良心，无施不可。

张永对家人说："王都御史忠臣为国，现在他们这样害他，将来朝廷再有事，还怎么教臣子尽忠。"他赶紧回到南京，先见皇上，全面深入地讲了阳明的忠诚，并反映了张忠等人欲加害他的阴谋。

张忠又对皇帝说："王守仁在杭州，竟敢不来南京，陛下试召之，必不来，他眼中根本就没有皇帝。"

张忠为什么这么有把握呢？因为他屡次以皇上的名义召唤阳明，阳明就是不理睬他，所以他觉得这样能坐实阳明目中无君的罪名。他没想到张永已派人告诉了阳明实情。所以皇上一召，阳明立即奔命，走到龙江，将觐见。张忠自打了嘴巴，便阻挠阳明面君。

他此时的《太息》诗影射群小像乱藤缠树一样，要将树的根脉彻底憋死。而自己呢，"丈夫贵刚肠，光阴勿虚掷"。言外之意是后悔自己把心力、精力都徒然掷于虚牝之中了。

他在上新河，半夜里坐在河边，见水波拍岸，汩汩有声，深愧白做了一世人，活得这么窝囊。人生最难受的是蒙受诬陷，忠而见谤、信而见疑，他从正德这里领受这种命运是花开两度了。上次，他微不足道，这次，他是刚立过滔天大功的地方大员，还是这么微不足道，像丧家的乏走狗一样摸门不着，苦情无处诉。他对自己说："以一身蒙谤，死即死耳，只是老父怎么办？"他对学生说："此时若有一孔可以背上老父逃跑，我就永无怨悔地一去不复返了。"看来，事怕临头。当初，陆澄的孩子病了，忧心忡忡，他教导陆这正是做功夫的时候。那么，他现在怎么不做功夫呢?

造诈成辞　人情似鬼

　　他哪里也去不了,回到了江西。因为张忠、许泰他们以清查宁王余党的名义,领大兵进驻南昌,搜罗百出,军马屯聚,日耗巨资。对真正的跑了的宁王余党,他们并没有多少兴趣,却专门跟阳明过不去。他们抓走了冀元亨。当地的官员有的望风附会,帮助他们一起打击阳明。

　　阳明回来也阻挡不了什么,他们派兵坐在衙门前肆意谩骂,公然在大街上寻衅。阳明只有待之以礼。张忠、许泰领来的北兵是来发财的。阳明让城区百姓避难,只留下老年人看门。还拿出东西慰劳北军,说北军离家不容易,要善待之。他碰见北军有丧故的,就主持厚葬,还哀悼不已。这是儒家的感动法,终于感动了北兵。

　　已经到了冬至,阳明让全城百姓祭奠死者。刚经宸濠之难,几乎家家有死人的哭亡之声朝夕盈耳。

　　阳明在气势上绝不示弱,每次会议,阳明像不经意一般必居正坐。张忠、许泰总想压下他去,便找了个强项,要与阳明比射箭,阳明在靶场,定心平气,三射三中,每一次都赢得北军的欢呼。张、许二人没捞到任何虚荣,而且他们感到北军已心向阳明,再加上阳明那个四面楚歌法,哭得北军个个想家。军心不稳,张忠、许泰只得灰溜溜地班师了。

　　他们回到南京正德皇帝的身边,继续诋毁阳明:一、宁王曾私书"王守仁亦好",证人是湖口一知县。二、派冀元亨往见宸濠。三、王也因贺濠生日而来。四、王起兵是因伍文定等人的激励。五、破城之时纵兵焚掠，杀人太多。六、捉宸濠有一知县即可，王的功劳没那么大，他的捷报过于夸大。

正德十五年正月，阳明想去面君。既想为自己剖白，更想劝皇上返回大内。他怕皇帝在外遇刺，也怕京城内发生政变。因为事情既出，就有一必有二。这回是在家赋闲的杨一清把他阻止在芜湖，不准他觐见。皇帝南巡在杨家住过之后，杨就随着皇帝一起活动。阳明这样的地方大员到了阁臣面前又什么也不是了，因为阁臣可以假传圣旨。

总而言之，阳明取得的举世闻名的大功，被"瓦盆"盖起来了，并且一盖就是六年。还一直要把他打成个叛党。

我亦爱山仍恋官

阳明无可奈何，一气之下，上了九华山。

"五旬三过九华山，一度晴寒一度雨。"现存诗《弘治壬戌尝游九华值时阴雾竟无所睹至是正德庚辰复往游之……》记录了他两次上九华山的时间，第一次游九华山是在弘治十五年壬戌，第二次是在正德十五年庚辰。另有他的《赠周经偈》为证，此偈原刻在东崖禅寺的岩壁上，现在寺毁刻石尚存，偈文《全集》未载，不妨抄出："不向少林面壁，却来九华看山。锡杖打翻龙虎，只履踏破羼岩。这个泼皮和尚，如何容在世间。呵呵！会得时与你一棒，会不得，且放在黑漆筒里偷闲。正德庚辰三月八日，阳明山人王守仁书。"不难看出他玩禅宗那一套是多么娴熟，落款居然是山人。这第三次便是正德十六年辛巳。

他这次上九华山留诗很多，却几乎没有留下展现自己境界的篇章。

他毕竟心不静。一些拐弯抹角的牢骚，既显得无聊又显得可怜。除了一再表示"初心终不负灵均（屈原）"外，就是大喊"平生忠赤有天知，便欲欺人肯自欺？"唯《江上望九华不见》，情绪主线还像个心学家的样儿，因为他没望见九华山，与他此刻的生命情景吻合了。经一番"精神胜利"的鼓捣，有了"驾风骑气揽八极，视此琐屑成浮沤"的超越气派。美感从摆脱压抑中来。快感，有时就是美感。

"逢山未惬意，落日更移船。"尽管"世途浊隘不可居"，但，他还是得回来。九华山哪样都好，就是没有政治舞台，阳明生命中更强的指向是政治，他有隐逸气，但无隐逸心，他还得去安顿江西百姓呢。

此番上山是否本身就是一种政治艺术呢？《年谱》说，他此举是为了向皇上和抢功的人证明他不是要造反的人，只是个学道之人。还说，皇帝派人暗中监视他，见他"每日宴坐草庵中"，才对他放了心。这种说法有点儿过于政治化的玄。他赌气上山，气平了就下来了，要有上述效果，也是意外的收获。

他在九华山上住过的地方成了"文物"，譬如化城寺是九华山的开山寺，其西在嘉靖初年由青原县令祝增按老师的意图建成了阳明书院，入清后改为阳明祠，祠前有"高山仰止"石牌坊。祠与牌坊均毁于"文革"，只存一阳明石刻像，高七十厘米，宽三十五厘米，像为便服方巾，端坐太师椅上。

他从山上下来，就到了九江。他要加强武备，以防再度变乱。他认定一条：国家不能乱，一乱百姓就遭殃。哪里乱哪里的百姓遭殃。他深知正德不足以治天下，但任何推翻现行政权的行动都是祸害一通百姓拉倒。他在九江检阅了军队。别看在皇帝和阁臣面前他有些窝囊，但在下僚和士兵面前，他神气着呢。这也是他公开说"尚为妻孥守俸钱，至今未得休官去"（《重游开先寺戏题》）的原因之一吧。

军歌过后是文化。他登上庐山,游东林寺。东林是我国净土宗的发源地,东晋慧远在此建寺。阳明自比学佛却援儒的远公、嗜酒不入社的陶渊明,说自己的两栖性是"我亦爱山仍恋官",在"同是乾坤避人者"(《庐山东林寺次韵》)这一点上,跟他们是异代相同的哥们儿。在远公讲经台,感叹"台上久无狮子吼"。他说九华是奇观,庐山更耐看,但"风尘已觉再来难"。一次性的生命,使任何活动都充满了一次性的悲凉。

缚脱无二:人人有个圆圈在

阳明曾感慨"世史掩覆多失真",他此时的诗歌透露了他真实的处境和心情。这个已经是教主的人物,在挫伤面前依然悲观,并且流露出什么也不相信了的凡人心态。尽管此时用他自己的话说:"良知"二字已含在舌下,快要迸出来了,后来他说是靠着良知度过了这空前的灾难。然而,良知敌不过滔天罪名。这次的罪名有一项成立,就得满门抄斩:"暗结宸濠""目无君上""必反"。他已处在最危险的"君疑"境地。他当然知道个中利害,才空前地悲观绝望。他的心学智慧大约是被压抑住了,把他压成了一个文人。

"人生得休且复休"这样的话,他过去是从来不说的。他游庐山开先寺时说:"断拟罢官来住此。"看来他已想到可能被罢官的问题,那帮人的阴谋要得逞了,罢官是最起码的。有个人退休了,他作了首寓言诗为之送别:你没见那些鸡吗,它们高兴得吃完了唱,但长胖了被拔光了毛送入厨房。你不见那些笼中鹤吗,它们在笼中"敛翼垂顾困牢落",

恰是高人在官场的那个"德行"，还不如那些快乐的鸡。但是，一旦鹤冲出牢笼，便"万里翱翔从寥廓"了。这是他得休且休的含义。但是他身在牢笼不自由，现在想走也走不了。而且他若真辞职，便彻底失势，任那帮群小宰制了。这是人生最难受的一种况味：已经失去了兴趣，还不能放弃，放弃了祸患更大。就连他也得在两害相权中取其轻。

"始信心非明镜台，须知明镜亦尘埃。"但他接着说"人人有个圆圈在"，他的圆圈就是对朝廷的"忠赤"——"屈原情结"害苦了他，使他"残雪依然恋旧枝"。这使他别无选择，还得"回来"。最后算白忙活，他原地不动，回来巡抚江西。

他的哲学让他又回到了尘世之中，因为儒家超越绝望的高招是"万物一体"，干什么都一样——既然禅宗说担水劈柴无非妙道，那么回来当官也是与劈柴一样的。阳明多次表示出家当隐士也是"著相"，太拘泥于形式了。那选择当官就"不著相"了吧？这即使不算以阉然媚世为万物一体，也够和光同尘的了。先用"无"将所有问题抽象，把世界砍平，然后我行我素——素富贵行乎富贵，素贫贱行乎贫贱——素英雄行乎英雄。

他在庐山开先寺的读书台刻了一个石碑，写得庄重却滑稽：七月辛亥，臣守仁以列郡之兵复南昌，宸濠擒。当此时天子亲统六师临讨，遂俘宸濠以归。只有明白事情真相、仔细推敲才能感受其讽刺意味——而且刻石时皇帝还未归。他总结意义时，警告群小："神器有归，孰敢窥窃？"结语是："嘉靖我邦国。"他的学生说这是预言了下个皇帝的年号。

他根本见不到皇帝，又特别想劝皇帝回京，但是他级别不够。正好江西发大水，他上书请求自贬，说自己德不称职，才有这数十年未有的水患。暗藏的机锋却是国家发生这么大的祸患，你也应该下罪己诏，应该早日悔过。但是这种小聪明对于大玩主来说，是上不了台盘的小把戏。

那些包围着皇帝的近臣，居然想愚弄天下，说是他们平定的叛乱。他们以大将军钧帖令阳明重上捷音。阳明只得加上江彬、张忠这些人的大名，让他们也"流芳百世"，这才通过了。宸濠已就擒一年多了，才名正言顺地成了俘虏。冬十月，皇上从南京班师回朝，十二月，到了通州，赐宸濠死，焚其尸。勾结宁王的宦官钱宁、吏部尚书陆完等都被清除——也有冤枉的，也有真勾结而得保全的。过了两个多月，即正德十六年三月，这位潇洒的皇帝潇洒到头了。

铁打的朝廷流水的皇帝，阳明还得继续效忠下一个。

有一次，他问学生们，去年，太夫人讣告至，家大人病重，我四次上书请假不见应允，我想弃职逃回时，你们为什么没一个赞成我？学生说："先生思归一念，亦是著相。"

阳明沉思良久，说："此相安得不著。"他对皇帝也是"此相安得不著"。

著相就是着相，是人拘泥于表面形式、认幻为真的一种常见的错误。《金刚经》云："凡有所相，皆是虚妄。"阳明是儒，对于伦常大相执着得很。

昧良心

冀元亨是他早期的学生，他儿子的家庭教师。王阳明派冀去宁王府，宁王启发冀加入他的事业，冀装糊涂，不回答，宁王以为他傻。他给宁王讲张载的《西铭》，讲民乃我同胞的道理。宁王笑他太呆，给了他丰厚的礼物，放他出来了。他将礼物交给了官府，告诉老师宁王必反，要早有准备。就回山阴当王正宪的老师去了。

宁王怎么会被他说动？他又能探出什么虚实来？当听说老师举义师时，他立即赶了回来——赶回来送死来了。张忠、许泰他们"启发"宁王反咬阳明。宁王始终说没有，被逼问不已，忽又想起来了："独尝派遣冀元亨论学。"忠、泰大喜，专门捉拿冀，终于在王阳明的眼皮底下抓走了他。王没有"违法抗拒"。他明知道抓冀是为了陷害他。也许正因为有此一念之私，他的"意术"不灵了。冀在狱中备受拷打，一句软话也没有，坦然自若如在学堂一般。那些宦官把他押到京城锦衣卫的监狱，加以炮烙酷刑，但他宁死不屈，屈打成招的事情不会发生在真正的心学信徒身上，他不能窝囊自己，更不能诬陷老师。心学讲究在事上练，就是能在生死存亡之际，保持良心。

湖南省的官员接到指示到武陵县去抓冀的妻子李氏。李与她的两个女儿都不害怕，李说："我丈夫尊师乐善，岂有他哉？"在狱中与女儿照常织布纺麻。最后换了皇帝，狱守放李出来，李说不见我的丈夫，我哪里也不去。司法官员知道她贤明，不纺织时，就念《尚书》、唱《诗经》，意态安详，以为奇，要求见见她。她说没必要，毅然谢绝了。司法官员便来看她，她还是照样穿着囚服，纺织不辍。官员问她丈夫的学术，她说："我夫之学，不出闺帏衽席间。"闻者惊叹且惭愧。堂堂《明史》专录了这句妇道人家的家常话。因为这句话的确很好地概括了王学在日常生活中练心的特征。冀也诚实地体现了这一特征，他平时以务实不欺为主，谨于一念之间。不讲什么大道理，就是像对待老婆孩子一样对待所有的人，在狱中感动得狱友下泪，这就是仁者以天下万物为一体的大道了。冀元亨夫妇比王阳明更得心学之纯粹。

王阳明在冀元亨被抓的时候一声不吭，或许还签字配合抓捕。这时"官体"大于良心了。他要说"你们别抓他了，抓我吧！"会怎么样呢？其实并不会怎么样，没有朝廷的旨意，宦官并不敢把他怎么样，要是能怎么样早就直接抓了，还会这么费周章？所以，阳明的不吭声不是高明而是不高明。他有想证明自己清白的私心。后来，他终身不提平宁王事，是否包含着惭愧？或者还有难以言说的隐情？

阳明在正德十五年八月开始为冀鸣冤，阳明说当初为他辩诬"反致激成其罪"，现在才公开《咨六部伸理冀元亨》。阳明的其他学生分布在各部，都起而附议。但无济于事。直到换了皇帝，冀才出来，出来后五天，就告别了这个他以极大的善心来面对的世界。

后山云彩

阳明兢兢业业地在他的管辖区到处视察，现场办公。经历了兵乱之后，继以水灾，滑民又有起而为盗者，良民则嗷嗷待救济，国家重臣跟着皇帝在南京玩儿，根本没人来管善后事宜。阳明遂会同其他官员，将宁王的逆产、土地改造变卖，救济穷苦，代交税务，境内平静，民生稍稍复苏。

他继续贯彻他的为政以兴教为本的治国之道，到处办义学、社学、讲会、书院，极大地推动了江西教育、学术事业的发展，使得江西反而成了王学的重镇。黄宗羲在《明儒学案》中说："阳明一生精神独寄江右，将'江右王门'分为九支，成了一方领袖的有三十三人。"后人不满足于黄的划分，又补充了许多，包括那些私淑王学而成为传播王学中坚的人、并非江西籍但在江西生活过又成了王学飞将的人物，还有心契王学后来另立一格的人物。

今年，他收获了一个后来把王学推到极端，也是把王学瓦解了的大人物——王艮。

王艮是泰州安丰场人，家贫不能入学，跟着他父亲在山东经商，拿着《孝经》《论语》《大学》逢人就问，久而能信口谈解，像得过神秘的天启似的。他父亲服劳役，大冬天用冷水洗脸，他哭着说："为人子而令亲如此，尚得为人乎？"再有劳役，他便代替父亲。他都是自己琢磨，业余自学，以经证悟，以悟解经，几年如一日地坚持不懈，觉得自己是羲皇上古人了，忽一日大彻大悟，觉得行住语默，都在觉悟的状态中，他觉得自己在像尧一样说话、行事，也应该穿尧时代的衣冠，按《礼经》制作了五常冠、深衣、大带、笏板。当时阳明在江西讲学，大江之南，学者风闻感佩，但是艮与世隔绝，并不知道。偶然有人告诉他：你这一套特别像王巡抚讲的。艮大喜，即日起身，前来求见，走到中门持笏而立，献诗两首进去。阳明觉得这个人不凡，特意走下门台来迎接他。

问他："戴的什么帽子？"

艮答："有虞氏的帽子。"

问："穿的什么衣服？"

答："老莱子衣服。"

问："学老莱子吗？"

答："是的。"

阳明说："只学穿他的衣服，怎么没学他像小孩子那样又哭又打滚？"

艮猝然色动，感觉到真挚轻松中有内劲，出手不凡。但艮自负惯了，又是来"华山论剑"的,居然坐上座,开始与阳明辩难。过了几招之后,艮稍心折,移坐于阳明侧。接着论"格物致知",艮叹服:"简易直截,吾不及也。吾人之学,饰情抗节,矫诸外;先生之学,精深极微,得之心者也。"下拜自称弟子。

他退下去后,反刍阳明的话,又发现了与己不合的地方,后悔地说:"我太轻易了。"明日入见,告诉阳明自己的悔意。阳明大为赞赏:"善哉!子不轻信正是宝贵的。"然后,俩人再开战局,最后艮大服,再下拜为弟子。

阳明对别的学生说:"前些时打宸濠,我的心一无所动,现在却为这个人动了。"他将这个新徒弟的"银"改为"艮",字汝止。王艮成了他的左右手,并辅导新入门的学员。他跟着老师回到越城,后来觉得世人对老师这绝学知之甚少,就做了个古怪的高车,招摇道路,到处宣讲,一直讲到北京的崇文门前,给阳明帮了倒忙,京城的上层人物正非议心学呢,正好来了个活广告——怪物。阳明写信痛责他,他回到越城,"及门三日不得见",阳明送客,艮长跪于路旁,阳明看也不看,艮追到庭下,厉声说:"仲尼不为已甚。"阳明才把他拉起来。他在阳明死后发展出泰州学派,"其人多能以赤手搏龙蛇"、就地打滚见我良知之类,最有名的传人如何心隐、李贽,成为晚明思想文化界一大景观。

第十二章

致良知

良知是光源自备的明镜

阳明学以良知为宗,别的提法都是阶段性的教学方针。他一生说良知随机发用,时而偏天理,时而偏感应,时而偏无,时而偏有,总体上不妨这样理解:良知是明镜,这个明镜是有自性的,其自性可以示现为无,却能显现万有。这镜子的光源不在外头,在心本体。因为心即天,心即理,心即宇宙。所谓心学,就是以心为体、以心为用的意术。天人合一是天心合一。人的一生,事态纷呈、林林总总,不出"人情事变",而事变亦在人情中。阳明说"心意知事,总是一事"。我们要做的无非是致良知,致者,找也;致者,实现也、落实也。从修行功夫上说是找,从行起坐卧、五行八作、应变料敌等等行为上说是实现、落实。致良知是人心的总纲、人生的总纲。只有纲举才能目张。

正德十五年，王阳明历经百转千难、一口说尽了自己的心学：致良知！

他后来曾多次激动地描述他一口道尽这千古圣学之秘的心情："吾良知二字，自龙场以后，便已不出此意，只是点此二字不出，与学者言，费却多少辞说，今幸见此意，一语之下，洞见全体，真是痛快！"（钱德洪《刻文录序说》）——自龙场时这"良知"二字已在他胸口盘桓了，他当时悟道时，就已悟及于此，只是还差一点儿，就为了这一点儿，他先是说"心即理"，后又讲"诚意"，讲"克己省察""收放心"，讲"知行合一"。大方向、基本路线是一致的，但都不如"致良知"一语之下洞见全体，既包含了本体又包含了方法，简易精一。他说："某之良知之说，从百死千难中得来，非是容易见得到此。不得已与人一口说尽。只恐学者得之容易，把作一种光景玩弄，不实落用功，负此知耳。"

他口说良知的最早的记载是在庚辰年（正德十五年）初夏之际于赣州。记载在《传习录》下（《年谱》说是在次年）：陈九川庚辰（即今年）往虔（即赣州）再见先生，问："近来功夫虽若稍知头脑，然难寻个稳当快乐处。"先生曰："尔却去心上寻个天理，此正所谓理障。此间有个诀窍。"（陈）曰："请问如何？"（王）曰："只是致知。"曰："如何致？"曰："尔那一点儿良知，正是尔自家底准则。尔意念着处它是便知是，非便知非，更瞒它一些不得。尔只不要欺它，实实落落依着它去做，善便存、恶便去，它这里何等稳当快乐！此便是格物的真诀、致知的实功。若不靠这些真机，如何去格物？我亦近年体贴出来如此分明。初犹疑只依它恐有不足，精细看，无些子欠缺。"

这个良知就是天赋悟性——上天赋予的人人具备的觉悟性。佛，觉悟者；圣，也是觉悟者。悟了以后叫觉悟，悟之前的吾性则是觉解力、知觉性。佛学的目标是成佛，必须破我才能成佛。儒学的目标是成圣，必须致良知才能成圣。人人能成佛是因为人人有佛性，人人能成圣是因为人人有良知——还是用王解王，接着上面的话是："在虔，（陈）与于中、谦之同侍。先生曰：'人胸中各有个圣人，只自信不及，都自埋倒了。'因顾于中说曰：'尔胸中原是圣人。'于中起不敢当。先生曰：'此是尔自家的，如何要推？'于中又曰：'不敢。'先生曰：'众人皆有之，况在于中，却何故谦起来？谦亦不得。'于中乃笑受。（王）又论：'良知在人，随你如何不能泯灭，虽盗贼亦自知不当为盗，唤他做贼，他还忸怩。'于中曰：'只是物欲遮蔽，良心在内，自不会失；如云蔽日，日何尝失了！'先生曰：'于中如此聪明，他人见不及此。'"——于中用良心解释良知获王的赞同。可见，这个良心既在每个人心中，又是先验的、不以个体的差异为转移的。

因此，它才是检验真理的标准——阳明接着说："这些子看得透彻，随它千言万语，是非诚伪，到前便明。合得的便是，合不得便非。如佛家说的心印相似，真是个试金石、指南针。"心印，即心心相印，不需要闻见道理、不需要语言文字，自可心心相印。阳明在别处说过，天下事不是是就是非，良知就可以像计算机一样处理这个像0和1一样二进制的大千世界了。所以是试金石、指南针。

还有，"先生曰：'人若知这良知诀窍，随它多少邪思枉念，这里一觉，都自消融。真是灵丹一粒，点铁成金。'"（同上）这里一觉，揭示了良知是觉悟性这一本质。点铁成金靠的是知觉性翻转，烦恼即菩提。

但这"一觉"是不允许自封、口说的。口头功夫是脚不点地的，就是单凭聪明悟到此与做功夫做到此，也有天壤之别。用阳明的话说："颖悟所及，恐非实际。"阳明区分过生而知之、学而知之、困勉知之，他认为包括他自己在内大多数人都是须经困勉才能知之。他教学生静坐、克己省察、知行合一就是为了让他们从自家心体里生出这良知来。致，就是这个功夫、过程。生出良知以后，在事事物物上运用良知，是第二层面的致良知，即致良知于事事物物的致。致良知的主要目的是唤醒一种澄明的意识状态。各种知识是有终点的，而这种澄明的状态则只是起点，不仅超越有限又无情的知识理性，也超越蛮横的唯我主义。所以，它应该是最无危险的真理。

那么，良知到底是什么呢？良知就是不关乎思想、利益的直觉，没有附着物的知觉性。良知就是阳明一再说的"心""心体"。道德化的解释是知良的意思，知道是是非非。这是浅而言之。深而言之是超道德的，是与天通的、与天理通（道德只是天理的一小部分）。这一通天的意思就是后来他四句教的第一句"无善无恶心之体"。他太愿意看到效验了，所以直接奔道德教化而去，从而失去了成为世界级哲学大师的机会。良知是体、相、用三位一体的，一即三、三即一。阳明在"用"上耗尽了它的语义。譬如：

>   知是理之灵处，就其主宰处说便谓之心，就其禀赋处说便谓之性。孩提之童无不爱其亲，无不敬其兄，只是这个灵能不为私欲遮隔，充拓得尽，便完完是他本体。
>
>   知是心之本体，心自然会知，见父自然知孝，见兄自然知悌，见孺子将跌于井自然知恻隐。此便是良知，不假外求。
>
>   《传习录》上

这样，尤其是这样与知行合一结合起来，就直奔伦理、合理的社会去了。他反复地说不能行的知不是真知，想用"知行合一""致良知"来克服人类的二重道德。他还再三申说：本体境界必须靠实功夫才能达到，本体论与功夫论必须合一。然而神州大地处处是这样的人：我的人欲便是良知，你的良知也是人欲。甚至杀人犯、卖假药的都口若悬河地说自己一本良知而行。

阳明教学生的时候，总是让他们从灵魂深处去"炼"良知来。并举自己下过格竹子那种死力气例子，说这"致良知"是他用大半生的性命提炼出来的口诀、心法，绝不是有口无心者皆可耍弄的套话、口号。若过滤掉其生命证验的信息、遗弃掉其中的生存智慧，只是掉书袋地来比证便是在以学解道，若是白捡过来贪便宜地说现成话便是在"玩光景"。

良知是觉悟了的知觉性

阳明本想找一个超验的从而万能的依据，赋予它不证自明、永远有效的权威性、真理性，好像一找到良知就等于和上帝在一起了、就得到了神启、就得到了来自上帝的绝对命令，就正确无误了。但事实上很难说。譬如，他以致良知的精神效忠君国时，称得上是顾全大局的圣人，但他那种心态其实是一种不甘当小奴才的大奴才心理，固然高于那些宦官群小，但并不是一个心学大师的高度——外国人又怎么看？再过两百年人们又怎么看？固然别人怎么看也不是检验真理的标准，王阳明也同样有权认为我们不着边际——这也至少证明了良知不能统一天下人的思维，当然它可以统一让它统一的那些人的思维，如王门弟子、王学传人——这又变成了一个信仰的有限性问题。霍金说哲学就是对信仰进行批评。心学在阳明手里都是飘忽的，忽而是批评假道学那种信仰的学术,忽而自己又变成了让人信仰的教义。

王阳明以一种你们不信反正我信的姿态,兴高采烈地总结良知的价值、意义。他给邹守益写信说:"近来信得致良知三字,真圣门正法眼藏。往年尚疑未尽,今自多事以来,只此良知无不具足。譬如操舟得舵,平澜浅濑,无不如意,虽遇颠风逆浪,舵柄在手,可免没溺之患矣。"有舵柄自然比盲人骑瞎马夜半临深池要好百倍,但又有多少舵手入海不得回的?正德若硬拿你下狱像拿冀元亨那样——那也只能是船翻了但舵还在手而已。

他不忧心这个"有限性"的问题,却发愁它不能光照全人类——有一天喟然长叹,陈九川问:"先生何叹也?"王说:"此理简易明白若此,乃一经沉埋数百年。"

陈说:"亦为宋儒从知解上入手,以识神为性体,故闻见日益,障道日深耳。今先生拈出良知二字,此古今人人真面目,更复奚疑?"这话也是自作多情的类推语。那些佛教徒也承认有一个人人都一样的真面目,但不是良知,而是空、是佛性、是如来藏,却也同样觉得"更复奚疑",奈何?稍可注意者:识神、性体是用道教术语翻译佛经的常用语。

王的论证办法很感动人:"然譬之人有冒别姓坟墓为祖坟者,何以为辨?只得开圹将子孙滴血,真伪无可逃矣。我此良知二字,实千古圣贤相传一点儿真骨血也。"但这个动人的"转喻"只是表达一种心情罢了——既不能证真也不能证伪——其实他说的是真的。他的"良知"二字的确相当成熟漂亮地表达了孔孟真精神,在习惯了以圣学为真理标准的事理论证网络中,能够认祖归宗,他的论证也算到位了。但是这种话语相当于文学评论——赞同还是反对全凭接受者的感觉,信自信疑自疑,千古如斯。

思想真理对接受者来说还就是"自家吃饭自家饱",各人识得自家那片月,有的王门信徒后来倡导"现成良知说",便瓦解了良知的真含义。王阳明提倡心学以来,就自觉地抵制这种来自内部的颠覆倾向,尤其自南京以后,对求教者一律要求以存天理去人欲为本。要问"之所以",让他自己去求"是因为"。从来不一口喷出个天理——也的确如此,良心是能从外援得到的吗?天理要不从自家心头养出来,欺世盗名者岂不皆天理的特使了?"致良知"这种成仙成圣的神圣又神秘的功夫不也就变成搞文学评论了吗?但良知若只是哑巴吃饺子,它还能光芒万丈长吗?

他也有哑巴感,或者说他是想高级哑巴化:"近欲发挥此意,只觉有一言发不出,津津然如含诸口,莫能相度。"——就是说不出来。说完之后,沉默良久,这种时候,他的学生都不敢打扰他,都知道他有更重要的话在后头,可是这回却是归于无言:"近觉得此学更无有它,只是这些子,了此更无余矣。"学生中有表现出健羡的,王说:"连这些子,亦无放处。"绝对是高僧在参玄机,他的真实意思是他已到达至高无上的"无"的境界,万物皆化,与天地万物为一体了、与大道为一体了。其实他是达到了一种超语言的神秘的心证境界。良知就是这么一种觉悟性,一拿出来标榜、宣传就不再是良知了。理解良知也需要这样的知觉性。我总觉得阳明哑巴时是他一生最良知时。

本体要虚　功夫要实

正德皇帝玩儿够了,上极乐世界去了。天下愁眉锁眼的姿态为之一扫，自然法则可以有限地修补一点儿皇帝终身制的毛病。许多在本朝受到不公正待遇的都潜伏着等着"换头儿"，新朝也往往要平反一些冤案以提高效忠率。阳明不会公开表示喜庆，那是不"合法"的。但也不会无动于衷，兹举一个细节足见他那股兴奋劲：他写信要邹守益快快来白鹿洞帮助他，但又说："醉翁之意盖有在，不专以此烦劳也。区区归遁有日。圣天子新政英明。如谦之（邹的字）亦宜束装北上，此会宜急图之，不当徐徐而来也。"他一改语言简洁的习惯，絮叨起来，足见其情急意迫。他的醉翁真意在于，根据朝野的呼声，他极可能入阁当国家大臣了。邹作为他很放心的学生，他可能考虑要保举邹出任重职，不只是来修府志、办学。

这次白鹿洞大聚会是他在江西讲学的最后高峰了。正好有个公助的机会，就是南昌知府要修府志，阳明的高足便来参与其事，也算写了些东西——这倒是清朝文人的常规。自然这事对阳明来说并不重要。这次白鹿洞聚会，为王学在江西的传播起了层楼再上的推动作用自不待言。

白鹿洞是阳明常来的地方，他是江西的"首相"，又热衷山水和教育。白鹿洞是南唐李渤的隐居处，后扩建为书院。在宋代，与睢阳、石鼓、岳麓合称四大书院。在正德十三年，阳明手书《大学古本》《中庸古本》《修道说》，从赣州南边千里传书过来，当时就摩刻上石，流传至今，保存完好。正德十五年二月初，他借居白鹿洞养病、讲学。现在是正德十六年，正德人死了但须等新皇帝的年号出来，才能换纪年。此时洞主蔡宗兖是阳明的学生，同门聚会，是王门师生都热衷的事情。

阳明还是一如既往地与学生论学、写信回答各种问题。有人问："学无静根，感物易动，处事多悔，如何？"阳明说："三者病亦相因。惟学而别求静根，故感物而惧其易动，是故处事而多悔也，心无动静者也,故君子之学,其静也常觉,而未尝无也,故常应常寂,动静皆有事焉,是之谓集义。"然后还是心即理、知行合一、动静一体那一套,说明他的良知学说与他前期的思想是一致的。欧阳德对他说:"先生致知之旨,发尽精蕴,看来这里再去不得。"——到头了。阳明说:"何言之易也?再用功半年,看如何?又用功一年看如何?功夫愈久,愈觉不同,此难口说。"

他问陈九川:"于'致知'之说体验如何?"九川说:"自觉不同往时,操持常不得恰好处,此乃是恰好处。"对这种滑舌利口卖弄聪明的说法,阳明很不以为然,他说:"可知体验来的与听讲来的不同。我初与讲时,知你只是忽易,未有滋味。只这个要妙,再体到深处,日见不同,是无穷尽的。"但他对九川讲"此'致知'二字,真个是千古圣传之秘;见到这里,百世以侯圣人而不惑"!而与跟欧阳德讲的就不一样,这叫作因材施教、因病发药。

后来九川真去用心体验,却又出了新的问题,他问老师:"此功夫于心上体验明白,只是解书不通。"

阳明说:"只要解心。心明白,书自然融会。若心上不通,只要书上文义通,却自生意见。"

几个学生"侍食"——像贾府的大小人等看着贾母吃饭一样,王现场发挥、随地指点良知:"凡饮食只是要养我身,食了要消化,若徒蓄积在肚里,便成痞了,如何长得肌肤?后世学者,博闻多识,留滞胸中,皆伤食之病也。"

黄以方问:"先生格致之说,随时格物以致其知,则知是一节之知,非全体之知也。何以到得溥博如天,源泉如渊地位?"翻译成西方哲学术语就是,他认为这个"知"还是得由经验积累(随时格物)的"认识",是知识学的"知",而非"大全之知"、根本信仰——形而上的智能发射基地（天渊）。

这是根本性的一问。不能证明这一点就不能证明良知万能，致良知也就不能统一思想、取代以往的知识体系（如被王讥为支离的汉学）和思想体系（如理学），而阳明是以取代它们为目标的，做不到这点，他自己也会认为并没有成功。

先看阳明怎样正面回答这个问题：

> 人心是天渊。心之本体无所不该，原只是一个天。只为私欲障碍，则天之本体失了。心之理无穷尽，原是一个渊。只为私欲窒塞，则渊之本体失了。如今念念致真知，将此障碍窒塞一齐去尽，则本体已复，便是天渊了。……一节之知，即全体之知；全体之知，即一节之知：总是一个本体。

《传习录》下

这与当年"心即理"的论式是一样的，只是将理换成了天；"渊"则给予心一种生成的能力，创造的能力，于是一通俱通，一塞俱塞。心之天渊的功能，不是一句思辨的大话，而是心学的一种全新的起点。有必要对其合理性或曰意义稍加阐发。

在心学以前的各种学说、知识，将人看成一种结果，而人自身的自发性、由这种自发性决定的多种可能性——即人自身的存在被遗忘了。王阳明一再反对、拒绝外在的"闻见之知"，提倡心是"天渊"就是为了使人从各种限定人的知识中解放出来，利用专门知识，同时又超越专门知识，单靠专门知识改变不了人的存在状况，起决定作用的是人的内心态度（态度，是人思考其世界并对之形成意识的方式。如王常说的："本体要虚，功夫要实。"）——也就是说，看你"致良知"

与否。

所谓心之本体是无所不该（完备）的大全、天渊，不是一个让主观去反映客观的"纯正"的认识论命题，心学认为让人那样当现象界的爬虫是白当了一世人，那种走向是毁灭了人之为人的价值。他王阳明就是要把这个出发点"挪"过来，挪到能动的人本主义立场上来，只有这种"本体论差异"——本体的挪移，才生发新的视界——在心学这里就是新的世界了。

良知应世：无可无不可

语言有种叫作"两不性"的苦恼。人生中有一种叫作"两难"的困境。中国智慧之要着是孔夫子标举的无可无不可，真正的无可无不可依靠自己的内部精神的自立能力。但任何精神性的东西都无法逃脱自称为某种东西而又无力成为该东西的矛盾。所以，真能从心眼里做到"无可无不可"也就真算高人了。

良知，不管说得多么玄，它必须让人在生活中"感到"它的妙用，才能在一个实用的种族当中被使用，事实上是在使用它的下限。但总算有了作用。这个作用便是一个学说或一个思想体系的意义和价值了。呜呼！

阳明的良知不是一个研究纲领，而是一个以人为出发点和目的的构造纲领。它想从根本上改变人与世界的关系，通过提高人的精神能力来改变整个知觉性、改变一念发动之意从而变被动为主动。这也算从所谓不以人的意志为转移的客观世界中"捞"回了一点儿主体性，近乎于审美法的捞回——中国的儒、释、道都是"感性学",它们的思辨方式都是美学法门。它们之间的本体论差异差不多类似于那种美是主观的还是客观的论争,都想把美学变成价值学。阳明的变法是突出精神的能动性和成就感——把生活变成一种人在提高自身的创化过程——没有这种提高,人生便丧失了一切意义与价值。这是高贵的精神胜利法。

这种感性学是以文学的原理在工作的,就是说它滋养人性的作用与高贵的文学作品差不多,王阳明看不起诗文,是因为那种诗文没有多大的精神动员力量,因为不根本、不究竟。其实心学的意念法就是作用于人的感性感情体验,他的论证方法也是比喻、人情化的类推,思辨也是诗意的。这样说,并不贬低心学,佛学其实也是文学,靠想象建立体系,靠想象、比喻说服人。心学和佛学是伟大的精神哲学,因为它们都能塑造出人的感性、新的人格。

阳明是一直主张在事儿上练的。尽管每天都必有事焉,但还是事情严峻时更见功夫。大事来了。六月十六日,嘉靖的新朝廷下了圣旨:

尔昔能剿平乱贼,安静地方,朝廷新政之初,特兹召用。
敕至,尔可驰驿来京,毋或稽迟。

这正是他所期望的,天理也应该如此。阳明的良知告诉他也当如此。他立即收拾起身,二十日开拔,以他的耿耿忠心和旷世奇才,早就盼望着这一天,包括前些时日受窝囊气,能忍下来,也是想到朝廷终要起用他——他说良知就是在勃然大怒时能忍下来,在激动兴奋时平静下来。他果然做到了这一点,而且眼下看来也算忍对了。

然而,他走到钱塘,局面完全变了。出现了有时候比圣旨还大的舆论——阁臣杨廷和等人指使言官上书,什么国丧期间不宜行宴赏呀,新政期间国事太忙呀,纯粹是制造出来的理由——鲁迅管这种捣鬼术叫"打浑"——张皇了不主要之点而阴暗地达到另外的目的。这种舆论是人造的,对于更有力量的人来说,它屁用没有——譬如当年戴铣、包括阳明他们攻刘瑾,就对刘瑾毫无威胁;后来言官攻张居正,反而让张把他们给收拾了。现在,站在舆论背后的是掌权的,舆论所指的是没权的,胜负立判。

朝廷已经相当成熟了,不会让"异类"混进来的。朝廷是用中等偏上人才的,像阳明这样的奇才很难加进去。他是个高度成熟的政治家,绝对不是一个市侩政客——他因此而加不进去,也因此而了不起。专制政体不会用这种"可能性"太多太大的人——这是一个铁则,专制社会从本质上排斥可能性,岳飞因有造反的可能性而被剪除,所以总有一些像桂萼那样的公然小人被重用,因为小人的专横霸道与体制"同构"。假若阳明当了首辅,至少会成为一代名相,明代会中兴,如果他能说服皇帝搞好国际贸易、文化交流,那日本式的"维新"就早在中国发生了——这是近代史上志士仁人的一个感兴趣的假设,其中有自我安慰,但也不全是臆想。

现在,他没有年轻时候的情绪反应了。他淡定得让阁臣们泄气,他的《归怀》说"世故渐改涉,遇坎稍无馁"。不是自己哄自己,"行年忽五十""童心独犹在"。童心,是战胜这个世界的精神力量,一直努力修行终于又把童心给修回来了。

还有一首《啾啾吟》因为写得更土,所以可能是其真实心境的原汁原味的记录。据孔夫子说能做到智者不惑仁者不忧、用之则行舍之则藏的只有他和颜回,现在阳明说还有我老王。我有了良知了,所以"信步行来皆坦道"。也有转败为胜的话头:我这千金之弹怎么能去打麻雀,我这高级金属怎么能去掘土？有心学意味的是："丈夫落落掀天地，岂顾束缚如穷囚！"囚，是人生天地间的实况。穷，则表示连自卫能力也没有了。地球另一边的卢梭也在说："人生而自由，却无往不在枷锁中。"要打破枷锁，靠什么？赤条条来去的人只能靠大丈夫气概，靠一种任侠气派，靠磊落的良知良能。掀翻天地先得掀开"内桎梏"——观念的枷锁，就是去掉那些经验状态的算计。傻子因噎废食，懦夫怕淹死先投了水。人生应该知天达命、磊落潇洒，整日生活在忧谗避毁当中，跟坐监狱有什么两样呢？

总而言之，唯有不在乎外在的得失毁誉，才能把价值标准还给人自身。

他一回到家里就说了一句："却笑当年识未真。"——大约此时，他才真的觉得朝廷这么"闪"他也没什么了。无功者受禄，有功者有罪——专制政体必然性现象——歌德的名言：必然性是最好的律师。过去他多次请假，不见应允。现在倒好，让他回家一待就是六年。

当他得知阁臣在他与内阁之间打了"坝"时，他给新皇帝写了《乞归省疏》——过去都白写了，因为朝廷正需要狗来咬狼，现在他被视为狼了，所以一写就准。他对新皇帝表示了热切的拥戴，是希望新皇帝赶快起用他，单请假是用不着那么抒情的。然而，新皇帝有他的需求和逻辑，并不按着阳明的节拍跳舞。嘉靖忙着他的亲生父母如何也得当皇帝的问题——就是著名的明史上的大节目"大礼议"。阳明再度得到起用也是因他的学生在大礼议中获宠，有了举荐他的面子，他才重返军政舞台。

那些嫉妒他的人给他来了个"明修栈道，暗度陈仓"，准他回家，给了一个南京兵部尚书的虚衔，然后下大力量调查、审核，跟着他一起平叛的只提拔了一个伍文定，别的或明升暗降，或干脆不升，有的还给"挂"了起来,让说说清楚……

循着天理便是道

嘉靖虽立朝,这年的年号还是正德,八月,他回到山阴。

自他出山之后,弘治十五年回来养病,筑室阳明洞,练道术,时年三十一岁。三十六岁去龙场前,回来看过他奶奶。四十二岁时,当"弼马温"时回来过。四十五岁时,去江西前又回来一次。一晃五年过去了,这五年是他激动人心的五年,也是大明朝动荡不宁的五年——"百战归来白发新,青山从此作闲人。"让千里马赋闲,又并非太平盛世,他又不是唐伯虎、文征明、祝允明一类可以当闲人的那种名士。面对着家乡的山水,他的感觉系统居然还要"尚忆冲蛮阵""犹疑见虏云"——职业病也会成为"触之不动"的心体本身的一部分吗?

九月,他回到余姚,给祖坟扫墓。大半生已过,他也快回来与祖先为伍了。任何道术都不能让人不死,这是只能让圣人追求精神不死的驱动力。正如前不久,他在回答养生问题时所说的:"区区往年尝毙力于此矣。后乃知养德、养生只是一事。元静(陆九渊)所云'真我'者,果能戒谨恐惧而专心于是,则神住、气住、精住,而仙家所谓长生久视之说,亦在其中矣。"他用经验例证法,说白玉蟾、丘长春这些仙家祖师,享寿皆不过五六十,来说明长生之说,别有所指——精神不死。

他回到瑞云楼,指着藏胎衣的地方,老泪纵横。

阳明二十五岁时,钱德洪也出生于这个瑞云楼。当时阳明正结余姚诗社,现在钱率侄儿和一些求学者"集体"皈依王门。钱早就知道王在江西讲学的宗旨,想入门为弟子,但家乡的一些老人还记着王小时候的淘气事,反对钱这么做。钱力排众议,毅然入其门下。第二天,有七十四人同时投入王门。

阳明在老家的日子主要是:与宗族亲友宴游。古越一带胜地颇多,今日游一地,明日游一地,像朱子格物一样。用他自己的话说,则是"种果移花新事业,茂林修竹旧风流"。有点儿林下宰相的风致了。

正德十六年十二月十九日,嘉靖皇帝下诏封他为新建伯——明朝规定平过大反叛的才封伯,特别卓著的封侯。还有荣誉头衔:光禄大夫柱国,兼南京兵部尚书,岁支禄米一千石,三代并妻一体追封,给予诰卷,子孙世世承希。诰命是派行人——专门的官员送达的,那天,正是王华的生日,亲朋咸集,王华戚然不乐,告诫阳明说:"宸濠之变,皆以为汝死矣,而不死;皆以事难平矣,而卒平。然盛者衰之始,福者祸之基,虽以为荣,复以为惧也。"阳明跪下,真诚庄重地说:"大人之教,儿所日夜切心者也。"

当初,王华早就预料到宁王必反,曾在上虞的龙溪买了地方,准备避难。听到乱起的消息时,说阳明已被害。有人劝王华去龙溪,华说,我当初是为老母做准备,老母已不在,我儿若不幸遇害,我何所逃乎天地间?并告诫家人镇静。等阳明倡义,有人说宁王必派人来捣乱,劝华躲避,华说我要年轻,就去杀敌去了,现在,只有共同守备以防奸乱。乡人见华宴然如平居,人心安定。

后来,正德南巡,奸党诬陷阳明,危疑汹汹,且夕不可测。当地的小人乘机作乱,来家里登记财产牲畜,像即将要抄家似的。姻族皆震恐,不知怎么办好。华平静如常,日休田野间,但告诫家人谨出入,慎言语。终于等来公正的评价。次年二月十二日,朝廷追封三代的正式通知下达,他让阳明弟兄赶紧到门口迎接,说不可废礼,听到全部仪式完毕，他偃然瞑目而逝，享年七十七岁。

阳明诫家人勿哭，抓紧给父亲换入殓的衣服，将内外各种发送的东西准备齐全，才举哀。他则一恸而绝。这是礼，不哭、装殓、再哭倒都是礼。王阳明努力学做圣贤以来就非常重礼，一方面尽礼一方面尽情。这两个方面集于一身，正是阳明的特色。

这回可帮了阁臣的大忙，阳明必须按规矩在家待三年。这三年足够他们消除阳明成功加给他们的不利影响了。他们将阳明的战役总结报告做了删削，又有人弹劾王学为伪学，建议朝廷禁止王学的传播。

阳明上书，辞去官方荣誉，原因是："殃莫大于叨天之功，罪莫大于掩人之善，恶莫深于袭下之能，辱莫重于忘己之耻；四者备而祸全。此臣之不敢受爵者，非以辞荣也，避祸而已。"他的目的是要同时赏赐一起立了功的。但他的建议、抗议都等于零。七月十九日，吏部下文，不准辞。他又上书，要求普降龙恩，抗议他们阴行考察，对于其他平叛官员，或不行赏而削其绩，或赏未及而罚已先行，或虚受升职而实使退闲，或罢官或入狱。当时都是冒着杀族灭家的危险倡义举事的，这样对待他们，以后国家再有危难，谁来献身？这种阻忠义之气，快谗嫉之心的做法，只能凉透人心。

他跟学生说：圣人不是不要功业气节，只是依循着天理，该讲究功业时就得讲究。循着天理便是道，便不叫功业气节了。他的言外之意是说他现在争个公道，是符合天理的。也的确是符合天理的，若不争便是假道学了。

他说："吾教人致良知，在格物上用功，却是有根本的学问。日长进一日，愈久愈觉精明。世儒教人事事物物上寻讨，却是无根本的学问。方其壮时，虽能外面修饰，不见有过，老则精神衰迈，终须放倒。譬如无根之树，移栽水边，虽暂时鲜好，终久要憔悴。"（以上均见《传

习录》下）

人有虚灵　方有良知

送走父亲，一恸而绝，再加上朝廷不断地用各种方式加以刺激，他心力交瘁，大事已了，就顶不住劲了，终于卧床躺倒。他诚恳地写了个"揭帖"：

> 某鄙劣无所知识，且在忧病奄奄中，故凡四方同志之辱临者，皆不敢见；或不得已而见，亦不敢有所论说。各请归而求诸孔、孟之训可矣。夫孔、孟之训，昭如日月，凡支离决裂，似是而非者，皆异说也。有志于圣人之学者，外孔、孟之训而他求，是舍日月之明，而希光于荧炬之微也，不亦缪乎？

除了他确实病着这个原因外，还因为有的御史、给事受阁臣的指使，提议禁锢王学。阳明不是怕事之人，但也不是好事之徒，他愿意平静地化解任何事情，而不愿意沾惹更多的事情。他一直认为他的"真理"一人信之不为少，天下信之不为多。"我只依良知而行"，率性之谓道，过分委屈自己即不是良知的本意。

当然，他也并不总病着，心情也在改变。尤其是日益增多的学生，使他不忍辜负，而且薪火相传全靠学生，他现在的事业也就是教学了。他遂有层次地接见学生。渐渐康复后，又像过去一样与学生一起活动，随地指点良知。

他的教学水平是出神入化地高了。尤其是他这种求根本的独创性的心灵学问，更是思想水平有多高，"学术"水平便有多么高。张嘴就是，不用搬书本，更不用讲知识，只是促进学生对自身增进正确理解，是让学生的体验日见"精明"，调出良好的精神状态。对心学来说，全部问题的关键之处要认识到，在人本身存在着一种独立的精神生活，它植根于人的心灵，又是独立的能超越主观个体的、能与宇宙真理相联结的。人的义务和特权就是要以自己的全部机能，不仅以理智，更需要以意志和直觉的努力，能动地追求更高的精神水平。这就是他的既根本又简易的"致良知"法门。

阳明举孔子回答一个老百姓的问题为例，说孔子未尝先有知识以应之，其心只是空空而已，（《论语》）"但扣他自知的是非两端，与之一剖决，鄙夫之心便已了然。鄙夫自知的是非，便是他本来天则，虽圣人聪明，如何可与他增减得一毫？他只不能自信，夫子与之一剖决，便已竭尽无余了。若夫子与鄙夫言时，留得些子知识在，便是不能竭他的良知，道体即有二了"。

有的学生太矜持，阳明则说这是毛病，因为"人只有许多精神，若专在容貌上用功，则于胸中照管不及者多矣"。有的太随便直率，阳明又说是毛病——"如今讲此学，却外面全不检束，又分心与事为二矣。"

有的学生作文送别朋友，觉得这种做法有问题，一是作文时费心思，二是过了一两天后还想着，就请教该怎么办？王说："文字思索亦无害。但作了常记在怀，则为文所累，心中则有一物矣，此则未可也。"有的作诗送人，王看过说："凡作文字要就分限所及，若说得太过，亦非修辞立诚矣。"

宋儒说孔子入太庙每事问是"虽知亦问，敬谨之至"。阳明说不对,"圣人于礼乐名物不必尽知",他精神水平高,能理解礼乐的本质,一些知识性的东西还是需要问的,只是一问即知而已。

他不主张强行致良知,而是"今日良知见在如此,只随今日所知扩充到底,明日良知又有开悟,便从明日良知扩充到底。如此方是精一功夫。与人论学,亦须随人分限所及。如树有这些萌芽,只把这些水去灌溉。萌芽再长,便又加水"。若用一桶水一下子去浇一个小芽,便浇坏了它。

有人问:"您说读书只是调摄此心,但总有一些意思牵引出来,不知怎么克服。"王说:"关键是立志。志立得时,千事万事为只是一事。读书作文安能累人?人自累于得失尔。""只要良知真切,虽做举业,不为心累。纵有累亦易觉,克之而已。"强记之心、欲速之心、夸多斗靡之心,有良知即知其不是,即克去之:"如此,亦只是终日与圣贤印对,是个纯乎天理之心。任他读书,亦只是调摄此心而已,何累之有?"说完这一套,他浩叹一声:"此学不明,不知此处耽搁了几多英雄汉!"

在良知状态就能与圣贤"心心相印"(终日与圣贤印对),就可以"心意知物只是一事",就可以时时刻刻在成圣的努力中,发现心被举业等事务给拖累了;也容易知觉到,克服之后,又能够"是个纯乎天理之心"。天理是自然合理的规则,是自然之道。心在"虚灵不昧"时才能与之吻合。

阳明经常指示学生去找"虚灵不昧"的心体。

所谓"虚灵不昧"是指心具有超越现实和各种妄念的能力。它是良知的存在样态,是心体的本然状态,所以它又是这个超越觉悟性的本源。说良知是光源自备的明镜就是因为它自身是虚灵不昧的。用阳明的话说,则是:"良知之虚便是天之太虚,良知之无,便是太虚之无形。日月风雷山川民物，凡有貌象形色，皆在太虚无形中发用流行，未尝做得天的障碍。圣人只是顺其良知之发用，天地万物，俱在我良知的发用流行中，何尝又有一物超于良知之外，能做得障碍？"良知成了欧洲人信服的"以太风"了。

阳明只能说些小说家言的话："良知是造化的精灵。这些精灵，生天生地，成鬼成帝，皆从此出，真是与物无对。人若复得它完完全全，无少亏欠，自不觉手舞足蹈，不知天地间更有何药可代？"——他的"拔本塞源"论的核心就是用良知这个伟大的"药"来治天下汹汹的逐物病，用良知教来抵抗拜物教。

他利用了深入人心的佛教、道教的关于虚、无的思想成果，建立良知的本体论。"仙家说到虚，圣人岂能虚上加得一毫实？佛家说到无，圣人岂能无上加得一毫有？……圣人只是还他良知的本色，更不着一些意思在。"因为一着些意思就"迷"了、"昧"了、有念念成邪。可以用佛教的"三身四智"来比方阳明的良知学。良知如清净法身本体，是人之性；圆满报身是发用，是人之智；百千化身是相，是人之行。

"虚灵不昧"就是要体、相、用一体化，三而一、一而三。找不到无，就找不到有。就连无和有也是一不是二。

乘通入空　起死回生

怎样才能找到虚灵的"无"呢？靠复杂的知识学只能是越找越糊涂，这叫作为学日彰，为道日损。只有简易的实践学即做功夫才能求得我心。《易经》并举了穷理与尽性；《书经》并举了唯精与唯一；《论语》

并举了博文与约礼；《孟子》并举了详说与反约、知言与养气；《中庸》并举了尊德行与道问学。阳明坚持不懈地将这些对子融合成一个有机体。心既不能与物对立，更不能与别个心对立，谁还在对立状态谁就还在圣学的门外。

良知是虚的，功夫是实的。这虚实之间的要害是个"诚"字。知行合一是训练诚意的功夫。良知前冠一"致"字，恰如其分、恰到好处地点出了意念的诚、正及其用力过程。不但诚则明、不诚无物，而且不诚就没有力量。有智无力，即此智还是无智。无智无力的行只是个冥行妄做。知行合一这个"一了百了"的功夫又正是活一天有一天新问题的、需日新日日新的功夫。

把握住良知这个根本，然后加以所向无敌地推导，便是他教学生的简易直接的方法。人是可以成圣的，就看想不想成了。要真想成就克己省察，时时刻刻致良知，用阳明的话说叫"随物而格"，让良知之觉悟性、知觉性"自然"形成。

他跟同学们说："我与诸公致知格物，日日是如此，讲一二十年俱是如此。诸公听我言，实去用功，见吾讲一番，自觉长进一番。否则，只作一场话说，虽听之亦何用？"关键在于领会，而不是知识的积累。

寻找虚灵本体，须于不可见的世界多下功夫，主要是于见不可见的能力下功夫。这个见不可见的能力，主要在心，不在眼。然而，眼或者说视觉却是通心的。视觉也是觉悟性的一种。因为视觉自身能够想象、有超出自身的能力。梅洛·庞蒂在《眼与心》中说："这种能力告诉我们，一丁点儿墨汁就足以让我们看到森林和风暴，那么视觉就一定有其想象之物。"眼与心统一于见性——能够见的性。一个学生用佛门公案来问"见性"问题：佛伸手，问众见否？众曰见。佛缩手于袖，问还见否？众曰不见。佛说还未见性。学生不解意义。阳明说:"手指有见有不见,尔之见性常在。"——阳明的回答和《楞严经》中佛的回答一模一样,关键是你的"见性",你能发挥"见性"即使是盲人也能知道有手在。如同他说的不能从老人身上找孝心,没了老人,你知孝心还在。能见不能见不在目力而在心力,能力的根源在自性,能见的根在见性。就像爱因斯坦说的不是轮子在转,而是轮子性在转。

他觉得更关键的问题在于"人之心神只在有睹有闻上驰骛,不在不睹不闻上着实用功。盖不睹不闻是良知本体。戒慎恐惧是致良知的功夫。学者时时刻刻常睹其所不睹,常闻其所不闻,功夫方有个实落处"。这就是"诚意"的功课了。不能以外在的闻见为累,不能心随物转。包括念经,口诵心行即转经,口诵心不行则被经转。对经尚如此;对物则更当是如此。这样才能返回本心。而只有返回本心,才能切合无所不在的理。

有的学生将不睹不闻理解成本体,将戒慎恐惧理解成功夫,阳明马上加以修正,说二者是合二为一的,若"见得真"、理解得透,倒过来说戒慎是本体,不睹不闻是功夫,"亦得"。(参《传习录》中)

他说:天地间鸟飞鱼跃都活活泼泼地体现着天理,这便是吾良知的流行不息。鸟飞鱼跃跟人们为了各自的目的而奔波("必有事")是一样的,"致良知便是必有事的功夫。此理非唯不可离,实亦不得而离也:无往而非道,无往而非功夫"。只要你抱着圣洁的诚意,就可以与印度室利·阿罗频多的神圣人生的心灵修说到一块儿去。

他对来自远方的求学者说:"诸公在此,务要立个必为圣人之心,时时刻刻,须是一棒一条痕,一掴一掌血,方能听我说话句句得力。若茫茫荡荡度日,譬如一块死肉,打也不知得痛痒,恐终不济事。回家只寻得旧时伎俩而已,岂不惜哉!"《儒林外史》中说八股文做得好时也就有了一掴一掌血的功力。真是一番气在千般用,就看你干什么了。阳明的思路一言以蔽之,便是当世成圣人。

像所有的宗教要求"起信"一样,心学要求必须发起成圣的信心。良知是其真正的命根。他常常这样教训那些大弟子:"汝辈学问不得长进,只是未立志。"有个学生马上说我愿意立志。阳明说:"难说不立,未是必为圣人之志耳。"学生说:"愿立圣人之志。"阳明说:"你真有圣人之志,良知上更无不尽。良知上留得些子别念挂带,便非必为圣人之志。"立志是调整诚意的起步功夫。青年毛泽东说得特别到位:"十年不得真理,十年无志;终身不得真理,终身无志。"发起成圣的信心就能诚意,诚意就可以见性、找到良知,找到了良知就找到真理了。

一个学生说他在私意萌动时,分明自心知得,只是不能立即克服。阳明说,你那个知得,"便是你的命根。当下即去消磨,便是立命的功夫"。那个"知得"就是觉悟性,就是良知的知觉性,所以是命根。当下去消磨,就是"致",致良知就是这样的立命功夫。

学生问:"'思无邪'一言,如何盖得三百篇之意?"阳明回答说:"岂特三百篇,六经只此一言便可该贯,以至穷古今天下圣贤的话,'思无邪'一言也可该贯。此外更有何说?此是一了百当的功夫。"这种纯洁思想的努力,是种宗教化的独断论话语。

问:道心人心。他说:"'率性之谓道'便是道心。但着些人的意思在,便是人心。道心本无声无臭,故曰'微'。依着人心行去,便有许多不安稳处,故曰'惟危'。"

但是人心又必须是活泼的,不活泼的心便是死心了。大热天,他拿着扇子,也让学生用扇。学生说不敢。他说:"圣人之学,不是这等捆缚苦楚的,不是装作道学的模样。"

他跟学生这样讲孟子和告子的不动心:孟子说不动心是集义,所行都合义理，此心自然无可动处。告子只要此心不动，是把捉此心，将他生生不息之根反而阻挠了。不但无益，反而有害。"孟子集义功夫，自是养得充满，并无馁欠；自是纵横自在，活泼泼的，此便是浩然之气。"

心学的思维方法就是领会感受法，譬如一个学生觉得子在川上曰"逝者如斯"是说自家心性活泼泼的。这已经是发挥性的理解了，阳明还要再度发挥："须要时时用致良知的功夫，方才活泼泼的，方才与他川水一般。若须臾间断，便与天地不相似。此是学问极致处，圣人也只如此。"不但要与天地一体，还得时时与天地一体。一旦不一体了，便又回到了凡俗世界。

所谓做功夫，或者说学问功夫，就是为了脱俗谛之桎梏，"于一切声利嗜好俱能脱落殆尽"，这个还是可以做到的，只有生死念头是"从生身命根上带来，故不易去。若于此处见得破，透得过，此心全体方是流行无碍，方是尽性命之学"。

有个学生问他《论语》中的"志士仁人"章中的义理。他说："只为世上人都把生身性命看得太重，不问当死不当死，定要婉转委曲保全，以此把天理却丢了。忍心害理，何者不为？若违了天理，便与禽兽无异，便偷生在世上百千年，也不过是做了千百年的禽兽。学者要于此等处看得明白。"

一个刚到不久的学生问："欲于静坐时将好名、好色、好货等根逐一搜剔，扫除廓清，恐是挖肉做疮否？"

阳明"正色"说道："这是我医人的方子，真是去得人病根。更有大本事人过了十数年，亦还用得着。你如不用，且放起，不要作坏我的方子。"

那个学生惭愧无地。过了片刻，阳明说："此量非你事，必吾门中稍知意思者为此说以误汝。"

在座者皆"悚然"。(引文均见《传习录》下)

阳明的这些教法机智生动,不免让人眼花缭乱,其精髓在一"诚"字。诚,既是未发之中也是发而中节,只有诚了才能澄明,诚是于相离相、于空离空澄明之境。诚了才能开觉悟性、诚是无私心杂念的无念状态,无念念即正,有念念成邪。诚之所以重要,亦因迷误由己、损益由己。良知即是独知时,良知即是诚意时。

第十三章 东看则西 南观成北

常快乐是真功夫

时光荏苒,到了嘉靖二年,他除了讲学就是亲近自然,陶然忘机,泰然自处,已然"胸中无事",臻达随心所欲不逾矩的化境了。

对学生,他是因势利导因材成就,狂者就从狂处成就他,狷者就从狷处成就他。需要剪裁,就反言棒喝,需要鼓励,就启发他的自信。他的基本教学原则是:"决然以圣人为人人可到,便自有担当了。"

那个狂简的王艮,出游回来,阳明问他何所见?他说:"见满街都是圣人。"阳明说:"你看满街是圣人,满街人倒看你是圣人在。"

另一人出游归,对老师说:"今日见一异事。"王问:"何异?"答:"见满街人都是圣人。"王说:"此亦常事耳,何足为异?"

问同答异,针对每个人不同的坎儿"反其言而进之",这才是单兵教练的素质教育。与苏格拉底的街头对话、佛陀的菩提树下谈心，大约相去不太远。阳明是在模仿孔子。

他的学生应试回来，沿途宣讲老师的哲学，有人相信有人不相信。阳明说："你们拿一个圣人去与人讲学，人见圣人来，都怕走了，如何讲得通。须做得个愚夫愚妇，方可与人讲学。"

他还有个危险的论调："与愚夫愚妇同的，是谓同德。与愚夫愚妇异的，是谓异端。"这导致了王艮的"百姓日用即是道"的大众哲学。

山阴县西六十五里有一个牛头山，阳明将它改名为浮峰，邹守益从江西来问学，走时，阳明送他到这里，还写了诗：《再游浮峰次韵》《夜宿浮峰次谦之韵》。邹走后，阳明与别的学生在延寿寺秉烛夜坐。阳明大概觉得这也许是永别了，慨叹怅惘不已，说："江涛烟柳，故人倐在百里外矣。"

这对于主张"学务无情"的他来说，有些出格，所以一个学生问他为什么这样思念邹？他说："曾子所谓以能问于不能，以多问于寡，有若无，实若虚，犯而不较，若谦之者，良近之矣。"

这个邹守益（字谦之）的确很好地保持了儒家及王门的传统，创新的力度不大，即所谓"无大得亦无大失"，所以过去有人认为他是王门的嫡派亲传。邹守益两年后贬官为广德州通判，他在广德州建立复古书院，广集生徒。嘉靖六年请刻先生文集，阳明很放心地交付他，还很精心地编定了年月，嘱咐纯按时间先后排，不能以文辞分类，明道而已，不能混同世俗的繁文盛而实意衰的做法。

阳明也有教育失败的时候。这个点传师碰上没有内因的顽固汉也是一筹莫展。有一次他送走两三个老头，退坐中轩，若有忧色。钱德洪赶紧过来问讯，王说，方枘圆凿，格格不入，圣道本来坦易，世上的俗儒自加荒塞，终身陷荆棘场中而不悔，我不知怎么说好啊。钱德洪很感动，退下来对同学说："先生诲人，不择衰朽，仁人悯物之心也。"

从今年开始他空前地忙了起来，因为开始有大批的学生从江左江右、山南海北而来，把古越城区的寺院都住满了，如天妃、光相等地数十人挤在一屋，夜无卧处，轮换着躺一会儿。在南镇、禹穴、阳明洞到处住着来求学的同志。阳明每开讲座，前后左右环坐而听者，常常数百人。每次讲完，学生无不跳跃称快。可以想象那肯定是盛大的音乐会、解渴的哲理诗朗诵会的效果。因为心学本是诗学，阳明又通达无碍，机锋犀利，还有诚挚感人的气度，都会融化成一种教堂唱诗班的气氛。陆九渊讲义利之辨，能把朱熹讲哭了。阳明的本事又远远大于陆，他能把来问学的人讲得忘乎所以是理固宜然、题中应有之事。阳明就是单作为一个教育家，也已在教育史上占了醒目的一页。

　　当时，来求学者络绎不绝，他送往迎来，月无虚日。有许多到了一年多了，阳明还记不上名字的。每当临别的时候，阳明常感慨地说："君等离别，不出天地间，苟同此志，吾亦可以忘形似矣！"（《传习录》下）

　　这是他讲学的顶峰期。他的文章事功在传播缓慢的古代也终于传播开来。他本人的水平也在日进日新，现在已臻达"感召之机伸变无方"的化境。每个来求学的人都是广告，所以雪球越滚越大。他的大弟子也有独立办学的了，对扩大王学的影响也起了巨大的推动作用。

　　官方的批判也是一种有力的宣传。南宫试士以心学为问，阳明就相当高兴：这回穷乡深谷也知道我的学说了。我若错了，必有起而求真者。

　　其实官方的压抑并不多么严重，心学人士爱小题大做、自我重要。那个王门弟子说，"我不能昧我的良知而媚时好"，不答而出，自然考不上。而欧阳德、魏良弼直接阐发老师的思想也居然高中。说明并非全体在位的官员都以王学为敌。

　　阳明指引的成圣之路绝不是苦行之路，他有个口头语："常快活便是真功夫。"还爱说"胜得容易，便是大贤"。他对作为六经之一的《乐》，推崇备至，他绝不像卢梭那样反对演戏，他甚至认为"今之戏子，尚与古乐相近"。他说："《韶》之九成，便是舜的一本戏子。《武》之九变，便是武王的一本戏子。圣人一生实事，俱播在乐中。"对于"诗言志"这样的老话题，他解释为"志便是乐的本"。

今年，他写信给黄勉之说："乐是心之本体。仁人之心，以天地万物为一体，欣合和畅，原无间隔。……时习者，求复此心之本体也。悦则本体渐复矣。……时习之要，只是谨独。谨独即是致良知（刘宗周、黄宗羲一脉正是以此为基本路线的）。良知即是乐之本体。"这样，致良知就变成找大快乐，让生命变成欣悦的灵魂课程。

要想找到良知，不能假借外物，也不能把外物当目标，亦不能有任何主观的成见，这些经验性的伪道理正是致良知的最大障碍。就找快乐而言，也是少一种毛病就多一分快乐。据阳明说，人最大的毛病是"傲"。好高不能忘己是众病痛的根源。

他还是最关心道德表现，他给儿子正宪写扇面告诫他力去傲字，"为子而傲必不孝，为臣而傲必不忠，为父而傲必不慈，为友而傲必不信"。他不敢说为君而傲如何，其实这才是最大的问题，专制君主天然大傲，把天下人都变成了奴才。但王阳明没有像黄宗羲、龚自珍那样反思这个问题。

王说：只一傲字，便能结果了一生。而致良知的功夫是要求"胸中切不可有，有即傲也"。心即理的秘密盖在于，心本是清明无我的。后来习染成有，便功利机诈，不得安泰，不得快乐了。

要想快乐，就得忘我。忘我才能成我。这个辩证的通道包括两个支点。一是，以天地万物为一体，把小我与族类大我融为一体，"己欲立而立人，己欲达而达人"，世界是大家的，同生共长，随时与别人的能量与信息发生转换才能良性循环。二是，"君子之学，为己之学也。为己故必克己，克己则无己。无己者，无我也。世之学者执其自私自利之心，而自任以为为己；溺焉入于隳堕断灭之中"。(《书王嘉秀请益卷》)也就是说，一是使我大起来，这叫扩充法；一是使我小至于无，这叫克服法。核心的出发点是一个：立志成圣。自我担当，担当的是这个，快乐的根源也只是符合了这个人性的目的论。

阳明在给黄宗贤的信中说得很明白：近世儒者的病根在于无必为圣人之志。这又是因为他们心中有物，不得清脱。所以必须去掉心中之物，才能摆脱经验世界加给人的异化，实现人性的复归。在追求人性复归这一点上，德国的哲学家，包括马克思最容易与中国的思想家说到一块儿去。

阳明简易直接的心学，就是把所有问题都化约为三字真经——致良知。

嘉靖四年己酉，他给学生魏师孟写扇面，几笔就勾勒出心学的方程式：

> 心之良知是谓圣。圣人之学，惟是致此良知而已。自然而致之者，圣人也；勉而致之者，贤人也；自蔽自昧而不肯致之者，愚不肖者也。愚不肖者，虽其蔽昧之极，良知又未尝不存也。苟能致之，即与圣人无异矣。此良知所以为圣愚之同具，而人皆可以为尧舜者，以此也。

知轻傲处　便是良知

阳明贬低傲，却赞美狂。傲，是什么都不信，是可怜的自以为是；狂，是大信，信仰超迈现实的更高的价值世界。打个不恰当的比方，那些嫉妒他的阁臣是傲，而他原先是狂，现在则连狂也超越了。他现在常爱标举的意象便是凤凰翔千仞之上，既是自期也是自诩。无论是什么，这个感觉都不坏。

他自知他的狂是他获谤遭忌的原因，但绝不想退为乡愿，既不能也不想与官僚系统和谐了，干脆表示纵天下人都说我行不掩言，我也只依良知而行。但他总是不厌其烦地告诫学生必须"除却轻傲"。轻傲是狂的末路，是狂的堕落形态。狂，志存古道，是有理想的英雄主义。傲则是变态自尊，是傻呵呵的自我感觉良好而已。

邹守益自我总结获贬谪"只缘轻傲二字"，阳明鼓励他："知轻傲处，便是良知，致此良知，除却轻傲，便是格物。"阳明的致良知就是要在行事时找到普遍的道德法则。他知道依良知而行也依然不免受毁谤，用他的话说就是圣人也免不了。因为"毁誉在外的，如何避得，只要自修何如尔"！

面对着谤议日炽的局面，他请学生们来分析个中原因。邹守益说："先生势位隆盛，是以忌嫉谤。"薛侃说："先生学说影响日增，又是陆（九渊）非朱，为宋儒争异同，则以学术谤。"王艮说："天下来问学的太多，您只招生不管分配工作，所以他们也有起而攻击先生的。"阳明说："你们说的都对，但还没说到点子上。关键是我才做得个狂者。"

阳明沉思了片刻，接着说了下去："当年孔子在陈，思鲁之狂士。狂者志存古人，一切纷嚣俗染，举不足以累其心，真有凤凰翔于千仞之意，一克念即圣人矣。唯不克念，故阔略事情，行有破绽。唯有破绽说明志尚不俗，心尚未坏，尚可造就。乡愿讥议狂狷，貌似中庸，其实是德之贼也。因为他们媚世，他见君子就表现出忠信廉洁的样子，见小人又与之同流合污，其心已破坏，绝不可能入尧舜之道。如今的士夫则比乡愿还等而下之，他们陷溺于富贵声利之场，如拘如囚，必然视狂者为怪物、为仇敌。当年在南京，我还有乡愿意思，后来便任天下飞语腾口，我只依良知而行。现在我要努力悟入中行圣道。你们也不要止于狂就罢手。"

德洪问："先生二十八岁刚及第时上《边务八事》，务实的都赞扬，也有说您狂傲的。后来先生主试山东，在命题中就抨击乡愿，是否您以反乡愿为一贯之道呢？"

阳明笑了，说："上《边务八事》是少年时事，有许多抗厉之气。此气不除，欲以身任天下，不济事。傲是人生大病，断断要不得。但乡愿又是坏天下心术的顽症，造成重儴佼而轻朴直，议文法而略道义，论形迹而遗心术，尚和同而鄙狷介的阉然媚世的世风，天下之人已相忘于其间而不觉。此风不除，国事无望、人心难起，读书人只要会背朱子注文即可得官及第，士习日偷，谁还料理自家心头的良知！"

绍兴知府南大吉，是个轻官重道的人，年岁地位都不轻了，近狂而不傲，听说了王学的宗旨，便来当门生。他性豪旷不拘小节，有悟性。一次，他反问王："大吉临政多过，先生何无一言？"王说："何过？"大吉一一数落，王说："我言之矣。"南问："何？"王说："我不言何以知之？"南说："良知。"王说："良知非我常言而何？"大吉笑谢而去。

过了几天，南又来忏悔，觉得自己的错误更多了。王说："昔镜未开，可得藏垢。今镜明矣，一尘之落，自难住脚。此正入圣之机也，勉之！"

正因为南大吉忙于入圣，而疏漏了官场规则，考查时被人挑剔，但他给阳明的信只字不提这一套，还是请教如何自新。只以"不得为圣人为忧"。阳明大为感动，让学生传阅他的信，并在回信中相当全面地给他讲了良知的本性：

> 昭明灵觉，圆融洞澈，廓然与太虚同体。太虚之中，何物不有？而无一物能为太虚之障碍。盖吾良知之体，本自聪明睿智，本自宽裕温柔，本自发强刚毅，本自斋庄中正、文理密察，本自溥博源泉而时出之，本无富贵之可慕，本无贫贱之可忧，本无得丧之可欣戚，爱憎之可取舍。

阳明说唯有道之士，才能见良知本体。

这个南大吉成了王门的功臣，在嘉靖三年，他开辟了稽山书院。越城旧有稽山书院，在卧龙西岗，荒废已久，南让山阴县令"拓书院而一新之"，为了让老师来讲学，也为了尊经明道，这个稽山书院成了王学重镇。这年十月，南又辑录了老师的《论学书》两卷，与薛侃在赣州刻的三卷合成五卷本的《传习录》，其中就包括大名鼎鼎的《答聂文蔚》第一书。其实这封信对于已熟识王学的人来说，并不那么重要，它只是简练地概括了王的主要想法而已。也因它是王学的一个简明而全面的提纲，所以是普及度极高的纲领性文件，从而广被征引。它的真正价值在于鲜明地重申了仁者与天地万物为一体的道义论。将心物合一、心理合一、知行合一诸主张落实到亲民经世上。"视人如己"的人道主义的情怀要求你必须为全人类工作，只有如此才可以超越小我的绝望苦恼，找到真正的幸福和意义。王在结尾处说：现在"良朋日集，道义日新。天地之间，宁复有乐于是者"？

还有一个叫聂豹的，在江西从远处遥望过大师一次，后来到山阴来问过学，但没有入王门。在阳明死后四年，他这个苏州知府，觉得自己的思想水平应该归功于王学，才对着王的木牌，磕头拜师。他后来也成为王学后劲中的一派。

还有一个六十八岁的诗人,来游会稽山水,听了阳明的讲座,就不走了,强拜阳明为师。他说的问题颇好玩儿,如帮他弟弟贩粮食,赔了老本,连累了许多人,他认为是自己不老实之过。王答,认识到不老实是致良知的结果,否则,"却恐所谓老实者,正是老实不好也"。一个将近七十的人,因听到了一直想听而听不到的声音就真诚地当学生,诚如阳明所说,是大勇者。阳明为他写了一篇《从吾道人记》。诗集中有四首与他唱和的诗,说他头发虽白人并不老,"赤子依然浑沌心"。

诗意地栖居

阳明在学生的包围中,恢复了诗人的本色,他的守丧期已过,嘉靖三年八月,中秋节,他在越城区的天泉桥碧霞池上设宴让学生会餐。有百十名学生"侍坐",就像《论语·侍坐章》所描绘的气象一样,只是王这里有酒肉。酒喝得半酣,歌咏声起。人们都敞开了性子,"自由"活动起来,有的投壶,有的击鼓,有的泛舟。阳明心中很舒坦,找到了天人合一的意境,欣然吟出"道"在言说、或者说言成道身的《月夜二首》,用月来喻人、用月光喻人的自性——良知,外在的闻见道理便像遮月的云雾。云雾不碍月体的自性明亮,去掉云雾,月光又会更明亮。他告诫人们要守住自性,莫辜负只有一次的人生,千万不能去做制造云雾的工作,做支离破碎的学问,说朦胧影响的糊涂话,从而死不见道。他想到的合适的人格类型是那位在《侍坐章》说自己的志向就是在春风中游泳唱歌的曾点:"铿然舍瑟春风里,点也虽狂得我情。"

曾点运用的是意象表达法，用生活场面体现出一种生命风格、精神境界。当时孔子既不赞同颜回的、也不赞同子路的，却喟然叹曰："吾与点也！"这引起后世儒者对曾点志向的百般解释。有的说这是天下归仁、家邦无怨的大同境象，有的说这是天人合德的逍遥气象，等等。阳明复述这一"故事"有以孔子自况之意，孔子的风格就是淡泊宁静、"无可无不可"，既不枉道求荣、降志辱身，也不隐居放言，只是从容中道。阳明认取的只是这个。

第二天，学生来感谢老师。阳明注解性地全面地阐发了自己的意思：当年孔子在陈，想念鲁国的狂士。因为狂士不陷溺于富贵声利之场，如拘如囚。我接受孔子的教义，脱落俗缘（所以我赞同曾点）。但是人们若止于此，"不加实践以入精微"，则会生出轻灭世故，忽略人伦物理的毛病，虽与那些庸庸琐琐者不同，但都一样是没得了道。我过去怕你们悟不到此，现在你们幸而见识到此地步，则正好精诣力造，以求于至道。千万不要以一见自足而终止于狂。

有个学生要到深山中静养以获得超越，阳明说："君子养心之学，如良医治病，随其虚实寒热斟酌补泄之，是在去病而已，初无一定之方，必使人人服之也。若专欲入坐穷山，绝世故，屏思虑，则恐既已养成空寂之性，虽欲勿流于空寂，不可得矣。"他的方法论吸取了佛法的精华，但价值观力拒佛教之遗弃现世的态度。

苛刻地说，阳明的理论几乎"无一字无来历"：心即理，吾性俱足，有孟子的性善论、陆九渊和禅宗的明心见性。致良知，有《孟子》《大学》《中庸》的同类表述。将我心与天理合起来的道理则有儒、释、道三家的共同的"万物一体"学说。他的影响却远远大于这些纸上的格言，因为他真真切切地来实践这些"知"，把这知变成了行，变成了每天训练学生的修行。他像个勤劳的蜜蜂，自由地在儒、释、道三家通用的走廊上取我所需地酿造着心学之蜜。他反复地说："圣学，心学也。"表示自己在高举圣学的大旗。

他的《咏良知四首示诸生》，有点儿后来泰州学派那种傻乐和的劲头了（如他们的《乐学歌》），倒是很好地总结了良知学的大意：

个个人心有仲尼，自将闻见苦遮迷。
而今指与真面目，只是良知更莫疑。

问群何事日憧憧？烦恼场中错用功。
莫道圣门无口诀，良知两字是参同。

人人自有定盘针，万化根源总在心。
却笑从前颠倒见，枝枝叶叶外头寻。

无声无臭独知时，此是乾坤万有基。
抛却自家无尽藏，沿门持钵效贫儿。

光不仅在烛上

嘉靖朝最大的事儿就是"大礼议"了。他想要本生父母也成为名义上的正牌皇帝皇后，因此与群臣发生激烈又旷日持久的争执。高潮是群臣——有二百二十人集体跪伏到左顺门，请愿抗议。此前的书面抗议更是连篇累牍。当然皇帝也没有屈服过。这次是先派司礼监的太监两次劝退，不听，还叫来了辅臣一起力争，仍不听。皇帝便派太监记录诸人姓名，抓走了八个为首的。杨慎等便在外面撼门大哭。一时群臣皆哭声震宫阙。年轻的皇帝大怒，一下子抓了一百三十四人，另有八十六人待罪。这些人分别受到发配、夺俸、杖责等处置。后来还有抗议的，轻则劝退，重则发配。史称"大礼未成，大狱已起"。最可惜的是杨廷和，在正德朝屡立奇功，而且嘉靖就是他用力从藩王拉上龙廷的，但新天子就是要打掉他那个以皇帝为学生的傲气。他比阳明还冤枉。大名鼎鼎的杨慎（杨廷和之子）因此案在边戍地过了后半生，并死在了那里。他临死前还只能说："迁谪本非明主意，网罗巧中细人谋。"细人们是必须以迎合主意为手段，才能达到阴谋目的的。

在专制的链条上，忠孝贤愚同归于尽，差别在于有前后而已。阳明没进京当官绕过了这场风波算是幸运了。杨廷和阻挠阳明入阁算是保护了他——噫！

当大礼议起时，在京的学生来信问怎样才对，阳明不回答。他坐在碧霞池赋诗两律，其中有"却怜扰扰周公梦，未及惺惺陋巷贫"。觉得他们那种穷折腾相当无谓。

这次新皇帝与旧大臣的较量，最后便宜了一些边缘小僚，使他们迅速走上中心舞台。他们引经据典地证明皇帝的要求是符合儒家规范的，于是获得越级提升。一朝天子一朝臣的秘密在于皇帝需要新的支持者。张璁、桂萼，相当于刘瑾时代的"超拜"。阳明在贵州的老朋友席书和学生方献夫、黄绾也因支持新皇帝而获宠骤起。他们抬了阳明一把，但也等于把阳明"送"了——推荐阳明去平思田之乱，阳明客死归途不说，还被处了个擅离职守，又翻起了旧账，还把爵位给丢了。他们若不得宠，阳明至少在阳明洞能多清静两年，可能晚死两年。

他们走张璁的后门，才重新给闲了六年的老师安排了工作。用当时的官本位标准看，他们是报答了老师。但从思想史长河的得失来说，他们提前送走了一代大师。

朝中早已有推荐阳明的声音，他似乎不动心。在方献夫的推荐之前，别人几次推荐也都没有成功。好在他现在的中心工作是推广他的学说。要想真三不朽，还得看"立言"这一路。

这正印证了阳明的说法，烛光不尽在上面，到处都有光。阳明的光更应该普照民间，而不应该去挤庙堂那个窄门槛。

嘉靖四年九月，他回了老家余姚，建立了一个制度，就是在龙泉寺之中天阁，每月以朔（初一）、望（十五）、初八、二十三为期，聚会讲论。他写了一个"学规"——《中天阁勉诸生》，亲书于中天阁墙壁上，告诫同盟勿一曝十寒，要坚持月月讲、日日讲，不得动气求胜，长傲逐非，务在默而成之，不言而信。这种讲会制度，在阳明死后，蔚为大观。各地的王门学生，以这种形式光大王学，有了半宗教仪式或宗教会社的特点。

这个中天阁后废为庵。清乾隆年间改建为龙山书院，后又不断重修，现为文献馆，收藏着阳明的家书等文物。阁的下方有余姚四先贤——严子陵、王阳明、朱舜水、黄宗羲的古里碑亭。在阳明的碑亭石柱上是乾隆年间余姚知县的题联："曾将大学垂名教，尚有高楼接瑞云。"亭额是："真三不朽。"阳明当年若满足做一个龙泉诗社的诗人，不知能否不朽？

在阳明死前，即嘉靖五年，刘邦采在安福首创惜阴会。阳明为之作《惜阴说》。这个惜阴会每隔一个月聚会五日。次年，阳明出山去解决广西民变，路过江西吉安，寄信安福的同志，说当时怕成虚语，现在听说远近来与会者竟有百数，可见良知之同然。他用程明道的话勉励同志们："宁学圣人而不至，不以一善而成名。"不到一年光景，远近闻风而至者已经百数，尔后日益发展。到嘉靖十三年，邹守益、刘邦采等在惜阴会的基础上建立起了复古、连山、复真书院，并订立了平时的四乡会章程，春秋两季，合五郡，出青原山，为大会。用《年谱》的话说："于是四方同志之会，相继而起，惜阴为之倡也。"

这是一个历史性的事件，不但是后来复社之类党社活动的雏形，也是中国政党的本土原型。

这个"光"可不是烛光了。

还是嘉靖四年，阳明的学生在越城区之西郭门内、光相桥东建立了阳明书院。十二年后，加上了"阳明先生祠"的内容。因为阳明死后，依然有许多学生来居，依依不忍去，于是身为巡按御史的周汝员便给同学建立这个居住地，供人们永久瞻仰先生的无量功德。

物各付物　左右逢源

钱德洪、王畿乡试中了举，但没有进京参加会试，坐船回到了山阴，阳明非常高兴，让他俩当助教，凡初入门者，都让他俩引导，等志定有人、有了基础之后，才正式接见。每临坐，先焚香默坐，无语，找感觉，然后让学生试举，立即予以针对性极强的点拨。现存他的语录大多是关于具体生活问题的表态。验证道行的高深与否，不在谈玄，而在具体世事面前通不通。

一个学生问："我只是于事上不能了。"阳明说："以不了了之。"学生一时难解，但也没想好，不敢再问。阳明接着说："所谓了事，也有不同。有了家事者，有了身事者，有了心事者。汝今所谓了事，盖以前程事为念，虽云了身上事，其实有居产业之思在，此是欲了家事也。若是单单只了身事，言必信，行必果者，已是好男子。至于了心事者，果然难得。若知了心事，则身家之事一齐都了了。若只在家事身事上着手，世事何曾得有了时。"

有人说虑患不可不远，阳明说："见在福享用不尽，只管经营未来，终身人彼而已。"为了将来而失却现在可是中国教化观的总账，心学与那种理念论不同，它是现世的，但又要在刹那之间找到永恒——这就需要找到良知了。

学生问："举业有妨为学否？"阳明说："梳头吃饭有妨为学否？只要去做就是学。举业是日用间一事，人生一艺而已。若自能觉破得失外慕之毒，不徒悦人而务自谦，亦游艺适情之一端也。"关键是能"觉破得失外慕之毒"，不是为了"悦人"，而是为了"自谦"，有自谦的功效就是"学"，在自谦的前提上"游艺适情"，举业也是人生一艺了。

一个直接而尖锐的问题是，怎么用心学这一套去答八股的卷子？一个学生就这么问他："举业必守宋儒之说，今既得圣贤本意，文意又不可通，见解如此，文如彼，怎么办？"

阳明说："论作圣真机，固今所见（咱们现在讲论的）为近。然宋儒之训乃皇朝之所表彰，臣子自不敢悖。故师友讲论者，理也；应举之业，制也。德位不备，不敢作礼乐，孔子说吾从周，无意必也。"所谓无意必，就是灵活点儿，别执拗，随体赋形，应物不伤，左右逢源。用他常说的话说，这叫"物各付物""物来顺应"。（以上引文见《清华汉学研究》陈来等辑录的阳明语录佚文）

对初学者，必讲规矩。他在《教约》中规定得明明白白：每天早晨必须来一套"三忠于""早请示"的功课，诸生务要实说：爱亲敬长的心是否真切，一应言行心术，有无欺妄非僻？教读时要随时就事，曲加诲谕开发。然后各退位就席学习知识。歌诗、习礼都有一套方法。歌诗不能躁急、荡嚣、馁喽，目的是为了精神宣畅，心气和平。每月的初一、十五，他的书院还要会歌。习礼，要澄心肃虑，目标是为了坚定德行。先难后获，不能上手就潇洒，那就成了良知现成派。

阳明本人是相当潇洒的，是比魏晋中的真名士还玄远、机趣的。譬如，他和学生一起出游，看见田间的禾苗，说："能几何时，又如此长了。"一个学生说："此只是有根。学问能自植根，亦不患无长。"阳明说："人孰无根？良知即是天植灵根，自生生不息，但着了私累，把此根戕贼闭塞了，不得发生耳。"

他跟人游南镇（会稽山），一友指岩中花树问："（你常说）天下无心外之物，如此花树，在深山中自开自落，与我心亦何相关？"

阳明说："你未看此花时，此花与你心同归于寂。你来看此花时，则此花颜色一时明白起来。便知此花不在你的心外。"

曲成万物

嘉靖四年，广西田州（今百色、田阳、田东）的土司岑猛屡次侵犯邻部，又不听征调，领着土著与统治政权作对。朝廷派都御使姚镆去征讨。用了一年多时间，姚镆攻杀岑猛，田州改设流官。朝廷也论功行赏完毕。但岑的余部卢苏、王受等复起。姚镆又纠集四省兵力征讨，许久不见效。桂萼本来不同意用阳明，碍于张璁的面子，勉强委派阳明总督两广及江西、湖广军务，给他处置事变的全权：该剿该抚，设流官土官，随宜定夺，还要处理前任的功过。最后叮嘱了一句，不许推辞。

阳明还是推辞，上了一封情词沉挚的谢绝书，说自己痰疾增剧，若半路死了，就坏了国家大事。而且土官仇杀，其势缓，不像土匪啸聚时刻都在涂炭生灵，容易调停。姚镆老成，一时利钝，兵家常事；他建议朝廷委姚全权，给他时间。若最后还是不行，他向朝廷推荐了两个人。

不能说他滑，只能说他有曲成万物的良好愿望，不愿意生事，不愿意结怨，也忠君体国。但这其中也有官场规则的狡黠，至少朝廷把这视为一种要价。很快就让姚退了休，敦促王尽快上路。

他此时的日子——如果他不出征还将继续的日子——用他自己的话说便是："古洞闲来日日游，山中宰相胜封侯。"（《夏日游阳明小洞天》）新的抉择使他有些两难。

他并未朝闻旨意连夜出发。经大礼议产生的新班子让阳明深为忧虑，他的讲学事业规模日起，他一向追求并为之奋斗的用心学代理学的大业初上轨道，他对自己的身体心中有数，他怕他死后学说会发生先俗后杂的变化。但是，对于事功，他还是有兴趣，老死牖下，不是他的心志。他毕竟才五十六岁。

六月下的委任，他八月才决定出征。他隆重地写了一道学规，名为《客座私祝》：

> 但愿温恭直谅之友，来此讲学论道，示以孝友谦和之行，德业相劝，过失相规，以教训我子弟，使无陷于非僻；不愿狂躁惰慢之徒，来此博弈饮酒，长傲饰非，导以骄奢淫荡之事，

诱以贪财黩货之谋,冥顽无耻,煽惑鼓动,以益子弟之不肖。
呜呼!由前之说,是谓良士;由后之说,是谓凶人;我子弟苟远良士而近凶人,是谓逆子。戒之戒之!

这道学规曾被许多书院刻石立碑地加以"引用",如保定的莲池书院现在还存有阳明手写体的这道学规的碑刻。

九月初八,他离开山阴——永别了山阴。他坐船从姚江自上往下漂流,他即使没有永别的预感,也应当并不平静。

天泉证道

时间:1527年夏历九月初七,即阳明启程的前夕。
地点:王府前不远的天泉桥。
论辩围绕着阳明的四句教而展开。这著名的四句教是:

无善无恶心之体,有善有恶意之动。
知善知恶是良知,为善去恶是格物。

甲方:王畿,主四无说;乙方:钱德洪,主四有说。
阳明的最后裁决是,打并为一,有无合一。
王、钱二人都感到有统一宗旨的必要了,现实的原因是先生一走,这里的实际主持就是他俩,如果他俩不统一就无法统一别人。深层的原因是他俩都感到心学的内在理路有出现分歧的张力,必须明确个"究竟处",才能确定而明晰地纲举目张。王畿认为老师的四句教,还不是"究竟话头",他要再向前推进,他说:"心体既然无善无恶,意也就是无善无恶,若说意有善恶,毕竟心体还有善恶在。"

钱德洪说四句教是"师门教人定本,一毫不可更易。心体是天命之性,原是无善无恶的。但人有习心,意念上见有善恶在,习染日久,觉心体上有善恶在,为善去恶,格致诚正修,正是复那本体的功夫。若原无善恶,功夫亦不消说矣"。

王畿说:"先生立教随时,四句教是所谓权法(权教),不可执为定本(定教)。体用显微,只是一机。心意知物,只是一事。应该觉悟到心是无善无恶之心,意即无善无恶之意,知即是无善无恶之知,物即是无善无恶之物。而且只有无心之心才能藏密,无意之意才能应圆,无知之知才能体寂,无物之物才能用神。天命之性,粹然至善,神感神应,其机自不容己,无善可名。恶固本无,善亦不可得而有也。这就是所谓无善无恶。若有善有恶,则心意知物一起都有了。心亦不可谓之无矣。"

钱德洪说:"像你这样,就坏了师门教法。"

就个人的学术个性而言,王在慧解上有优势,他也被后来的学者指为禅,他的主张也的确像禅宗的祖师慧能的"本来无一物,何处惹尘埃",究竟话头就是"四无",用邹守益的概括则是:"心无善无恶,意无善无恶,知无善无恶,物无善无恶。"(《邹东廓文集》卷三《青原赠处》)

钱在笃实上有优势。他的主张则是渐修法,强调时时"为善去恶"的复性功夫,类似神秀的"时时勤拂拭,勿使惹尘埃"。他的所谓"四有"其实是别人的概括,因为他不敢动摇老师的心体无善恶的基本原则,他与畿的争论仅围绕着后三句,他强调了意有善恶,于是知与物作为意的发动流行便不得不有善恶。严格地说,他只强调了三有,在理论上就不像王畿那么彻底。他只是根据自己的生存体验，觉得必须做功夫、渐修，不能像禅宗那样把桶底子也参破了。

他俩是在张元冲的船上辩论起来的，谁也说不服谁，就来找教主裁判。其实，所谓四有四无，是四个有或四个无，而不是有无四个，有无所带的宾语只是善恶。四个是：心、意、知、物四种心理、物理现象。

已是夜晚，为阳明送行的客人刚刚散去，阳明即将入内室休息。仆人通报说王、钱二人在前庭候立，阳明就又出来，吩咐将酒桌摆到天泉桥上。

钱汇报了两个人的主张、论辩的焦点。阳明大喜，正搔着了痒处，这种前沿问题才能激发他的灵感，才是"助我者"——他曾说闻一知十的颜回反而不能帮助孔子。他说："正要二君有此一问，我今将行，朋友中更无有论及此者。二君之见正好相取，不可相病。汝中（畿）须用德洪的功夫，德洪须透汝中本体。二君相取为益，吾学更无遗念矣。"

德洪不太理解，请老师讲讲。阳明说："有只是你自有，良知本体原来无有，本体只是太虚。太虚之中，日月星辰风雨露雷阴霾饐气，何物不有？而何物能为太虚之障？人心本体亦复如是——太虚无形，一过而化，亦何费纤毫力气？德洪功夫需要如此，便是合得本体功夫。"

王畿也请老师再讲讲。其实从理论上他已获胜。他的问题在实践环节——取法太高，无法操作。阳明说："汝中见得此意，只好默默自修，不可执以接人。上根之人世亦难遇，一悟本体即见功夫，物我内外一齐尽透，此颜子明道不敢承当，岂可轻易望人！"

然后阳明对两个人说："我这里接人原有此二种：利根之人直从本源上悟入，人心的本体原是明莹无滞的，原是个未发之中，利根之人悟得无善无恶心体，便从无处立根基，意与知物，皆从无生，一了百当，一悟本体便是功夫，人己内外一齐俱透了。简易直接，更无剩欠，顿悟之学也。中根以下之人，不免有习心在，本体受蔽，姑且在意念上实落为善去恶的功夫，随处对治，使之渐渐入悟，熟后渣滓去得尽时，本体亦明尽了。从有以还无，复归本体。及其成功一也。"

对于他这晚年定论，他自己也觉得有必要发挥清楚，于是便接着说：

"汝中所见的四无说，是我这里接利根人的；德洪所见的四有说，是我这里接中根人、为其次立法的。二君相取为用，则中人上下皆可引入于道。若各执一边，眼前必有失人，便于道体各有未尽。二子打并为一，不失吾传矣。"

王畿问："本体透后，于此四句宗旨何如？"

阳明说："此是彻上彻下语，自初学以至圣人，只此功夫。初学用此循循有入；虽至圣人，穷究无尽。尧舜精一功夫亦只如此。"

过了一会儿，阳明接着说："汝中所见，我久欲发，恐人信不及，徒增纷扰，故含蓄到今。此是传心秘藏。今既已说破，亦是天机该发泄时，岂容复秘？然此中不可执着，吾人凡心未了，虽已得悟，仍当随时用渐修的功夫，不如此不足以超凡入圣，所谓上乘兼修中下也。"

最后，他又再嘱咐一遍："二君再不可更此四句宗旨，此四句，中人上下无不接着。我年来立教亦更几番，今始立此四句。人心自有知识以来，已为习俗所染，今不教他在良知上实用为善去恶的功夫，只是悬空想个本体，一切事为俱不着实，不过养成一个虚寂。此个病痛不是小小，不可不早说破。汝中此意正好保任，不宜轻以示人。概而言之，反成泄露。"

这场证道，有极可注意之点：一、阳明更钟情于"无"而非"有"，他在别处多次讲过：悟得无善无恶心体，便从无处立根基，意、知、物皆从无生。"心意知事，只是一事"，才着念时，便非本体。讲有是权宜之计，是为了普度众生。有，是有限的，从而不能成为究竟话头。

但凡人的功夫须从有起步,在念起念灭上用功。无,是本体的终极处;有,是功夫的实落处。也就是说,阳明的晚年定论是以无为体,以有为用。《明儒学案》引杨东明《论性臆言》诠释阳明此意颇可参考:"本性之善,乃为至善。如眼之明、鉴之明。明即善也,无一善而万善之所从出也。此外有意之感动而为善者,如发善念行善事之类。此善有感则生,无感则无,无乃适得至善之本体。"二、阳明学的最大的特点又是体用一元的。本体是一种"管总"的设定,功夫与我们呼吸语默直接相关。设定为无是为了追求无限、无限的追求,究其实质是一种摆脱限制、束缚的理论要求,不走到"太虚",就不够究竟。据黄绾后来对阳明的批评,阳明让他们看禅宗的宗经《坛经》、看道教的《悟真篇》后序,从中寻找"心源自在"的智慧,去练就一套实战性很强的艺术,什么心若明镜,鉴而不纳,随机应物,故能胜物而不伤。(《明道编》)阳明真正想做的是这种"达人",如果这种达人能够精神不朽的话,那就是圣贤了。不可泄露的天机正在于这种虚无而实用的生存技巧,不符合正宗儒门规矩。所谓的体用一元,在他这里就是,只有确立了"无"的本体地位,才能弘扬"应无所住而生其心"的真空妙智——用阳明的术语说,这叫"时时知是知非,时时无是无非"。他的《答人问道诗》居然照抄大珠慧海禅师的语录,他多次表示佛徒出家、道士隐居都是着了相,有挂碍,真正的觉悟是不离世间觉,是在担水劈柴的日用功夫中体验妙道。

明白了这个内在的理路,就可以理解作为天泉证道的继续、阳明的学术遗嘱的"严滩问答",居然是用佛教话语来一锤定音了。

阳明从越城出发,并不赶赴思田,他一路游玩,游吴山、月岩、钓台,在杭州一带盘桓到九月下旬,一路上随行人员都是学生,固定追随的至少有钱德洪、王畿两个"教授师"。阳明此行更像是巡视。他兴致很高,沿途有诗。

十月初，他们在严滩作了关于"究极之说"的结论。发起者还是王畿（汝中），他有点儿乘胜追击的意思，因为他自感已摸到了真谛。《传习录》《讣告同门》都记载了这个"事件"，记录者均为钱德洪，他是较为被动的乙方，所以他的记录不会夸张：

> 先生起征思田，德洪与汝中追送严滩。汝中举佛家实相、幻相之说，先生曰："有心俱是实，无心俱是幻。无心俱是实，有心俱是幻。"汝中说："'有心俱是实，无心俱是幻'是本体上说功夫。'无心俱是实，有心俱是幻'是功夫上说本体。"先生然其言。洪于是时尚未了达，数年用功，始信本体功夫合一。

有人据此攻击阳明为禅是过甚其词了。阳明要表达的还是心学的方针，而不是佛教的命题。前两句有心、无心是指在为善去恶方面不能采取虚无主义的立场——是对无善无恶是心之体的补充规定；后两句的有心、无心则是有意消解一下，不能僵持有心的立场，还是应该保持"无"的智慧。

简单地说，严滩问答的结论就是本体功夫都是有无合一的。将天泉证道的四句教简洁地一元化起来了。心学体系到达了最完美最单纯的抽象形态，阳明找到了最后的表达式。

顾宪成反对王的"晚年定论"，在《商语》中说："喜怒哀乐之未发谓之中，是所空者喜怒哀乐也，非善也。上天之载无声无息，是所空者声臭也，非善也。"顾宪成主张："语本体，只是性善二字；语功夫，只是小心二字。"

第十四章

意术

良知传呼爱

他走到哪里,无论刮风还是下雨,都有一帮学生出迎、远送,他现在是受莘莘学子拥戴的教主了。其况味比发配龙场时有了天壤之别,比当年去江西剿匪也显得德高望重多了。就他能见到的景象而言,他现在走到了顶峰。

他把思田之乱比成癣疥小病,其事至微浅,根本不值得他费神——也因为他现在又上了一层楼,自觉地运用"无"的智慧来料理世事了。现在他已经到了举重若轻的化境。

现在他一脑门子"学",世事于他并不重要了——他自己觉得只要此学大明,就可以把这纷扰的人世间带到良知的理想国去——他不能亲眼看见这个景象了,便把希望寄托在学生身上。"导师"这个角色可以接通价值世界和现实世界,是他最满意的形象。

在古越讲学的日子,就很舒心。现在他走到哪里都能感到心学的光辉在普照,则更开心。漂泊的感觉被普法的巡视感取代,一个凡人能获得这样的成功,是该欣慰了。

他在越城讲学时,就盼着在一片湖海之交的地方卜居终老,只为眼前能常见浩荡。这次出来,偶然登上杭州城南的天真山,便像找到了家似的,心与山水一起明白起来了。天真山多奇岩古洞,俯瞰八卦田,左抱西湖,前临胥海,正对他的心中所想。随同老师登临的王畿、钱德洪自然懂得老师的心意,在富阳与老师分手后,便回去准备在天真建立书院,盛赞天真之奇,当然正合阳明的心思。他写诗给两位高足,表示赞同:"文明原有象,卜居岂无缘?"但是,王、钱二人不久就进京去了,落实此事的是薛侃,只是未能使之成为阳明的居住地,却成了他的纪念堂。他的大弟子邹守益、方献夫、欧阳德等许多人都参与修建。这里成了王门的定期聚会讲论的据点。每年春秋两祭祀,每次一个月。

阳明过常山时写了一首名曰《长生》的诗,正是他们刚刚论述过的究竟话头在他生命意识上的凝结。"微躯一系念,去道日远尔。"说的是必须无心,一有心便落入俗套,背离了大道。"非炉亦非鼎,何坎复何离?"是说他根本不相信那些长生不死之术。

他路经江西——这片使他辉煌起来的地方,也是王学繁荣昌盛、比浙江还普及持久的心学基地。十月,他发舟广信(今上饶),许多学生沿途求见,他答应回来时再见——没想到没有"回来"。一个叫徐樾的学生,从贵溪追至余干,阳明让他上船。他在白鹿洞练习打坐,有了点儿禅定的意思,阳明一眼就看出来了,让他举示其心中的意境。他连举数种,阳明都说不对头,最后阳明告诉他:"此体岂有方所?

譬如这个蜡烛，光无所不在，不可独以烛上为光。"阳明指着舟中说："此亦是光，此亦是光。"然后指着舟外的水面说："此亦是光，此亦是光。"徐樾领谢而别。

当阳明走到南浦时，父老军民顶香林立，填途塞巷，以至于不能通行。父老乡亲轮番为他抬轿推车，把他传递到都司。这里的百姓出于感激加敬佩，把他奉为神。阳明一入都司就赶紧接见父老乡亲，他坐在大厅里，百姓从东边入西边出，有的出来还进去，从前半晌开始一直到了中午才结束了这种独特的召见。

阳明有《南浦道中》诗，说他重来南浦，还为当年的战事感到心惊。高兴的是那些百姓都可以安居乐业了，让人忧愁的是朝廷没有放宽对他们的税收。像我这样迂腐疏懒的人，居然受到百姓这样的欢迎，实在惭愧。

第二天，他去朝拜孔庙。正所谓群众拜伟人，伟人拜圣人。他在孔庙的明伦堂讲《大学》，不知道围了多少人，有许多人事实上什么也听不见，只为了感受这种气氛。到目前为止，他影响最大的地方都是他亲身待过的地方，一是江西，二是浙江，三是贵州。原因无非是古代的传播方式有限，除了加入权力系统靠行政力量推行，就是靠直接传授与书本的影响。心学又是感性学，靠书本传播，脱离了感染"场"是难以领会其妙旨的，也就没有那么大的感召力了。这三个省份都比较落后，浙江虽富，在政治上并不引人注目，而且他的影响则集中在浙东山区，以绍兴、余姚为中心。越是落后的地方越容易接受乌托邦式的革命思想。那些既得利益者集中的京畿都会，不易受此煽动。后来的情形也依然沿此逻辑展开——接受心学武装的以社会的中下层为主，一般的士子多于士大夫，尤为难能的是还有些目不识丁的工匠（如王艮以及他的泰州学派所影响的劳工人众）、小贩等。

他在孔庙讲学，听众如云的情形被人称为上古三代才有的气象。这种气象也鼓舞了教主的情绪。他一向所致力的就是广度众生，让圣学大明于天下。目前的情景是可喜的、感人的。讲学虽不是他的公职，确是他的天职。这个人从心眼里信服孟子的"天爵""人爵"说，"仁义忠信，乐善不倦，此天爵也；公卿大夫，此人爵也。"他是要天爵的，但也不是不要人爵，如果通过修天爵得到了人爵那就是盛世了。

他到了吉安，便大会士友。在简陋的螺川驿站，给三百多人立着讲，讲得相当令人信服、相当实在。大意是：尧舜是生知安行的圣人，还兢兢业业，用困勉的功夫。我们只是困勉的资质，却悠悠荡荡，坐享生知安行的成功，岂不误己误人！

强调良知智慧无所不能，是周流六虚、变动不居的妙道。但用它来文过饰非，便危害大矣！

临别再三嘱咐大家："功夫只是简易真切，愈真切，愈简易；愈简易，愈真切。"这算是他的最后一次讲演了。

此时，余姚的中天阁讲会照常进行，又有新生力量鼓舞其间而日新月异。绍兴书院的同志们在王畿、钱德洪的振作接引、熏陶切磋、尽职尽责的管理下而蒸蒸日上，让阳明无比欣慰。

剑气晚横秋色净

过新溪驿时，又有父老乡亲壶浆相迎、相送，沿路焚香膜拜。这座驿城是他当年主持修建的，为了抵御广西瑶族的暴徒和湖南的匪寇。

现在这里的人民可以安居乐业了，他下令让那些驻守在山头上的弓箭手干脆回家务农去吧。

百姓这种知会好歹的心情以及儒家的好生之德，还有他当年在贵州与当地人接触留下的好感以及思州知府对他的无故欺凌，还有他对少数民族个性的了解，都坚定了他要和平解决思、田问题的决心。他也沿途做了一些调查，了解到了一些瑶族的民情，还有底层人对官府失误的不满。

十一月二十日，他到达广西梧州，开府办公。梧州是汉代的苍梧州，旧属交趾郡。自失去安南（今越南）以后，田州便成了南海外屏。其地虽为无足轻重的蛮荒区，但事关国防，更麻烦的是与少数民族的关系不好处理。他先得向朝廷请示行动方针。十二月初一，他上奏皇上，将他了解到的情况和自己的举措均一一奏明。

问题的真正症结在于如何处理民族矛盾。改土归流虽是本朝的基本国策，但是在广西田州流官出现后，反而矛盾日起，无休宁之日。尤其是田州的瑶族是浔阳江流域的"造反"大户。但官府总是"过计"——用的办法都过头。"劫之以势而威益亵，笼之以诈而术愈穷。"打，也不行；抚，也不行。把良民的膏血挥霍于无用之地。阳明想去掉流官，因为"流官之无益，断可识矣"。但他的下属提醒他这样做是犯忌讳的，要遭物议。他在奏疏中表示，只要有利于国家、能保护人民，死都应该，还怕什么物议？他的结论是：对在这深山绝谷中盘踞的瑶族，必须存土官，借其兵力而为中土屏障——让他们为我们抵御交趾国。若把他们都杀了，改土为流，则边鄙之患，我自当之，这实在等于自撤藩篱，必有后悔。

这是他之"无"的境界给他的智慧，物各付物。他可能没有现代的民族自治的思想，但他知道用压制或诈术都不能很好地解决民族纠纷。他持有儒家的和平主义，还有为帝国长治久安的忠心。虽然是在实心实意地办好事，还得求朝廷，还得动用私人关系，说服当朝大佬，才能行得通。帝国的秘密通道多着呢。

他分别给应该利用的和真心的朋友写了信。先给杨一清写了貌似情切又亲切的信：我此次事毕，若病好了，请你让我当个散官，如南北国子监，我就感激不尽了。他是怕杨大学士顾虑他在这成功以后会入阁争权，从而否决他的方案。所以先给杨吃个定心丸。因为早就有人做这样的推荐，但越有人说阳明人才难得，应该成为台阁重臣，他们便越压制阳明，迟迟不对平宁王一案论功行赏，就是怕他这一杆子人在朝中形成一股势力。

他给黄绾写信则吐露了实心话：参与平宁王的湖、浙及南京的有功者均已升赏，唯独主要干事的江西将士，至今勘察未已，有的废业倾家，身死牢狱。就算有滥冒，也应该像赏南京的人那样赏他们吧！他们已失意八年了。但我现在要说像是要挟，奈何，奈何！他视"东南小蠹，特疮疥之疾"。"而群僚百官各怀谗嫉之心，此则腹心之祸，大可忧者。"

他婉转告诫黄绾和方献夫不要再推荐他了，得慢慢来。此时主要是说服朝廷按他的思路解决问题，否则必有反复。他还告诫他俩，推荐人要慎重，一个滥蚕能坏一筐好蚕——呜呼，他这回在这两条上都出了问题。

他给朝廷的奏疏中，一开始不好说前任已把事情弄坏，但在私人信件中，多次表示从前张皇太过，后难收拾。现在想以无事处之，已不大可能。只求省减一分，则地方少一分劳扰。他真是知行合一地去亲民、去努力追求至善。他反感帝国流行的杀人立功法。

新入阁的桂萼想在历史上留下自己的作品，在内政上提出"一条鞭法",开张居正之先声;在外事上便是建议阳明以杀镇瑶族,然后去攻打交趾。这种政治上的暴发户最好大喜功,只要能染红顶子(这个词儿是清朝的,但这种事情已自古而然)又不用自己的血,便越红越好。这是阳明深恶痛绝的,他不会按照这种人的意志行事,因此而得罪了新贵。阳明给方献夫的信中早就预知必然如此——我深知这个和平方略必然大逆喜事者之心,"然欲杀数千无罪之人,以求成一将之功,仁者之所不忍也"。

阳明一面会议、处理眼前的问题,一面向朝廷汇报,算是边斩边奏。他是为了保护百姓,他们已经在战火中辗转两年了。朝廷又新任命他为两广巡抚,他有了处置当地事务的专权。时间已到了次年的正月,他手里有当初姚镆调来的湖南兵两万多,他又有剿匪平叛的威名,当他靠近田州时,岑猛的余部卢苏、王受很害怕。阳明有诸葛亮以夷制夷的思路,便派人去劝他们投降。当时有谣言说阳明像别的官员一样在等着受贿。他们不敢来。但他们见阳明遣散官军,似乎没有进剿他们的意思,他们又放了心。阳明又派人去,说明只是为了给他们开"更生之路",并起誓无欺。要求他们率众扫境,归命南宁城下,分屯四营。发给他们归顺牌,等候正式受降。这些土兵都有了更生的希望,"皆罗拜踊跃,欢声雷动"。

卢苏、王受都不是好对付的主儿,他们说:"王公素多诈,恐怕要骗我们。"提出要带重兵卫护,并把军门的哨兵都换成田州人,阳明都答应。他们果然重兵卫护着前来南宁军门。

阳明当众宣布:朝廷既然招抚你们,就不失信。但是你们扰害一方,牵动三省,若不惩罚,何以泄军民之愤?于是将卢苏、王受各杖一百——让他们穿着盔甲接受了这一百杀威棒,以显示王法的威严。

众皆悦服。阳明然后跟着他们到军营,抚定军心。那一万七千多人(《明史》说七万人)欢呼雀跃,向阳明表示愿意杀贼立功赎罪。阳明说之所以招抚你们,就是为了让你们活下去,怎么忍心再把你们投入到刀兵战场?你们逃窜日久,赶快回家去吧。至于其他土匪,军门自有办法,以后再调发你们。

他们感动不已,流泪欢呼。

于是,这场折腾了两年的民族纠纷,就这样春风化雨地解决了。不折一矢,不杀一人,救活了数万生灵。阳明自己也认为比大禹征苗还漂亮。一面向朝廷奏凯,一面勒石刻碑纪念。学生们也从中看到了"道权合一"的妙用。

他向朝廷建议:把田州划开,别立一州;以岑猛次子岑邦相为吏目,等有功后再提为知州。在旧田州置十九巡检司,让卢苏、王受分别负责,都归流官知府管辖。朝廷同意对岑、卢等人的安排,别的等相关各部复查研究以后再说。

煮沙为盐:重建伦理合理的社会

假若阳明一直在此经营,不会出现后来的反复,也不会有阳明寄托不终的历史遗憾。在他离开广西之前,所有问题都处理得相当漂亮。

当地土著头目也真心服他,既慑于他的威名,也赞成他的举措。他也真心既为百姓好又给朝廷办事。他认为二者是一致的,只有民安才算国定,只有民富才算国强。他那"无"的智慧告诉他,天下本来没有对立的事物,只是人们非要把它们对立起来。结果是分则两伤,现在是合则两美。他充分承认当地少数民族的特点，再三向朝廷强调不能一味地用汉法统治他们，他迷信风俗统治，强调教化的力量。

他一举平定田州之乱，号称是百年未有的盛事。阳明为了长治久安，推荐了一批干部，提议改建当地的体制，如将田州的府治迁到平坦的地方，还有一些本是无可争议的合理建议，却遭到京城里养尊处优的官僚的百般挑剔。他们要反复审核，以显示他们既高明又重要。

阳明能做的就是复兴儒学，在思田兴办学校。他认为用夏变夷，宜有学校。但刚刚停息战火，满目疮痍，人们纷纷逃窜，还没有受廛之民，想建学校，眼下是显得不着边际的事情。这更显出阳明理想主义的心性。他发文命令提学府道，但有生员（秀才），不管正式的还是增补的，其他各地愿意来田州府学附籍入学的，一律欢迎。先派教官相与讲习，打出旗帜来。等建成学校，就将各生徒分发该学肄业、照常增补廪膳生员、推荐贡生。同时倡行乡约制度，推广他在南赣建立的村社自治的经验：由公正果断的乡约主持讨论约中会员的操行要事，表扬善人善事，纠察有过错者，有彰善簿、纠过簿，随事开引，美化风俗。

这是一套兼采宗法闾巷管理制度及道教功过格考评的方法，阳明意在建立伦理上合理的社会。乡约和十家牌法是建立一种私人互动的联盟和伙伴模式，经济上公布账目，政治上是对全体成员进行管控，这些都是手段，目的是建立伦理规约。伦理支配的社会就是一个大学校了，进行的是惩恶扬善的终身教育。公开的赞扬、公开的批评，在忠诚誓言的氛围中开会，每个人都自发地检讨自己的过失。乡约作为社团中的领袖主持会议、评点会员功过、严格保护告密的检举揭发的，"随事开引，美化风俗"，让约中的会员过有纪律的组织生活。乡约与十家牌法成龙配套地将自然分散的百姓组织了起来。这种做法在那个历史时期是用社团形式挽救了村社崩溃的颓势。所以有必要于此隆重插评阳明从卧治庐陵开始，在南赣和这里大见效果的村社自治之制度设计。这套体制性的东西对中国社会的影响大于他的语录，他的语录主要在读书人中传播，这套制度被加加减减地一直实行着，如同他的"团练"被曾国藩拿来打败了洪秀全。

当时，依据惯例又有调集狼兵的提议。民间早有谚语"土贼犹可，土兵杀我"的怨声。阳明坚决否定了这个方案。他说："用兵之法，伐谋为先；处夷之道，攻心为上。"对当地瑶族来说，现在首要的是让他们心服，用兵威把持不是可久之计。调集远来的客兵，他们不肯为用，百般求索、极难对付，耗费资财，"欲借此以卫民，而反为民增一苦；欲借此以防贼，而反为我招一寇"。所以断断行不得。

他一方面调武靖州的土兵，让他们分成六班，每班五百人，轮流驻守在浔州城外，不得与民杂处，杜绝扰民的可能。然后施行他在江西尝试成功的十家牌法，一方面互相监督，一方面联防强盗，一村有事，邻村救援。培养他们自治的能力。另一方面，天助他成功，当初姚镆调集的湖南兵，因当时底下的人跟姚镆捣乱，故意错发军令，广东等地的就因错了而不来，湖南的则在姚镆罢官后才到，使姚镆不能奏凯，却使阳明有了现成的重兵。

他沉机不漏，还是建学校、兴礼乐，让当地人在婚丧嫁娶中接受教化。他在南宁兴办了学校，这里基础好，一举成功。他起用一些降级官员，让他们主教敷文书院，循循善诱，渐次改化。

兵声寒带暮江雄

　　断藤峡，本叫大藤峡，是夹浔江及其南端的府江两岸连山最高、最险恶的地方，登藤峡顶，数百里皆历历眼前。而其山是夹江峻岭，山寨临江壁立，上山路径仅一线，又须历千盘，其险不亚于蜀之鸟道。一夫荷戟，千夫难上。山上毒瘴恶雾，非人能堪。山上出产的植物可以供应他们最低水准的生活，靠在山下围困治不住他们。他们的武器又是长弓劲弩，还在箭头上淬毒抹药，中箭就立即死亡。明天顺年间，都御使韩雍曾领兵二十万进剿断藤峡，撤兵无何，他们便攻陷浔州，据城大乱。流官土官交错难治，教化的办法也不灵验，用食盐等东西引诱他们，借贸易通商开化他们，他们则抢了东西就跑。用阳明的话说，"他们窃发无时，凶恶成性，不可改化。"

　　他平了田州之乱后，两江父老遮道控诉断藤峡、八寨猺贼淫杀祸害的猖乱罪状。他觉得不剿灭他们，对不起两江父老。他一旦决心下定，便简易如扫尘埃一般。他修齐治平的功夫真是炉火纯青了。此次，无论是剿是抚都有一个突出的特点：简易，轻松，给人易如反掌、囊中取物的感觉。

　　还是虚虚实实，能而示之不能，取而示之不取，先麻痹然后出其不意。嘉靖七年二月，他平定了思田之后，峡匪以为必来征讨，都窜入深险之地。久不见动静，便又出来。又见阳明驻跸南宁，遣散军队，兴建学校，他们便真正松弛下来。

　　阳明让湖南兵和在武靖州待命的土兵分道而进。进剿的官军偃旗息鼓，悄悄地进山，一军突击，四面夹攻，如迅雷不及掩耳。峡匪溃败，退保仙女大山，据险顽抗。官军攀木缘崖仰攻之，连破数巢，峡贼们败奔断藤峡。官军乘胜追击，峡贼沿大藤横渡，溺死者六百，死伤累累，被俘的更多。史称"断藤之贼略尽"。

用当时人的话说，八寨乃一百六十年所不能诛之剧贼，是粤南诸贼的渊薮，八寨不平，两广无安枕之期。阳明动用的两路军队，各不满八千，创下了大明在这一带作战成本最低、成效最大的纪录。尽管七八年后，这里的少数民族又因官府与土司之间起了震荡性的冲突而暴动，但眼下阳明收了全功。湖南兵已不堪忍受此地的气候，开始闹病，有瘟疫的苗头，阳明的身体也支撑不住。他下令班师。

阳明在嘉靖七年七月十二日上了《处置八寨断藤峡以图永安疏》，主要举措有：一、移筑南丹卫于八寨；二、改筑思恩府城于荒田，就是把原在高山之上的府治移到水陆交通的地方来，荒田这个地方轩豁秀丽，便于贸易；三、为了基层政权布局合理改凤化县于三里；四、添设流官县治于思龙；五、增筑守镇城堡于五屯。他的方略是："谋成而敌自败，城完而寇自解，险设而敌自摧，威震而奸自伏。"这是水平相当高的治本之策。

这一系列长治久安的益民利国的安排，朝廷里根本没人想听。处置江西事变时全靠兵部尚书王琼赞助，而王尚书早已被杨廷和借故拿下大狱，差一点儿杀了头。王琼再三哀求，才落得发配边疆的下场。大明官僚中在后面搞清算的大有人在。有人居然起诉阳明，说他进剿八寨是擅自行动，尽管他们知道当初朝廷给了王可以便宜行事的权力。对于阳明提议在进剿过的地方建立郡县以镇定之，赶紧教化新民，等再来土匪时，他们已成了良民，此地就不会再反复等方案，他们说，建筑城邑是大事，区处钱粮，是户部的职责，谁让他这么干了？总而言之，不以为功，反求其过。

秋风南滇路

阳明的身体状况与这种体制再也耗不下去了。

到目前为止,他所有的成功几乎都是体制外的作品:不容讲学,偏讲学;并没让他平宁王,他偏起义师。若都按现成的道儿走,他也许能官至公卿,成为一世的大佬,但身死人亡,不会像现在这样死而不亡。

他关心着老家的书院和学生们,他归心似箭,以为与学生的相见渐可期矣,他写信问学生:老家讲会地的门前草该有一丈深了吧?

这么漂亮的战斗,兵部的奖赏还在宫廷里讨论来讨论去,他的一系列建议还须户部调查研究后再说,他没有别的权利和自由——甚至没有就此回家的权利和自由。一切都须上边定好了,你在圈子里来回走。若是奴性深重的人觉不得多么痛苦,但他受不了。

上了《处置八寨……》长长的奏疏,他就卧床不起了。等到九月初八日,他那生怕一物不得其所的周密设计还没得到答复,皇上倒派行人(官职名)专门来奖赏他,肯定他"处置得宜",短时间内即令蛮夷畏服,罢兵息民,其功可嘉,赏了他白银五十两。行人到时,他硬从床上爬起来,有人搀扶着也站不住,但还是望阙谢主隆恩。这种折腾再加上"感激惶惧",他居然晕了过去。过了许久才苏醒过来。他在谢恩疏中说:对皇上特颁这种出格的大赏,他只有感泣、觳觫惶恐,"惟誓此生鞠躬尽瘁,竭犬马之劳,以图报称而已"。他说,臣病得不能奔走廷阙,一睹天颜,不能略尽蝼蚁的赤诚了,臣不胜刻骨铭心、感激恋慕之至!

他是二月十三日上的《奏报田州思恩平复疏》,过了七个月才来

305

了这奖励,还如此感动。他四月初六上的《处置平复地方以图久安疏》,现在还没任何答复。他一入广西就接二连三地上《起奏地方急缺官员疏》《举能抚治疏》《边方缺官荐才赞理疏》等等。一边上疏一边请皇帝原谅他再三打扰、迹近冒犯。好像他不是在给皇帝办事,而是在给自己过生日似的。他讲此地的官宦差得没法提,急需配备官吏,否则一切都得白干,马上会出乱子。他还教皇帝让所有的大臣各推荐十个,若一人举、九人不举,不用;九人举、一人不举,用;若五人举、五人不举,就得详细考察。然而都是对牛弹琴,他在这里鞠躬尽瘁,那边在准备给他背后插刀子。

等到了十月初十,他不知道皇帝已嫌他麻烦,桂萼已在中伤他,他强扶病体,给皇帝写了长长的《乞恩暂容回籍就医养病疏》,从他在越蜷伏六年、想进京一睹天颜(终身未得一睹此天颜)、又怕谗言说起(他替皇上想得周全,皇上根本不觉得这是个问题),再次重申他在两广征讨招抚两得当,都体现了皇上的恩威。现在已无烦苛搜刮的弊端,不会再生民乱,他走得无后顾之忧。既对得起皇命也对得起自己的良心。

阳明曾借吁请边关人才时给皇帝上过课:那些磊落自负、卓然思有所建立、而学识才能果足以有为的人才,却只因为一时爱憎毁誉,就愤然抑郁而去,尽管天下共为之不平,公论昭著,亦无济于事。有多少豪杰可用之才,为时例所拘,因而弃置不用!他提醒皇帝,所谓时例是朝廷定的,可拘就拘,不可拘就别拘了,本是无可无不可的。现在朝廷的考察法,固然能去掉一些贪恶庸陋之徒,但那些蝇营狗苟侥幸求进之徒是永远会有的。而那些磊落自负,有过人之见的人,屈抑自放于山水田野间,他们能自得其乐,却是朝廷的损失,朝廷使有用之才废弃终身,却用了些庸陋劣下之徒,除了增加百姓的困苦还能怎样?

　　这是明代版本的王安石《上仁宗皇帝书》。龚自珍说王安石那篇万言书就是两句话:朝廷不得人才用,而人不能尽其才。阳明的心学对自己和信仰他的学生有用,对于皇权及其体制等于废话。

　　到了这个层面,就不是什么学不学的问题,权力及其利益才是检验有用没用的试金石,更准确的概括是朝廷就是要铲除他这种人才。

　　大内之中,一个收拾阳明的罗网正在越收越紧。权奸们有他们经权互用的权道。同样是权道,有良知则正义,无良知则邪恶。阳明的"主人翁"就是个待宰的羔羊。他无可奈何,因为他不能把皇上教育成一个心学信徒。政治是不讲良心的。

镜里觅头

　　远在九重宫阙的嘉靖皇帝,为思田之乱和平解决,特派专人奉加盖了玉玺的奖状及赏银五十两,南下嘉奖王阳明的招抚工作。但当又听到了尽平八寨、断藤峡的捷报后,就且喜且疑起来,遂"手诏"首辅杨一清、吏部尚书桂萼等,议一议王阳明的问题。嘉靖以为阳明在自夸,还想了解一下他的学术到底是怎么回事儿。嘉靖这个人比手下的大臣们还多疑善忌、鼠肚鸡肠。他有条件便充分地刚愎自用。因为他不是个人才,所以他不可能赏识真正的人才。与正德相比,他是合乎帝王常规的,然而皇权中人要想不流氓是不可能的。对于他们来说"格"是真理的标准,阳明太出格了,尽管是出格地做了皇上也认为应该做的事情,但是皇上没让你做,你就得被考察一番。

杨一清本是了解阳明的,只因阳明的学生上疏请阳明入阁时,刺激了他,他也怕阳明真入了阁。尽管阳明曾给他写信表示志愿去当散官,他还是不能放虎。他知道专以抱怨为能事的桂萼会说出他想说的话,便把这个风头让给桂萼来出。桂萼则根本就是个小人(杨慎就耻于与他同列朝纲),其素来对阳明就不忿——偏你把风头出尽,这回又偏不去打交趾,你不把我放在眼里,那我就要叫你知道我的厉害。他倒不晦默,旗帜鲜明地攻击起阳明来,把阳明的事功和学术来了个全盘否定。他说:"王守仁这个人为人怪诞,不懂规矩,他的什么心学,就是自以为是。这次让他征讨思田,他偏一意主抚;没让他打八寨、断藤峡,他偏劳师动众地去打,这简直是目无王法。这是典型的征抚失宜,处置不当。"

阳明本来就防着这一手,还专门让宦官在前线对战绩做了审计。但那没用,整你的时候才有用。杨一清则说了几句这个人好穿古人服装、戴古人帽子之类的话,在聊天中贬低了刚刚立了大功的国家栋梁。桂萼又说了些阳明居然敢非议朱子,他的心学是在妖言惑众,等等。一场闲聊似的谈话就把阳明的工作终端审计了。这场廷对结束,阳明那泼天的功劳便被风吹走了,还埋下了后面禁毁心学的伏笔。

方献夫、霍韬、黄绾纷纷上疏为阳明鸣不平。他们从广西的地理形势、历史问题讲起,想教会皇帝懂得阳明干的这个活儿为大明朝省了多少钱粮人命,保境安民,多么重要,阳明根据实际便宜行事,正见出他为陛下分忧的耿耿忠心,等等。但皇帝认为他们在替老师说情,所以他们的话听不得。个中逻辑其实是他想听的都是真的,不想听的都是假的。而且他这个皇帝认定一个道道:必须按照自己的旨意办,大臣越劝越要顶住。为了给他的本生父母争正统,他廷杖、发配、罢黜的官员比刘瑾并不少。他并不觉得这个国是他的,只觉得这个家必须把这个国的便宜占完，才没浪费了皇帝的权力。国亡事小，家不舒心事大。任谁也毫无办法。心学是有限的不是无限的，心学碰见权力就成虾米菜了。

黄绾的上疏言辞激烈：“臣以为忠如守仁，有功如守仁，一屈于江西，讨平叛藩，忌者诬以初同贼谋，又诬其辇载金帛。当时大臣杨廷和等饰成其事，至今未白。若再屈于两广，恐怕劳臣灰心，将士解体。以后再有边患民变，谁还肯为国家出力，为陛下办事？”

哪怕你们说破大天，嘉靖皇帝心坚意定，淡淡地说知道了，便完事了。最高决策大凡如此。阳明这只鞋，是被他们践踏的鞋。尽管他们践踏这只鞋是在败坏自家的基业，但这样做开心便就要这样做。别人徒叹奈何也是瞎操心。

嘉靖皇帝没看到阳明写得情深词切的《乞恩暂容回籍就医养病疏》，这篇感人的性情文章被毫无性情的桂萼给压下来了。阳明写给皇帝看的东西等于给狗看了。这种事情常有，但这回却是致命的。

阳明详细论述了他必须回去就医的原因。说他在南赣剿匪时中了炎毒，咳嗽不止，后退伏林野，稍好，一遇炎热就大发作。这次本来带着医生来到广西，但医生早已不服水土，得病回老家了。他还得继续南下，炎毒更甚，遂遍体肿毒，咳嗽昼夜不止。出发前脚上就长疮走不了路，后来更吃不下饭，每天只喝几勺粥，稍多就呕吐。但是为了移卫设所，控制夷蛮，他亲自考察地形，才敢提奏朝廷。他就用浑身是病的身体，硬是上下岩谷、穿越林野，确定下了让廷臣认为出格的改建城堡的方案。他的方案成了一条罪状，他的身体从此一蹶不振。被抬回南宁，就移卧于船上。他实在等不见朝廷批准了，他将从梧州到广州，在韶关一带等待皇帝的命令。他再三哭诉这样做是大不得已，请皇帝怜悯他濒临垂危、不得已之至情，使他幸存余息，再鞠躬尽瘁。

"臣不胜恳切哀求之至！"

就是有点儿怨仇，看到这样感人的文字，也会涣然冰释。但那是一般人，桂萼是特殊的小人。他跟阳明并没有过什么利害冲突，只因阳明不入他的团伙，不拜他当"老大"，他就视阳明为寇仇。朝廷就是个黑社会。桂萼也受过不公正待遇，但他并不因此增长"己所不欲勿施于人"的恕道，反而增加了天下没有好人的仇恨人的歹毒心。他与嘉靖是君臣遇合，一对"猜人"。当他看到阳明表示要离开两广军门，只身回家时，嘴角浮现出琢磨人不琢磨事的吏部官员所特有的微笑。这个因逢迎嘉靖而骤贵的马屁精，已感觉到皇帝对阳明不感兴趣，至少嫌他那股自大气，皇帝不舒服是大事，大臣的头等大事就是让皇帝舒服。他于是把阳明的手本，放到"留中"篚中：你不等朝廷准假就径奔老家，我偏匿而不发，坐成你个擅离职守之罪。

他和杨一清等也没想到，时隔不久，传来的竟是阳明客死南安的消息。他们心头的滋味是复杂的，既有如释重负的轻快，也有随之而来的空虚。桂萼说，我要参他擅离职守、江西军功滥冒。杨一清说，即使他还活着，我也要说服圣上查禁他的新学。若不查禁，大明江山非亡在这些异端邪说上不可。他们提议开会，清洗之。

其实，他们倒王的真正动力在于与张璁的矛盾。张想援阳明入阁，以分杨、桂之势；杨、桂便来个先剪除新患再去旧病，唆使锦衣卫聂能迁奏阳明用金银百万通过黄绾送给了张璁，张璁才推荐阳明去两广。张璁、黄绾也不吃素，起而抗击。结果是聂能迁在锦衣卫的监狱被活活打死。皇帝也没别的高招，便用挂起来的老办法。按说应该颁发恩荫赠谥诸典礼，现在却什么也没有。嘉靖忘了他当初为了让阳明去两广，说了那些夸奖阳明的话——鲁迅说流氓的特征就是没标准。皇帝一没标准，大臣就更没有标准了——宫廷成了唱大戏的舞台。后来他们之间互有胜负地斗了几个回合，忽而张、桂去职；忽而一清落马。反正一天也不能闲着。

阳明在宦海的沉浮，从一开始，真正的导演就是上层的这种权力斗争。平定江西后，张、杨同具揭帖，桂个人单具揭帖一致反对阳明入阁。阳明赴广西，杨与桂谋，他势必成功回京，张璁、黄绾还得推荐他入阁。于是让他巡抚两广，把他铆死在那里。这种加官是带锁。黄绾、方献夫等王门学生的存在也是他们必打掉阳明的动力。一查禁王学，他们就在皇帝面前成了伪学之士。否了阳明的事功，才能否了他的学说，否了他的学说，才能扫除列于宫廷的这些张狂的家伙。他们倒没有把心学的学说和事功当成两件事。

嘉靖八年春二月，嘉靖郊游，桂萼密上揭帖，揭帖的内容还是那一套，什么擅离职守，事不师古，言不称师，立异为高，非议朱子，伪造朱子晚年定论，号召门徒，互相倡和。才美者乐其任意，庸鄙者借其虚声。传习转讹，悖谬兹甚。但平叛捕盗，功有足录。宜追夺伯爵，以彰大信，禁邪说以正人心。

喜不常居而怒则到底的嘉靖，大怒，将桂等人的奏本下转各部，命廷臣会议该定何罪。此时黄绾等阳明的学生被排挤到南京已说不上话，望风承旨的众臣自然以皇帝和阁臣的意见为意见，最后的结果就是：夺伯爵，禁邪说。事实上等于想将阳明的事功、学说都一扫光。

仰高钻坚

阳明走得问心无愧，他已经将各种问题都处理停当，暂时不会有

311

任何变乱发生。他觉得自己的一系列措施使夷夏交和，公私两便，都是保治安民的良方。若有能理解其含义的人好好奉行，必能长治久安。可惜朝廷不用人才，阳明的治法没有交付阳明般的治人，于是百姓倒霉，国家生事，折腾者风光而已。只要有良知就能判断谁是人才谁是庸才，他们偏偏冠履倒施、私意为高，谁能纠正他们呢？没有体制的力量怎么才能让他们有点儿良知呢？

阳明想，除了普及他的学说于信服他的人别无良策。他又抱病给山阴的学生写信，对龙泉山中天阁的讲会能坚持下来表示欣慰。他大概预感到他死而不亡就要靠这种有组织的讲会了。一种思想不是它一产生只要正确就能光照人间，还必须靠学生去广泛传播，必须有稳定、持久的教化方式才能大行于天下。悟透之后须物化。他能运用的方式就是讲学、办书院，改造旧书院。别看他嘴上说他的学说一人信之不为少，天下信之不为多，但他还是为拯救世道人心而不遗余力讲学、办学。《明史》卷二三一载：在王阳明的带动下，正德、嘉靖之际，"缙绅之士、遗佚诸老，联讲会，立书院，相望于远近"。

客观地说，起步于弘治年间的阳明是赶上了开放搞活的年头，弘治广开言路，正德不管朝政，伴随着经济的发展，全国的社会化程度也在提高，有了点儿多元共生的空间和张力。纯粹隐居求道的模式再也不会成为终南捷径，反而会湮没不闻。

讲学、讲会、书院是社会行为，不在官僚体制内运转，就其本质而言是可以不依赖权力系统的栽培，可以不靠行政力量就能推行起来，是可以依自不依他地发展壮大的。王学的流行不靠科举考试等权力渠道，而是靠全国各地的学生以及到各地去做官的学生。但能保持学魂与否不看官职大小，而看其学的深浅精粗。

阳明的贴身大弟子王艮是个不识字的灶丁，他的泰州学派是推行阳明学最有力气的一支。钱德洪、王畿虽都当了几天小官，但他俩私语：当今之世岂是你我出仕时！遂很快退出官场，以在野的身份讲了三四十年的学，而且无一日不讲学，周游着讲。一边当官一边讲学的，当了官又退出来专门讲学的更多，如刘君亮、聂文蔚、何廷仕、黄弘纲、邹守益、罗洪先、欧阳德、程文德，他们在广建书院和长期书院讲学的实践中，成为阳明学派的支派领袖，他们在政治、学术上的地位和影响使阳明学以书院为中心向全社会推进。

　　有明一代的书院约有一千二百余所，大多兴起于正德至万历年间，最著名的是稽山书院、白鹿洞书院、岳麓书院、东林书院。稽山书院是阳明创建的"母鸡工厂"，明中晚期赫赫有名的学派领袖多由此出身。阳明在江西时有意大力将白鹿洞改造成讲心学的基地。阳明赴龙场时，路过长沙，在岳麓书院住过，后来阳明的弟子季本将岳麓改造为以阳明学为主导的学术中心。那是在嘉靖十八年，作为长沙知府的季本，不顾刚刚颁布的禁毁书院令，大力修复岳麓书院，并亲自登坛开讲官方正在禁毁的阳明学，尔后不断有王门高足主教岳麓。东林书院以反王学末流、恢复朱子学为宗旨，这证明了王学的影响自不待言，更重要的是他们实际上推动了真王学的进步革新，日本学者就认为是挽救了王学。这是中国异端发展主流这一通则的又一次显现。诚如钱穆先生在《中国近三百年学术史》引论中所说的："东林言是非、好恶，其实即阳明良知、立诚、知行合一之教耳。唯环境既变，意趣自别；激于事变，遂成异彩。若推究根底，则东林气节与王门良知，实本一途。东林所以挽王学末流之蔽，而亦颇得王学初义之精。"痛快透辟，一语破的。

　　嘉靖十一年，大学士方献夫为抗议桂萼的禁毁伪学令，公然在京城联合学派同人（多是翰林、科道官员）一百四十余人，定期宣讲阳明学，聚会的地点为庆寿山房。十二年，欧阳德、季本等在南京大会同志，讲会地点或在城南寺院，或在国子监，使阳明学呈现继兴气象。尔后，书院、精舍、祠堂真如雨后春笋，几乎遍及全中国。较早的如嘉靖十三年在衢州（今金华市附近）的讲社，分为龙游会、水南会、兰西会，是王门各种讲会的先声；还有贵阳的王公祠。十四年，有九华山的仰止祠。十五年，天真精舍立了祀田，如寺院的田庄。山阴的新建伯祠、龙山的阳明祠、庐陵（今吉安）的报功祠都是纪念堂、讲会地。秀水文湖的书院、永康寿岩的书院，还有混元书院（青田）、虑溪精舍（辰州）、云兴书院（万安）、明经书院（韶关）、嘉议书院（在溧阳，刻印了阳明的《山东甲子乡试录》）、新泉精舍（在南京大同楼）。建祠堂的还有龙场、赣州郁孤山（在郁孤台前）、南安、信丰、南康、安远、瑞金、崇义、琅琊山。尔后再传弟子建的书院，最有名的是耿定向、罗汝芳在宣城建的志学书院。

各种讲会更是不可计数。泾县有水西会，宁国有同善会，江阴有君山会，贵池有光岳会，太平有九龙会，广德有复初会，还有泰州的心斋讲堂……

诚如顾炎武所说："以一人而易天下，其流风至于百年之久，古有之矣，王夷甫之清谈，王介甫（安石）之新说。其在于今，则王伯安（阳明）之良知矣。"（《日知录》卷十八）明人王世贞说："今天下之好守仁者十之七八。"自嘉靖、隆庆年间以后，几乎没有笃信程朱的了。上至达官贵人，下至工商市井，竞相讲阳明学。

明代发生过四次全国性的禁毁书院事件，前三次都是针对心学的。嘉靖十六年为打击阳明的"邪学"；嘉靖十七年，严嵩反对自由讲学，借口书院耗财扰民而毁天下书院；万历七年，张居正主要为打击泰州学派等王学的支派而禁毁天下书院。第四次是天启五年，魏忠贤为打击东林而禁毁天下书院。

然而每次禁毁差不多都是一次推动，明代已不同于以往，已有了"社会"，已非只有官方之国家。在野的力量已成为相当可观的自主集团。王学的流传主要在社会。以王学异端的姿态发了王学精义的东林，则起于山林，讲于书院，坚持于牢狱，并能赢得全社会的同情，也是前所未有的现象。

东林领袖肯定阳明之学是圣人之学。但认为阳明之教不是圣人之教；肯定阳明，否定王门后学。因为王门后学既无阳明万死一生的实际体验，又无阳明的天才，故失去孔子真精神。他们也有认为阳明起步于道士的养生，格竹子路子就不对，尔后也没往对里走，在龙场悟得的也是他的老主意，以后就以"格物在致知"来对抗朱子的"致知在格物"；就算是格物在致知，也应该在致善，而不该滑到无善无恶上去，一旦以无善无恶为教，就势必导致天理灭绝。这一方面说明他们的水平比阳明低，他们才像天使和蠢驴一样坚持伦理本质主义，另一方面也可以看出中国人对表面的善是多么无条件地坚持。只是他们没看到东林末流党争不已的邪性，为害程度大于王学末流。明代人的气质是很有共性的，有人称之为戾气，庶几近之矣。

阳明获得官方的最后、最高的认可，是到了万历十二年，由毫无心学气质的古板宰相申时行提议将两路心学大师陈白沙、王阳明入祀孔庙。起因在于万历皇帝觉得阳明学与朱子学"将毋同"——"王守仁学术原与儒朱熹互相发明，何尝因此废彼。"老申的论证很简明，先排除说他是伪学、霸术——"原未知守仁，不足申辩"；再说立门户，他说宋儒主敬主仁也都是立门户，阳明的致知出于《大学》，良知出于《孟子》，不能单责备阳明立门户。第三是所谓心学是禅宗的问题，他说必外伦理、遗世务才是禅，而气节如守仁，文章如守仁，功业如守仁,而谓之禅,可乎？再说怕崇王则废朱也是不对,朱子学当年不因陆九渊而废,今天会因王阳明而废了吗？他以上的论证都是平实之论,最后他说出了崇王的必要性："大抵近世儒臣,褒衣博带以为容,而究其实用,往往病于拘曲而无所建树；博览洽闻而以为学,而究其实得,往往狃于见闻而无所体验。习俗之沉痼,久矣！"让阳明入祀孔庙,就可以让世人明白儒学之有用,实学之自得,大大有功于圣化,最终还是因为推崇王学有实用价值。这也从一个侧面看出王学的确是能满足时代对精神启示的渴求,因为老申没有为王门竖旗杆的义务。他倒有点儿我大明入祀孔庙的只有一个薛瑄,不足以显示文运之盛这样的虚荣心——至少是在利用皇帝的虚荣心。

万历皇帝曰"可"。于是,阳明从形式上也成为一向为之奋斗的圣人。入祀了孔庙就算正式的、官版的圣人了。

《春明梦余录》卷二十一回顾了当年朝野对阳明的审查、批判。当时有人觉得赏阳明个伯爵只是一时之典,但让他入孔庙是万世之典,断断使不得。重温了当年嘉靖对阳明的严厉申饬："放言自肆,号召门徒,虚声附和,用诈任情,坏人心术,近年士子传习邪说,皆其倡导……都察院榜谕天下,敢有踵袭邪说、果于非圣者,重治不饶。"然后,又点明为什么当时严厉申饬,今日（即申提议时）入祀,却无一人言及,因为良知之说盛行了也。这其实辅证了申时行王学有用的说法。

阳明入祀孔庙因为年代偏后、地位也低,如果说"十哲"像十八罗汉的话,他只像五百罗汉堂里的一个罗汉。

此心光明

阳明不知道身后的这些时毁时荣的麻烦事了。人都只能活在现实的感觉中，活着时的小事也是大事，死后大事也成了小事。

他给皇帝上了乞骸骨的奏疏之后，就慢慢地往老家走，他还想在韶关一带等待皇帝的命令，但他在南宁就添了水泻，日夜不停，两脚因长疮而不能站立，致命的是肺病，他年轻时脸色就是绿的，思田之行，虽不费心却费力，关键是水土气候成了催命鬼。后人研究他可能是肺癌。

他坐船沿水路往回绕。还在不断地回信，解答学生修炼心学的疑难，帮他们找那失之毫厘差之千里的微妙之处。如聂豹问怎样才算勿忘勿助？因为一着意便是助，一不着意便是忘。阳明的办法是先破后立。问，你忘是忘个什么助是助个什么？然后说我这里只说个必有事焉，而不说勿忘勿助。若不去必有事上用功，只悬空守着一个勿忘勿助，只做得个沉守空寂，学成一个痴呆汉。事来，便不知所措。这是最可怕的学术误人。用佛教的话说，助是倒在有边，忘是倒在无边，都是着相，着相就会着魔。阳明的"必有事"是要求透过事相见到本性，犹如禅宗说的"隔山见烟便知是火，隔墙见角便知是牛"。

他在离开山阴之前，与周冲很深入地阐述了"致良知便是择乎中庸的功夫，倏忽之间有过不及，即是不致良知"。这个遗言最深刻：中庸是种意术的状态，过和不及都失"正"。只有"正感正应"才能正知正见正思维，才能避免错误、误解、乖谬。心法之要，就是执中。而且讲得圆活周遍，到那耳顺处，才能触处洞然，周流无滞。不然则恐固执太早，未免有滞心。"以有滞之心而欲应无穷之变，能事皆当理乎？"功夫若不精明，就难免夹杂、支离，自己把自己搅糊涂。再好的意思一旦耽着，就僵化，就有病。如邵康节、陈献章耽着于静观，卒成隐逸。向里之学，亦须资于外（吴昌硕保留的阳明与周冲的讲学答问书，是阳明晚年化境的体现）。

几乎可以说，后学可能出现的各种问题他都预料到了，也想对治之。但他像任何圣人一样不是万能的。现在他的大限已到，他坐船在漓江上航行，路过孤峰独秀的伏波山时，对素有"伏波胜境"之称的美境无大感受，他只勉力进伏波庙去朝拜了一番，因为他十五岁时曾梦见过这位西汉马援将军，他觉得这预示着他必定得来这蛮荒之地来平定变乱，以了结这段宿命故事。此时，他觉得眼前所见与四十年前梦中所见一模一样："四十年前梦里诗，此行天定岂人为。"他认为如果国家政策好，就不用兴兵杀伐了："胜算从来归廊庙，耻说兵戈定四夷。"（《谒伏波庙二首》）不用杀伐建立起的权威才是真正的权威，上古的感化原则才令人向往呢。

路过广东增城时，他硬到湛甘泉的老家去瞻仰了一番。"十年劳梦思，今来快心目。"夸张性地表示想移家于此，在山南盖上房，"渴饮甘泉泉，饥餐菊坡菊"。（《题甘泉居》）甘的孩子们对父亲的朋友很恭敬、仆人对他也亲热，挽留他住下来，他因为有病，急着奔回老家，连住一夜都不能够："落落千百载，人生几知音！道通著行迹，期无负初心。"(《书泉翁璧》）此刻他心里欣慰呢，因为他俩都没有辜负当初共同修道的初心，这样的知音是人生最宝贵的。

最后的活动就是到在增城他的六世祖王纲的庙里去祭祀了一场。王纲来平苗族的变乱，死于此地，而朝廷待之甚薄，他儿子把他的尸体背回，发誓不再为皇家卖命。现在阳明没死在战场，却将同样死于战事，朝廷功成不赏，反而要将其一撸到底。诚如徐渭所说，就算他的心学是伪学,也不能因此而不赏他的战功呀。利用各种借口达到自己的目的,是狼吃羊的通用逻辑。不计大功单盯着小过,是体制的规则。湛甘泉说这是阳明子命该如此。明代的流氓皇帝个个翻脸不认人,顺风顺水威风一世的张居正还被抄了家呢。

他一来弱体难支,二来确实是在等待圣命下来。所以不管坐船也好,坐车也好,他都日行五十里。多亏走到哪里都有学生前来伺候。走到梅岭,他呼吸愈发困难,他对学生、广东布政使王大用说:"你知道孔明托付姜维的故事吧?"

王大用含泪点头,不敢深说细问,立即找木匠来做棺材,早已准备好了棺材板,只觉得不吉祥不敢做。他领着亲兵日夜护卫。棺材做好,皇命还没下来。

阳明硬撑着,坐上轿,踏上驿道。王大用他们前后护拥着、扶持着,边走边歇地到了梅关城楼。走入这座小石头城,王大用长长舒了口气,心想先生能翻过这座山,到了江西那边就好办了。阳明打量着"梅关"这两个显示着帝国气象的巨字,既没有拿破仑问阿尔卑斯山高还是我高的狂傲心态,也没孔明再也不能临阵讨贼的悲怆心意。他只想过了这"南粤雄关"赶紧回到阳明洞天中去。

他们终于慢慢地沿着驿道下来了。改乘舟船,沿章水而下。到了南安地面,南安推官周积、赣州兵备道张思聪等闻讯赶来迎候老师。

他们进船来给老师请安。阳明勉强坐起,已咳嗽成一团。这一趟过梅岭,他身体大亏。岭南瘴气重,岭北寒气侵。雪花不过梅岭关那边,这边现在偏偏降下中雪,气压降低,这使师生心头的阴霾更重。

阳明见所有的学生都突出一个主题:"近来进学如何?"现在依然还是这样问,两位门生简略回答,赶紧问老师道体如何?阳明苦笑着说:"病势危亟,所未死者,元气而已。"

阳明想起过梅岭前给钱德洪、王畿写的信中还乐观地展望"吾道之昌，真有火燃泉涌之机矣，喜幸当何如哉"，当时还想用不了多久就可以与他们见面了。如今，他闭上眼睛，悲从中来，缓缓地说："平生学问才见得数分，未能与吾党同志共成之，为可恨耳！"

学生们缓缓退出。王大用对张说，上好的棺材，就差裱糊了。张说，你放心，我一定用锡纸里外都裱糊了。周则赶紧找大夫抓药。荒江野渡的地方哪有能使阳明起死回生的医生？

船还得慢慢地往前行。这只夜行船快走到不能再走的地步了。夜幕降临，他问停泊在哪里？答：青龙埔。这个码头离梅关只有五十多里，属大庾县。

嘉靖七年十一月二十九日辰时（公元1529年1月9日8时）许，阳明让家童叫周积进船舱来。周积躬身侍立。

阳明闭目喘气，这个大禹陵前立志的少年、兰亭下写诗的文学青年、带兵的文人、遍布天下书院的心学教主徐徐睁开眼睛，说："吾去矣。"

周积泣不成声："老师，有何遗言？"

阳明微微一笑："此心光明，亦复何言？"

张思聪等人在南野驿站的中堂装殓了阳明。

嘉靖七年十二月三日，张思聪与官属师生设祭祀礼仪，将阳明入棺。

四日，棺材上船，奔南昌。士民远近遮道哭送，哭声震地，如丧考妣。路过南赣，官府迎祭，百姓挡着棺船、拦着路哭，是阳明给了他们安居乐业的日子。到了南昌，官府人提议等明年再走，于是来祭奠的天天从早到晚络绎不绝。

嘉靖八年正月初一，丧发南昌。三日到广信。钱德洪与王畿本要进京参加殿试，听说先生回来了，迎至与先生送别的严滩。讣告同门。

正宪也到了。六日会于弋阳,二月回到山阴。每日哭奠如仪,门生来吊者日日百余人。书院及寺院的学生照常聚会,就像老师在世一样。门生李珙等日夜不停地在洪溪为先生修墓。洪溪离越城三十里,入兰亭五里,是阳明生前选择的墓地。

十一月十一日,门生千余人,披麻戴孝,扶柩而哭。不能来的,知道日子的,则各在居住地为先生举哀。

这位古越阳明子出于古越又回归古越,来源于土又回归于土。

他那"圣贤相传一点儿真骨血",变成了精神"息壤",生长不已,筑成东方"尊严精神"的心力长堤。

> 这个人用良心建功立业,因此
> 诗意地栖居在这大地上。

跋

自力更生

墨子说：瞎子也知道黑白的界说，但让他挑选具体的黑白之物，他便不知道哪个是黑哪个是白了。不是因为瞎子不知黑白之名，而是因为他不能辨黑白之实。同样的道理，高谈仁义却不能成仁取义就像像瞎子不知黑白一样，"非以其名也，亦以其取也"。(《墨子·贵义篇》)

自从人结成类以后，"名"就掩盖甚至取代了"取"。学术的积累和传承都在膨化着"名"，名是"知"可以层累，而"取"是"行"、是每个人的直接经验，不能遗传。就连诚实的人也不免以学解道，消行入知。于是，仁义道德，就成了"三岁孩童都道得，八十公公行不得"的伪善包装。当人们反过来又要用仁义道德之名来窃取荣华富贵时，言行不一遂成为普遍的人性炎症。

起步于古越的阳明子，有着禹墨这一脉的精神气质。这是他与不能知行合一之儒的根本区别。他为了消解言行歧出这种人性炎症，毅然摒去那个已虚假不实的"名"的世界，将那些被奉为金科玉律的各种规范及其所包含的经验主义的历史理性都用括号括起来，重新设定人的出发点和归宿，把外在的天理内心化、把心天理化，用落实到"取"上的知行合一来对治二重道德、二重人格这种流行的痼疾。让人们重返未被异化的本心，再从这个本心出发，来知行合一地做人做事。阳明说他的心学是孔孟"千古相传一点儿真骨血"，是句朴实的良心话，也是为自己正名的辩解语。

阳明让人心回到"无善无恶"的纯真地段，从外在的观念之网中解放出来。因为关于善恶的定义都是一部分人制定的，而没有全人类通用的。关于人性的定义也是短暂的士民协议。谁垄断了这个制定话语的权力，谁就是这个时期的"真理"发射者。而他发射的真理注定只是人类偏见的一部分。真理是人说的，而人是能够说出任何"真理"的。没有人愿意承认自己只是在铸造偏见，便千方百计地证明自己说的是真理。于是人类意识的万花筒便成为各种打扮成真理模样的偏见方阵的集合体。所以，真正的"人学""仁学"的首要任务是摆脱假象，回到纯真，还我清白。

这，很难很难，比孙悟空跳出如来的掌心还难。阳明将"心"论证为先验的直觉，并用经验化的方法证明它是可能的，并能给人带来可能的生活。"心"的基本属性是实践的精神和意志，而且既独立于实用（恶），也独立于道德（善）。"无善无恶心之体"就是要表达人类的根本精神是独立的。心学是努力践行独立之意志、自由之思想的精神哲学。然而，也只是努力而已。

马克思说：每次思想解放都是把自己从外在的世界中找回来。心学的核心思想是每个人都可以且应该"自力更生"地去做一个伟大的普通人。人需要超越，而且必须是你自己奋力每天都要创造新的自我，走出"意必固我"的洞穴、走出闻见道理加给你的井蛙之见,才能感觉到太阳每天都是新鲜的。如果说理学是教条主义的美学,那么心学是感动主义的美学:高度随机,又绝对万变不离心宗,它将彼岸的天理变成此岸的"直觉"。王阳明把握了用小来说明大、用大解释小的通感,同时既像个布道的诗人牧师,又是个机变无穷的英雄豪杰。他的心学把日常的营生哲学化,追求生生不息的"超越",而且是在进取中超越。我这样的外道无学的杂语者肯定连一个牛角也没有窥见,更不可能看见全牛,却不自量力地希望通过解读阳明学,来用古典人文精神进入并补救已进入解构状态的现代思潮,至少有这样三个基本点可供参考:一、有个定盘星的对话主义;二、有先验合理保障的直觉主义;三、亲在至上的葆真主义。

王阳明对话主义的基本精神:与你一起成圣。他从始至终都坚持自度度人、成己成人、人人都应该共生互长的立场,他认为在有良知这一点上,人人平等、人皆可以成尧舜。这个立场保证他的"无善无恶心之体"的定盘星的有效性。心本体是纯真的,它高于任何经验语义的善恶。人人都能返回心本体,才能展开真正的对话,才能激活内在的本源性的直觉,才能将本体与功夫打并为一,从而使心学成为简易直接的起死回生之学。现代学人可以尽情地从这个角度再塑造出个阳明来,以推行真正的素质教育。

关于第二点,最好的参照是日本人西田几多郎的"行为的直观"学说,西田可以说是日本的现代王阳明。他细密地论证了这种有先验合理保障的直觉是种本源性的"通感"、情感的知。西方人有研究感觉复合的"传统",当圣奥古斯丁说"无须寻找,真理原在你心中"时,他强调了"经验与先验"是可以复合的。但怎么能保证这一点呢?阳明的"心即理"予以了理论证明,"知行合一"的修养方法予以了实践落实,"致良知"则要求你把心中的真理"良知"使唤到眼神、语调、心中想、意之动上。使你的直觉成为"哲人王"的直觉,从而提高你的生命质量、生活质量。里尔克告诫青年的话可以辅导我们修行:让你的判断力静静地发展,发展跟每个进步一样,是深深地从内心出来,既不能强迫也不能催促。一切都是时至才能产生。让每个印象与一种情感的萌芽在自身里、在暗中、在不能言说中、在不知不觉中、在个人理解所不能达到的地方,以深深的谦虚与忍耐去期待一个新的豁然贯通的时刻。(《给一个青年诗人的十封信》)

王阳明强调这种直觉有宗教目的:他想让善对恶的胜利即刻得到担保,让人同时摆脱教条的桎梏和庸俗经验的肤浅,走入健全的新的感性生活。心学是心灵的动态管理法,把人的一生变成了一个永无止境的进取超越的升华过程,变成了一个永恒又日日新的企盼,并且能使每一个正信者在瞬间找到永恒。

至于亲在至上的葆真主义,是我生造的,有点儿别扭,主要是想概括阳明心学既追求大我化又要个性自然的那个拐弯处的意蕴。"亲在"一词是借句于海德格尔"Dasein",海氏用亲在代替主体来指称人,开创出新的存在论。他说,亲在"总是我的存在",它一向属于自我,又"存在于世中",并通过行动改变存在或使之展开新的含义。但亲在又常常沉沦于无形众人,堕入日常生活的无根基与虚无中,碌碌在世,闲谈,好奇,两可,最后麻木不仁。这与阳明说的习俗缠蔽了本心自性,如出一辙。要想活出本真的人之味,就必须从沉沦的泥淖中超拔出来,去蔽解缚,明心见性,恢复人性的自然生机,又超凡入圣。用扩张良知的方法,即用自我的力量来完成自我，而不是压抑人性、压缩自我的办法。这种亲在至上的葆真主义，是儒、释、道三教之精华的一体化。它之所以在晚明、清成为知识界的启蒙催化剂，是因为它有极强的意识形态功能：既是极其个性化的，又服务于大写的主体。只要你愿意相信这种意识状态，无论你是什么职业都可以产生大事业情结，它可以让小我在日常生活、具体事情中找到一种在从事圣战的价值感、伟大感。总之是一种神圣人生论，让生命去照亮生活，而不是用生活剥夺生命，它告诉你："今日良知见在如此，只随今日所知扩充到底；明日良知又有开悟，便从明日所知扩充到底。"——好好学习，天天向上，随着你的世界观的转变、升华，人生境界、生存感受就会日新日日新。

  这个葆真主义提醒世人：人保全自己的良知本性，不为任何外在的功利目的丢失"自我"，却又不陷入那种束身寡过，一事不为的怯懦小儒的可怜境地；要从心髓入微处痛下自治功夫，既抗拒循规蹈矩之虚伪，又拒绝龙拏虎掷之虚伪。要告别混沌、为我、观望、自暴自弃等等活法，不做世俗的奴隶、境遇的奴隶、情欲的奴隶；永别一切奴才道德，做自己的主人。

  歌德悼念拜伦的话可以用来概括传记事业："因为世界将不断创造他们，就像他们自古以来不断创造世界一样。"每本阐释、研究阳明的书都是在"创造"他，这本身也是他还在"不断"地创造世界的一种体现。他，当然也包括拜伦他们，是通过开拓人心、人性来创造世界的。心学还没有变成理论古董，阳明是个真正的哲学家——一个永远的开创者。

图书在版编目（CIP）数据

王阳明心学 / 周月亮著. -- 北京：北京联合出版公司，2024.7（2025.7重印）
ISBN 978-7-5596-7602-3

Ⅰ. ①王… Ⅱ. ①周… Ⅲ. ①王守仁（1472-1528）－心学－研究 Ⅳ. ①B248.25

中国国家版本馆CIP数据核字（2024）第084389号

王阳明心学

作　　者：周月亮
出　品　人：赵红仕
责任编辑：徐　樟

北京联合出版公司出版
（北京市西城区德外大街83号楼9层　100088）
北京联合天畅文化传播公司发行
北京美图印务有限公司印刷　新华书店经销
字数260千字　880毫米×1230毫米　1/32　11.75印张
2024年7月第1版　2025年7月第6次印刷
ISBN 978-7-5596-7602-3
定价：68.00元

版权所有，侵权必究
未经书面许可，不得以任何方式转载、复制、翻印本书部分或全部内容。
本书若有质量问题，请与本公司图书销售中心联系调换。
电话：010-64258472-800